Amelie Soyka (Hg.)

Tanzen und tanzen und nichts als tanzen

Amelie Soyka

Tanzen und tanzen
und nichts als tanzen

Tänzerinnen der Moderne
von Josephine Baker bis Mary Wigman

AvivA

Inhaltsverzeichnis

Amelie Soyka

Vorwort

»Außer Zeitschriften und Verlagsunternehmungen«, schreibt der Kunstkritiker Willi Wolfradt 1919, »mehrt sich nichts so erschreckend wie die Zahl der Tänzerinnen. Zweifellos stehen wir vor unerhörten Möglichkeiten des Tanzes. Der Mensch des reifen zwanzigsten Jahrhunderts kann von ihm umgeprägt werden. Der Bühne der Zukunft wird er ganz neue Kräfte abzugeben haben.«[1]

Gerade ist der Erste Weltkrieg vorbei, da trifft das kulturelle Geschehen in den Städten auf ein Publikum, das wieder Lust auf Unternehmungen aller Art hat. Auch die Erneuerung des Bühnentanzes kann nun in alle erdenklichen Richtungen ausprobiert, erweitert und vorangetrieben werden.

Schon zu Beginn des Jahrhunderts hatten sich die »unerhörten Möglichkeiten des Tanzes« angekündigt. Vorangegangen war ein umfassender Strukturwandel der Gesellschaft in Europa und Nordamerika. Die Industrialisierung, die Entwicklung des kapitalistisch geprägten Wirtschaftssystems und die zeitgleichen politischen Umwälzungen übten großen Einfluss auf alle kulturellen Erscheinungen aus. Die Gesamtheit des gesellschaftlichen Lebens geriet unwiderruflich in Bewegung:

Die Vielzahl neuer Verkehrsmittel bewirkte eine allgemeine Beschleunigung und beeinflusste das Körperempfinden. Die Städte wucherten zu Metropolen, das Phänomen der Menschenmasse im Schlepptau. Die aufkommende Medienvielfalt, allem voran die bewegten Bilder des Films, veränderten Wahrnehmung und Sehgewohnheiten. Die Arbeiterbewegung kämpfte für die

Rechte des Proletariats. Die Kolonialpolitik der herrschenden Regierungen dehnte die Welt gewaltsam aus und schürte gleichzeitig die Sehnsucht nach dem Fremden. Rückbesinnung auf die Natur und die eigene Natürlichkeit vertraten Lebensreformbewegung und die Wandervogeljugend. Gymnastik als sportliche Ertüchtigung entwickelte sich als Reaktion auf die zunehmend technisierte Arbeitswelt, die der Deformierung des Körpers Vorschub leistete. Die Emanzipationsbewegung schließlich forderte die soziale und politische Gleichstellung der Frau.

Die vielschichtige Bewegung in der Gesellschaft fand ihren Widerhall auch im Bühnentanz: »Der neue Tanz hat zwar seinen Ursprung in der Bewegung, er sucht jedoch mit der Bewegung zugleich den Lebenssinn, eine klare Weltanschauung darzustellen, die dem früheren Tanz völlig fern lag und welche kennzeichnet, dass wir uns jetzt nicht nur in einer neuen Tanz- sondern auch in einer neuen bewussteren Menschheitsepoche befinden ...«[2]

Mit klassischem Tanz, dem Handlungsballett des 19. Jahrhunderts, hat dieser neue künstlerische Tanz nichts zu tun – er ist weder daraus hervorgegangen noch hat er sich davon wegentwickelt. Der Tanz der Moderne ist Tänzerinnen zu verdanken, die den Wandel der Gesellschaft miterleben: Mit erwachtem Selbstbewusstsein und verändertem Körpergefühl wollen sie eine neue Zeit tänzerisch zum Ausdruck bringen. Sie machen sich frei von Stückvorlagen und suchen neue, eigene Inhalte; sie wählen Musik entsprechend ihrer Intentionen und choreografieren ihre Tänze vollkommen selbstständig. Im Gegensatz zum klassischen Ballett bestimmt kein Regelkodex ihren Tanz. Ein als natürlich empfundener Körper – in all seiner Schönheit und Hässlichkeit, seiner

Leichtigkeit und Schwere – bildet den Ausgangspunkt für die tänzerische Bewegung, und der Boden der Bühne ist ihr Bezugsort. Der neue Tanz findet in Konzerträumen oder Veranstaltungssälen statt, außerhalb der Institution Theater oder Oper, und wirkt so dem Status der Exklusivität entgegen.[3]

Nicht einfache Kausalitäten, sondern Wechselwirkung und Zusammenspiel mehrerer Gegebenheiten erklären den zunehmenden Erfolg des neuen Tanzes: Die gerade wachsende Freizeit- und Vergnügungsgesellschaft verlangt nach Spektakeln aller Art; mutige Tänzerinnen bieten eine künstlerisch neuartige, teils als skandalös empfundene Tanzperformance; anfangs voyeuristisch motivierte Neugierde wird zu wahrem Interesse; Begeisterung und Empörung gleichermaßen mobilisieren das Publikum und die Presse; die immer noch zumeist männlichen Kritiker beurteilen die Tänzerinnen anders als bisher ...

Fred Hildenbrandt, in den 20er Jahren Feuilletonchef des *Berliner Tageblatts*, reflektiert den Wandel seines eigenen kritischen Blicks auf die Tänzerin und ihren Tanz:

>»Es gab im Beginn des neuen Tanzes eine Zeit, in welcher ich der sicheren Meinung war, eine Tänzerin müsste, erstens, zweitens, drittens, bevor überhaupt der Tanz begänne, schön sein, auserlesen, vollkommen gewachsen und von Angesicht schon wunderbar. Wie irrig und altertümlich war diese Meinung! Siehe, es macht nichts mehr aus. Sie braucht nicht mehr schön zu sein, sie kann einherwehen, und man vergisst das Gesicht. Sie kann dahinfegen, und der Ausdruck ihres Körpers kann so faszinierend sein, dass alles andere zurücktritt und nur dieser Körper im Raume sich bewegt, dieser Zustand sich vollzieht,

dass jemand imstande ist, durch ein Heben der Hand oder ein Beugen der Knie etwas zu sagen, was sonst auszusagen beinahe unmöglich ist.«[4]

Mit der ästhetisch-inhaltlichen Hochschätzung verändert sich auch die soziale und berufliche Wertung der Bühnentänzerin. »Es ist noch nicht so lange her, da war die Tänzerin gesellschaftlich nicht anerkannt, weil man keine Einstellung zu ihrer Kunst hatte, und es war unmöglich, sich über Tanz an sich, den Tanz als künstlerische Darstellung zu unterhalten; nach einigen ästhetischen Bemerkungen über Schönheit oder Unschönheit der Bewegungen mündete jedes Gespräch in erotisch untermischten Beschreibungen schöner Arme, Beine, Augen oder Kostüme und verflachte sich«, resümiert Thea Schleusner 1928.[5] Im Gegensatz zur Ballett-Ballerina, die zwar als Bühnenwesen verehrt wurde, in der Realität jedoch nur als Mätresse ihren Lebensunterhalt sichern konnte, etabliert sich der neue künstlerische Tanz für junge Frauen als Berufsfeld mit Verdienstchancen. Große Eigeninitiative, unternehmerische Kraft der Tänzerinnen und andere Schwerpunkte in der Darstellung bilden dafür unverzichtbare Grundlagen.

In der Folge allerdings »mehrt sich nichts so erschreckend wie die Zahl der Tänzerinnen«, wie der Zeitgenosse Wolfradt beobachtet, und vor diesem Hintergrund wird die Entwicklung von Qualitäts- und Unterscheidungskriterien notwendig. »Die Erneuerung des Tanzes hat sich von Anfang an mit der Landplage der Tanzhochkonjunktur zu befehden. Es ist die Pflicht, sie in diesem Kampfe zu unterstützen, weniger vom fachmännischen Standpunkt aus, als von der Frage aus: wo ist großes Erlebnis, wo weitet eine Tänzerin unsere geistige Welt, wo wächst leibhaftige Kunst, wo manifestiert sich im bunten Spiel der Mensch, unfassbar im Großen wie im Kleinen?«[6]

Einzelne Tänzerinnen als bedeutend zu identifizieren, ist nicht leicht angesichts der ungeheuren Heterogenität der Tanzszene zu dieser Zeit. Gründe hierfür liegen u.a. in der Diversität der Showbranche im Allgemeinen sowie in der Unterschiedlichkeit der Tänzerinnen-Biografien im Speziellen. Ihre Motivation zu tanzen, ihre Zielsetzungen inhaltlicher sowie formal-ästhetischer Art weichen teilweise weit voneinander ab. »Keine vorgegebene Technik, keine Anmaßung, dass nur die eine oder andere Stilrichtung Geltung besäße, [bestimmt] das Gesicht des Tanzes in den 20er Jahren, sondern die Vielfalt der Bewegungen, der Formen und Bilder und auch des künstlerischen Könnens.«[7] Fließende Übergänge von Neuem zu noch Neuerem, Gleichzeitigkeit, Überlagerungen, Ablösung und Weiterentwicklung verschiedener Tanzstile und Präsentationsformen prägen das Bühnentanzgeschehen.

Dennoch ragen einige Tänzerinnen aus der Menge heraus und bieten – wie von der Kritik gefordert – Erlebnis, geistige Erweiterung, Kunst und Menschlichkeit. Erkenntnis von Individualität und Gespür für Innovation zeichnen diese Künstlerinnen aus. Die umfassende Ausschöpfung des eigenen kreativen Potenzials und eine kompromisslose Hingabe an den Tanz sind charakteristische Merkmale derjenigen, die in ihrer Zeit Erfolg haben und über diese hinaus die Weiterentwicklung des modernen Tanzes mitbestimmen – in Form der lehrenden Vermittlung oder, erst aus der Rückschau erkennbar, durch den starken Einfluss ihrer tänzerischen Neuerungen. Was schon 1919 gilt, da der Tanz der Moderne gerade erst auf der Schwelle seiner Entfaltung steht, hat an Aktualität nicht verloren: »Vor einigen Jahren hatten die besten Kenner des Gebietes Mühe, dreißig Namen zu nennen, – heute ist kein Mensch imstande, selbst die bekannteren Tänzer und Tänzerinnen aufzuzählen. Es ist wirklich nicht überflüssig, die Namen allmählich in konkrete Vorstellungen zu verwandeln, ohne Anspruch auf Vollständigkeit, nur um doch diese oder jene auszulesen und zu deuten.«[8] In diesem Sinne möchte die vorliegende Anthologie eine Reihe ganz unterschiedlicher Tänzerinnen vorstellen.

Unbestritten in ihrer Vorreiterrolle für den modernen Tanz, bildet Isadora Duncan den Auftakt. Als Amerikanerin in Europa revolutioniert sie um die Jahrhundertwende den Bühnentanz nicht nur, weil sie ohne Korsett und barfuß auftritt, sondern auch weil sie ihren vollkommen neuen Ansatz in schriftlichen Abhandlungen veröffentlicht: Sie strebt die natürliche Einheit von Körper, Seele und Geist an und fordert den weiblich-subjektiven tänzerischen Ausdruck ein.

Ebenfalls hauptsächlich in Europa, im Varieté-Milieu von Paris, tritt Loïe Fuller etwa zeitgleich in Erscheinung. Mit ihren ausgefeilten Gewändern, entsprechenden Drehbewegungen und bühnentechnischen Innovationen definiert sie die tänzerische Körperlichkeit neu und erschafft das Paradox der Bewegungsskulptur.

Ganz anders Grete Wiesenthal noch vor dem Ersten Weltkrieg: Aus dem Ballett kommend, setzt sie dessen rigidem Bewegungsschema fließende Dynamik und Sinnlichkeit entgegen und reformiert so den Walzer in Wien.

In den 1910er Jahren entwickelt Mary Wigman den Freien und Absoluten Tanz in Dresden. Tanzkunst und Selbstverständnis als Frau sind bei ihr auf das Engste gekoppelt, und die tänzerische Äußerung versteht sie als Ausdruck des Selbst in all seinen Schattierungen. In der Folge wird Wigman zum Inbegriff des dann so genannten Ausdruckstanzes und Vorbild für viele junge tanzende Frauen.

Die Tänze von Palucca, zu Beginn Wigmans Schülerin, überzeugen rasch mit selbstständiger Schöpfungskraft. Abkehr von thematischer Tanzdarstellung, Konzentrat und höchste Abstraktion der Bewegung sowie das Prinzip der Improvisation charakterisieren ihren Tanz und ihre Lehre an der *Palucca Schule Dresden*.

Im Gegensatz dazu setzt Anita Berber auf provokante Themen und extrovertierte Tanzdarbietung. Ihre Nackttänze, ihre Exzesse auf der Bühne wie im Privatleben markieren den Tabubruch und provozieren Skandale im pulsierenden Berlin der 20er Jahre.

Dem allgemeinen Strudel der Bewegung begegnet Tatjana Barbakoff – russisch-chinesischer Herkunft – mit einem konträren Prinzip: Ihr Tanz zeichnet sich durch Konzentration auf die Pose aus und ist dem Dekorativen verhaftet. Das statuarische Moment, ihre bildhafte Schönheit und Exotik inspirieren zahlreiche Fotografen/innen der Weimarer Republik. Mit diesen fotografischen (Tanzrollen-) Porträts lässt sich eine wichtige Entwicklungsphase in der Fotografie nachvollziehen, die Neuerungen in technischer und ästhetischer Hinsicht mit sich bringt.

Ästhetisch der grotesken Übertreibung, thematisch ihrer Zeit verpflichtet, üben Valeska Gerts Tanznummern nicht nur Kritik an der Gesellschaft, sondern auch am zeitgenössischen Tanzgeschehen und rücken sie in die Nähe der filmischen und literarischen Avantgarde.

Eine eindeutig politische Dimension verleiht Jo Mihaly ihren Tänzen. Ihre getanzte (Ver-) Dichtung sozialkritischer Themen, bewegungsstilistisch im Ausdruckstanz beheimatet, berührt durch Gespür für Missstände in der Gesellschaft.

Mitte der 20er Jahre sorgt die Afroamerikanerin Josephine Baker in Paris für Furore. Mit ihrer übertriebenen Darbietung des Charleston, gepaart mit freizügiger Erotik und Elementen des Grotesk-Akrobatischen, sprengt sie die Grenzen des gängigen Revuetanzes.

In der Schweiz setzt Trudi Schoop tänzerisch Akzente und begeistert mit kurzen pointierten Alltagsgeschichten, die sie in den 30er Jahren erfolgreich zu abendfüllenden Gruppenwerken ausbaut.

Die österreichische Variante des Ausdruckstanzes vertritt Rosalia Chladek, untrennbar verbunden mit der Schule *Hellerau-Laxenburg*. Absolute Klarheit – in tanztechnischer, musikalischer und choreografischer Form – ist das herausragende Merkmal ihres Tanzes und ihres pädagogischen Konzepts.

Zeitgleich entwickelt sich Ende der 20er Jahre in den USA der Modern Dance, der sich durch die 30er Jahre hindurch ungehindert entfalten kann. Martha Graham stellt Kraft und Gestaltungspotenzial des Körpers und eine strenge Formensprache ins Zentrum ihrer tänzerischen Arbeit. Doris Humphrey entwickelt das Prinzip von Halt und Fall und sieht in der Gruppenchoreografie eine adäquate Form tänzerischer Auseinandersetzung mit der Gesellschaft. Thematisch und ideell bewahren sowohl Graham als auch Humphrey einen eindeutigen Amerika-Bezug. Beide Tänzerinnen prägen den Modern Dance und beeinflussen die Fortentwicklung des modernen Tanzes weltweit bis in die heutige Zeit. Dagegen verblasst das Ansehen des deutschen Ausdruckstanzes. Vom nationalsozialistischen Regime geschickt genutzt, in neue Bahnen gelenkt und umbenannt, ist er nach dem Zweiten Weltkrieg zunächst nicht anschlussfähig.

Im Lauf der 30er Jahre bringt die Wigman-Schülerin Margarethe Wallmann in Österreich noch verschiedene Bewegungsdramen erfolgreich zur Aufführung, bevor sie emigriert. Später zeigt sie ihr Talent für inszenierte Bewegungschöre als Opernregisseurin.

Als eine der wenigen gelingt es Dore Hoyer in den 50er und 60er Jahren, den modernen Tanz in Deutschland weiterzuführen – als ehemalige Palucca-Schülerin ist sie mit dem Ausdruckstanz vertraut und legt radikale Neugierde auf die Erweiterung des tänzerischen Bewegungsspektrums an den Tag. Wenig Anklang findet sie jedoch beim Publikum, das noch nicht wieder bereit ist für »die unerhörten Möglichkeiten des Tanzes«.

Angesichts dieser Tanz-Vielfalt wäre eine Kategorisierung des Tanzschaffens und seiner Protagonistinnen fehl am Platz. Eine heterogene Darstellung dessen, was zeitgleich dicht gedrängt tänzerisch möglich wurde, kann diesem Umstand eher gerecht werden, ohne den Zeitraum als Epoche begrifflich festzulegen und sogleich wieder einzuschränken. Das Format »Porträt« ist in verschiedener Hinsicht dienlich: Verfasst von Autorinnen und Autoren, die sich schon intensiv mit der entsprechenden Tänzerin beschäftigt haben, würdigt es ihre individuelle Persönlichkeit, Tanzkreativität und ihr Lebensschicksal. Darüber hinaus ermöglicht die Porträtsammlung eine gleichberechtigt gereihte, nur grob chronologisch sortierte Reihenfolge im Buch, die so der Heterogenität der tänzerischen Phänomene zu entsprechen versucht. Stilistische Querverbindungen zwischen den einzelnen Tänzerinnen, freundschaftliche Beziehungen und Konkurrenzverhältnisse, Gleichzeitigkeit und Vielfalt von Tanzgeschehen und der gesamtgesellschaftliche Kontext lassen sich in einer Anthologie dieser Art rasch erfassen, ohne die Einzelpersönlichkeiten aus den Augen zu verlieren.

Dass von den ungezählten Spielarten tänzerischen Ausdrucks der Moderne, ausgenommen einzelner Tänzerpersönlichkeiten oder Schlagworte, im Allgemeinen wenig bekannt ist, lässt sich verschiedentlich begründen. In Deutschland hat die Vereinnahmung der Sparte Tanz durch die Kulturpropagandamaschinerie des nationalsozialistischen Regimes, das sich die Unmittelbarkeit und Massenwirksamkeit von Tanz für eigene Zwecke zu Nutze machte, eine große Schneise in die ursprünglichen Errungenschaften des Tanzes geschlagen. Wie in allen anderen kulturellen Bereichen schied sich die Schar der Tanz-Künstler/innen in diejenigen, die aus politischen oder rassenideologischen Gründen nicht mehr weiter tanzen konnten, und diejenigen, die sich – aufgrund unterschiedlichster Motive – dem neuen System tanzend zur Verfügung stellten.[9] Auch die meisten Biografien der in diesem Band versammelten Tänzerinnen sind maßgeblich von dem politischen Machtwechsel und seinen einschneidenden Folgen betroffen und belegen auf teils dramatische Weise den Abbruch des gerade Erreichten.

Die Wirkung dieses Bruchs zeigte sich noch lange nach dem Zweiten Weltkrieg, da das klassische Ballett in der Bundesrepublik wieder unangefochten die erste Stelle des Bühnentanzgeschehens belegte. Erst Ende der 60er Jahre, beeinflusst durch Auftritte anderer europäischer und amerikanischer Tanzkompanien, begann in Deutschland erneut eine Tanz-Bewegung.[10] Obwohl das daraus entstandene Tanztheater eine stetig wachsende Anhängerschaft verzeichnen kann und obwohl sich verschiedene Tanzfestivals etabliert haben, kämpft der moderne Bühnentanz insgesamt gegen seine kulturpolitische Marginalisierung an. Im gegenwärtigen Medienangebot hat es Tanz schwer, sich als eigenständige Bühnengattung zu behaupten und die Aufmerksamkeit eines großen Publikums zu binden.

Abgesehen davon treffen diejenigen, die mehr über Tanzgeschichte, insbesondere die Geschichte des modernen Tanzes und seiner Vertreter/innen in Erfahrung bringen möchten, auf erschwerte Bedingungen beim Datenzugang. Das Wesentliche des Tanzes – die individuelle tänzerische Bewegung –, der Akt der Aufführung und auch die Publikumsreaktion sind unwiederbringlich. Neben wenigen Monografien über einzelne Tanzgrößen liegen einige Publikationen mit verschiedenen Themenschwerpunkten zum bewegten Aufbruch um 1900 vor, beispielsweise zur Lebensreformbewegung oder zu unterschiedlichen Tanzrichtungen wie Varieté-Tanz oder Ausdruckstanz.

Das Material, das darüber hinaus existiert, ist heterogen und häufig umfangreicher als vermutet. Es mag auf den ersten Blick diffus erscheinen, ist jedoch unverzichtbarer Bestandteil der historischen Spurensuche und kann sich als ungeahnte Fundgrube erweisen. Mögliche Quellen sind Kritiken und Zeitschriftenartikel, Plakate, Programmhefte und Veranstaltungshinweise, Autobiografien von Tänzern/innen und eventuell Biografien von Zeitgenossen. Von den Tänzerinnen der Moderne existieren sehr selten kurze Filmsequenzen, manchmal Zeichnungen, häufig zumindest Fotografien, in Glücksfällen auch Bildserien, die wenigstens einen minimalen visuellen Eindruck verschiedener Tanzposen geben können. In jedem Fall sind bei der Recherche Geduld und Ausdauer gefragt und zumeist Insiderkenntnisse vorausgesetzt, um in wenigen Zeitschriften (so im *tanzjournal*, ehemals *tanzdrama*) oder in spezialisierten Tanzarchiven und Bibliotheken, beispielsweise in Köln, Leipzig, Berlin, Lausanne oder Salzburg, fündig zu werden.

Die Anthologie *Tanzen und tanzen und nichts als tanzen – Tänzerinnen der Moderne von Josephine Baker bis Mary Wigman* bietet nur einen Ausschnitt aus dem umfangreichen, vielseitigen, modernen Tanztreiben in der ersten Hälfte des 20. Jahrhunderts. Die Porträt-Auswahl konzentriert sich darauf, möglichst viele Facetten vorzustellen. Sie will Neugierde wecken und vor allem für die Tänzerinnen der Moderne begeistern.

Mit Ausnahme weniger Tänzer – unter ihnen Kurt Jooss oder Harald Kreutzberg – gebührt vornehmlich tanzenden Frauen die Anerkennung für außergewöhnliche Leistungen in der kreativen Entwicklung des modernen Tanzes:

> Es war die Aufgabe der neuen Generation, zu beweisen, dass, entgegen dem Urteil der männlich beherrschten Gesellschaft, auch in der Frau produktive Kräfte schlummern, die sie befähigen, der Menschheit Kunstwerke von objektivem Wert zu schenken, dass die Frau, ebenbürtig dem Manne, Wertvolles beizutragen hat an der sozialen und kulturellen Entwicklung der Menschheit. In den meisten öffentlichen Berufen hat sich die Frau erprobt und erwiesen. Auch in der Kunst steigen Schöpferinnen, Gestalterinnen empor. Doch am überzeugendsten, am eklatantesten zeigt sich die Emanzipierung der Frau im weitesten Sinne des Wortes im neuen Tanz. (...) Die Frau hat im neuen Tanz die Führung übernommen, bei ihr liegt die große, starke, die »männliche« Geste, sie hat Wege gezeigt, die die Welt durch ihre Kühnheit und Großartigkeit überraschte. In diesem Sinne sind unsere großen modernen Tänzerinnen Kämpferinnen für die Zukunft der Frau. Sie sprechen mit der eindringlichen Sprache der Kunst für ihre Forderungen, ihre Ansprüche auf soziale und kulturelle Geltung innerhalb der Gesellschaft.[11]

Anmerkungen

[1] Willi Wolfradt: »Tanz. 1. Ansage«. In: *Freie Deutsche Bühne*, 1. Jg., H. 9, Oktober 1919, S. 215.

[2] Thea Schleusner: »Tänzerische Frauenpersönlichkeiten der Gegenwart«. In: *Die Schöne Frau*, 4. Jg., H. 5, 1928/29, S. 11-14; abgedruckt in: *Ariadne, Almanach des Archivs der deutschen Frauenbewegung: Tanzleidenschaft. Zwischen Ausdruck und Standard*, H. 26, November 1994, S. 38.

[3] Vgl. Hedwig Müller: »Von der äußeren zur inneren Bewegung. Klassische Ballerina – moderne Tänzerin«. In: *Die Schauspielerin – Eine Kulturgeschichte*. Hg. Renate Möhrmann. Frankfurt/Main, Leipzig 2000, S. 321-341.

[4] Fred Hildenbrandt: »Woran erkennt man sie?« In: *Musik und Theater – Schallkiste*, 3. Jg., Dezember 1928, S. 2.

[5] Thea Schleusner: »Tänzerische Frauenpersönlichkeiten der Gegenwart« (1928/29); abgedruckt in: *Ariadne, Almanach des Archivs der deutschen Frauenbewegung: Tanzleidenschaft. Zwischen Ausdruck und Standard* (1994), S. 38.

[6] Willi Wolfradt: »Tanz. 1. Ansage«. In: *Freie Deutsche Bühne*, 1. Jg., H. 9, Oktober 1919, S. 216.

[7] Hedwig Müller: »Der Aufbruch zum Körper. Frauen und Ausdruckstanz«. In: *Ariadne – Almanach des Archivs der deutschen Frauenbewegung: Tanzleidenschaft. Zwischen Ausdruck und Standard*, H. 26, November 1994, S. 25.

[8] Willi Wolfradt: »Tanz. 1. Ansage«. In: *Freie Deutsche Bühne* (1919), S. 216.

[9] Diese Phase der Tanzgeschichte wird in folgenden Publikationen untersucht: Lilian Karina/Marion Kant: *Tanz unterm Hakenkreuz. Eine Dokumentation*. Berlin 1996; Marion Kant: »Annäherung und Kollaboration. Tanz und Weltanschauung im ›Dritten Reich‹«. In: *tanzjournal*, Nr. 3, 2003, S. 12-23; Hedwig Müller/Patricia Stöckemann: »... jeder Mensch ist ein Tänzer«. Ausdruckstanz in Deutschland zwischen 1900 und 1945. Gießen 1993.

[10] Vgl. Hedwig Müller/Ralf Stabel/Patricia Stöckemann: *Krokodil im Schwanensee. Tanz in Deutschland seit 1945*. Hg. Akademie der Künste. Frankfurt/Main, Berlin 2003; Johannes Odenthal: »Von Isadora bis Pina. Die Erneuerung des Menschenbildes im Tanz. Ein Gespräch mit Jochen Schmidt«. In: *ballett international/tanz aktuell*, Mai 1994, S. 34-36; *Tanztheater heute. Dreißig Jahre deutsche Tanzgeschichte*. Hg. Goethe-Institut, Seelze 1997.

[11] Helene Jung: »Zur Soziologie des Tanzpublikums«. In: *Die Frau*, 40. Jg., H. 5, 1932/33, S. 296.

Janine Schulze

Den befreiten Körper suchend:
Isadora Duncan
(1878-1927)

»Man kann den Augenblick, wo es zum ersten Male möglich wurde, von modernem Tanz oder gar moderner Tanzkunst zu reden, nur bezeichnen, indem man den Namen der Isadora Duncan nennt, mit deren Auftreten jener Augenblick überhaupt erst gegeben ist.«

(Hans Brandenburg, *Der moderne Tanz*, 1913)

»She shall dance the freedom of women«
(*The Dance of the Future*)
Isadora Duncans tänzerisches und choreografisches Schaffen bezeichnet im Hinblick auf die Entwicklung der Tanzgeschichte des 20. Jahrhunderts eine Art Schnittstelle. Eine Schnittstelle im doppelten Sinne: Nicht nur trug sie maßgeblich dazu bei, dass sich in ihrer Folge neue Körpertechniken und Körperbilder innerhalb der Tanzkunst etablierten und weiterentwickelten, sondern mit ihrem Auftreten begann eine neue Epoche im Tanz. Erstmals waren es vorrangig Frauen, die mittels ihrer innovativen Ideen dem Tanz und seinen Darstellungsformen ein neues Gesicht verliehen. Mit ihren Arbeiten verabschiedete sich Isadora Duncan von der Position der passiv-ausführenden Tänzerin und tanzte beziehungsweise verkörperte jene Frauengestalten, die sie sich selbst auf den Leib schrieb.

In den USA wird sie noch heute sowohl als Pionierin der Tanzkunst als auch als Ikone der Frauenbewegung gefeiert.

In zahllosen schriftlichen Abhandlungen hat sie sich kritisch über die zu ihrer Zeit herrschenden Frauenbilder und die daran gebundenen gesellschaftlichen Zwänge geäußert. Isadora Duncan reflektierte aber nicht nur über gesellschaftspolitische Themen, sondern begann auch über den Tanz der Zukunft, so wie sie ihn sich erträumte, zu sprechen und zu schreiben. Zahlreiche Aufsätze und Vortragsdokumente zeugen davon. Diesen, ihren Tanz der Zukunft sah sie allein durch Frauen realisierbar.

Mittels ihrer Reflexionen über den Tanz setzte sie sich immer wieder in Distanz zu ihrem eigenen künstlerischen Werk und theoretisierte über ihre Tanzideale. Auch in diesen Tanzschriften spiegeln sich vielfältige zeitgenössische Idealvorstellungen von Weiblichkeit wider.

Bis dahin war das Schreiben und Reflektieren über Tanz eine ausgesprochen von Männern besetzte Domäne. Frauen, als nahezu ausschließlich ausführende Objekte im Tanz, dienten dazu, männliche Fantasien lebendig werden zu lassen. Was das Schreiben über den Tanz betraf, so standen Betrachtungen der jeweiligen körperlichen Vorzüge der Ballerinen im Vordergrund, nicht aber deren künstlerische Leistungen. Im Hinblick darauf lässt sich Duncans Schreiben als eine emanzipatorische Revolution innerhalb der Tanzgeschichtsschreibung lesen.

Eine Revolutionärin des Bühnentanzes war sie von Beginn an. 1878 in San Francisco als jüngstes von vier Kindern geboren (in einigen Tanzgeschichten wird auch das Jahr 1877 als Geburtsjahr vermerkt), verdiente sie bereits mit elf Jahren ihr Geld als Tanzlehrerin, in der Schule für Gesellschaftstanz, die ihre Mutter in Los Angeles gegründet hatte. Welche Tanzausbildung Duncan selbst genossen hat, ob und wie lange sie Ballettunterricht erhielt, ist bis heute nicht sicher belegt. Sicher ist jedoch, dass sie die Kunst des Dilettierens beherrschte und – in Kombination mit einem großen Selbstbewusstsein – geniale Neuerungen im Tanz erzielte.

Als 18-Jährige zog Duncan, gemeinsam mit ihrer Mutter, auf der Suche nach einem Theaterengagement durch Chicago und New York. Sie probierte sich in kleinen Bühnenauftritten und Soloarbeiten. 1899 siedelte sie mit ihrer ganzen Familie nach London über, wo sie ein Jahr später erstmals mit ihren Solostücken öffentliche Beachtung fand. Noch im selben Jahr zog es die Kosmopolitin mit Bruder Raymond und der Mutter nach Paris. Hier lernte sie Loïe Fuller kennen und reiste für eine Saison mit ihr und ihrer Kompanie durch ganz Europa, auch nach Deutschland. Nebenher gab sie Soloabende, mit denen sie die Presse zunehmend begeisterte. 1903 hielt sie in Berlin ihren berühmten Vortrag *The Dance of the Future/Der Tanz der Zukunft,* der in der Folge zweisprachig in Druck ging.

Ihre praktischen und theoretischen Erkenntnisse versuchte Duncan an folgende Tänzerinnengenerationen weiterzugeben. Sie eröffnete im Laufe ihres Lebens diverse Schulen, in Europa und den USA – ihre erste 1904 in Berlin-Grunewald, deren gesamte Kosten, auch für die Verpflegung und Bekleidung der Schülerinnen, allein durch die Gagen Duncans finanziert wurden. Da ihre Reformgedanken in erster Linie den weiblichen Körper betrafen, unterrichtete sie zunächst ausschließlich Mädchen.

Im selben Jahr der Gründung ihrer ersten Schule, 1904, lud Cosima Wagner Duncan nach Bayreuth ein, wo sie das Bacchanal zu Richard Wagners *Tannhäuser* choreografierte. 1906 wurde ihre Tochter Deirdre geboren; Vater war der berühmte Bühnenbildner und Theaterreformer Edward Gordon Craig. 1910 folgte ihr Sohn Patrick. Auch dessen Vater, den Industriellen Paris Singer, heiratete Duncan nicht. Beide Kinder starben 1913 bei einem tragischen Autounfall in Paris.

Duncan, die in diesen Jahren immer wieder zwischen Deutschland und Paris hin und her gependelt war, kehrte 1914, mit Beginn des Ersten Weltkriegs, in die USA zurück. Sie gründete auch hier neue Schulen, während die ersten Zweigstellen in Europa aus finanziellen Gründen bereits wieder geschlossen werden mussten. In den 20er Jahren entdeckte sie ihre Liebe zu Russland und damit verbunden die zu dem jungen Dichter Sergei Jessenin, den sie 1922, ganz gegen ihre eigentlichen Grundsätze, heiratete. Schon zwei Jahre später verließ sie ihn und kehrte zurück nach Frankreich. 1925 beging Jessenin Selbstmord. Duncan kam 1927 in Nizza ums Leben: Ihr langer Schal verfing sich in den Hinterreifen ihres Bugatti und erdrosselte sie.

Isadora Duncan ist vieles: Sie ist Tänzerin und Choreografin, Ikone der Frauenbewegung, Tanztheoretikerin, und sie ist Lehrerin und Schulgründerin. Die Forschungslage über Duncans diverse Aktivitäten und kreative Seiten ist umfangreich. Von ihrem Bühnenwirken und ihrem Tanzen selbst sind nur Momentaufnahmen geblieben: Zeichnungen und Fotos, die einzelne Posen und Bewegungsstudien einzufangen suchten. Darüber hinaus existieren Zeitzeugenberichte, unzählige Kritiken und ihre eigenen Texte, die zum größten Teil erhalten sind. In diesen Materialien kristallisiert sich Duncans Gestalt und Wesen immer wieder schemenhaft heraus. Doch ihr tanzender Körper bleibt allenfalls eine Spur, die sich in den diversen Erinnerungsversuchen – so auch in diesem Porträt – immer neu generiert.

Die Tänzerin und Choreografin – Duncans Weiblichkeitskonzept

Duncans Idee vom Tanzen implizierte einen Naturkörper, der sich im Rhythmus von Wind und Wellen im harmonischen Gleichklang mit der ihm umgebenen Natur bewegen sollte. Die Inspiration für diese von ihr als natürlich betrachteten Bewegungen fand sie in den Abbildungen der Bildenden Kunst, aber auch im Naturerleben selbst.

Ihre Inspirationsquellen waren vorrangig die Bildmotive der griechischen Antike sowie die Malereien der Renaissance. Hier meinte sie jene natürlichen und freien Körper zu entdecken, die sie im akademischen Tanz verloren glaubte.

Die Abbildungen der tanzenden Duncan, ihr Körper, wie er in Fotografien und Zeichnungen überliefert ist, suggeriert einen ständigen, dynamischen Bewegungsfluss. Selten scheint ihr Körper angespannt oder seine Glieder zur Gänze gestreckt. Das dynamischste Bild überliefern die vielfältigen Zeichnungen, die internationale Künstlerinnen und Künstler von ihr anfertigten und für deren Kunst wiederum die Duncan zur Inspirationsquelle wurde. Sie zeigen zumeist einen Frauenkörper, der sich in jene im Bild fixierte Bewegung hineinzuwerfen scheint. Die Füße berühren fast nie den Boden. Im Gegensatz zu den Fotografien, die gerade den Energieaustausch mit und den Kontakt zu dem Boden betonen, lassen die Zeichnungen den Eindruck entstehen, der Körper sei zugunsten einer Bewegung vermittelnden Darstellung von der Erdanziehungskraft befreit. Anders jedoch, als es für die Abbildungen klassisch-akademischer Tänzerinnen dieser Zeit üblich war, scheinen sich hier die Momente der Leichtigkeit mit der Kraft ungeheurer Energien zu paaren. Die Bilder zeigen einen kraftvollen, agilen Frauenkörper, der nichts mehr mit den ikonografischen Darstellungen klassischer Ballerinen, als überirdisch feingliedrige Wesen, gemein hat.

Im Versuch, diese gezeichneten Tanz-Stills körperlich nachzuvollziehen, wird sofort deutlich, dass der (wenn auch unsichtbare) Boden Ausgangs- und Endpunkt jener Körperenergien sein muss. Eben diese Form der Bodennutzung lässt sich in allen späteren neuen Tanztechniken zu Beginn des 20. Jahrhunderts wiederfinden, sowohl im Modern Dance (USA) als auch in den Tänzen des Ausdruckstanzes (Deutschland).

Darüber hinaus fällt in allen Abbildungen der Duncan das Kostüm auf. Auch hier ist alles in Bewegung. Anders als die starren und den Körper modellierenden Tüllkostüme des klassischen Tanzes, die den Körper in eine starre Form pressen und seine Geometrisierung unterstreichen, geben die Kleider der Duncan ihren Bewegungen nach. Den meisten Zeichnungen gemeinsam ist die Betonung der nackten Beine, die häufig bis zum Hüftansatz zu sehen sind. Der dadurch freigelegte, nackte Frauenkörper zeigt seine ›weiblichen‹ Rundungen; er ist nicht filigran, sondern hat Masse, die aber nie plump erscheint, sondern vielmehr zu einem Ausdruck von ungezügelter Kraft wird. So entsteht der Eindruck einer selbstbewussten Körperpräsentation, die sich der Maskierung des Körpers zugunsten eines Schönheits- und Körperideals versagt.

Im Mittelpunkt von Duncans eigenem Tanzforschen stand die tanzende Frau, die das wandelbare Leben der Natur im Tanz interpretieren sollte. Der als weiblich gedachte Naturkörper, befreit von seinen gesellschaftlichen und tanzdiskursiven Zuschreibungen und einengenden, sogar den Körper deformierenden Verhaltensregeln, sollte auf der Bühne ver-Körper-t werden. Bei ihren Tänzen handelte es sich zumeist um nicht narrative Werke, die sich der Interpretation klassischer Musikstücke oder bildender Kunstwerke widmeten. Duncans Ziel war es, deren Stimmungen und Dynamiken in Bewegung umzusetzen. Ihre Tänze übernahmen grundsätzlich die Titel der Musikstücke oder der Kunstwerke. So auch im Fall einer ihrer wohl bekanntesten Choreografien, die der *Marseillaise*, mit der sie ihren persönlichen Kommentar zu den Ereignissen des Ersten Weltkriegs lieferte. Mit diesem Stück stilisierte Duncan sich 1914 als Freiheitskämpferin: Sie wurde sowohl zur französischen Siegesallegorie der Marianne als auch zur amerikanischen Freiheitsstatue, der Lady Liberty. Empört über die Teilnahmslosigkeit Amerikas am Ersten Weltkrieg, suchte Duncan mit ihrer Bühnendarstellung ein Zeichen zu setzen. Mit dieser patriotischen Demonstration griff sie auf das Motiv der »Frau als Nation« zurück und bestätigte dessen allegorisierende Funktion. Es sind die Bilder einer idealisierten und überhöhten Weiblichkeit, die Duncan hier zitierte. Ihre Darstellung allein als ein erneutes Aufrufen bekannter Frauenmythen zu verstehen, würde ihrem Werk jedoch nicht gerecht. Duncan rief die Allegorien und ihre Implikationen auf, löste sie aber durch die individuelle Bühneninterpretation und das damit verbundene individuelle politische Engagement aus ihrer Versteinerung und Monumentalität. Das Außergewöhnliche ihrer *Marseillaise*-Interpretation ist in erster Linie die Tatsache, dass eine Frau, überdies eine Künstlerin, ihre Kunstdarbietung nutzte, um aktiv politisch Stellung zu beziehen. Und dies tat sie, indem sie zwei vertraute Symbole nationaler Befreiung aufgriff, die weiblich konnotiert sind. Duncan erweckte die Allegorien zum Leben und machte sie durch die eigene aktiv gewählte Personifizierung zu Positionen der Handlungsfähigkeit, die ihren Ausdruck im aktiven Tanzprotest fanden. Die noch erhaltenen Fotografien dieses Tanzes von Arnold Genthe,

1915 in New York aufgenommen, zeigen Duncan in ausdrucksstarken Posen. Beschreibungen von Zeitzeugen zufolge muss der Tanz stark auf mimische Effekte gesetzt haben:

> In four stanzas Miss Duncan danced (or mimed) it, the first with martial mien, the second in proud and triumphant fashion, the third as so it were a prophecy of approaching glory amid the anguish of struggle, and the last with the hot intoxication of mob enthusiasm. (...) And Miss Duncan has never been more splendidly, more unapproachably, the artist.[1]

Expressivität ersetzte die bisherigen Tanzideale von Schönheit, Leichtigkeit und Grazie. Eine Expressivität, die vor allem die negativen Gefühle wie Schmerz und Leid, die einen jeden Freiheitskampf begleiten, dokumentieren sollte. Die Bilder nationaler Siegesfantasien, die Embleme patriarchaler Kulturen standen in Duncans *Marseillaise*-Choreografie im Spannungsfeld zwischen Triumph und dem vorangegangenen Leid. In ihrer Karriere bezeichnete das *Marseillaise*-Solo einen Punkt, dem eine grundsätzliche Politisierung ihres Tanzschaffens folgte.

1921 ging Duncan nach Moskau, um dort, mit der Unterstützung der sowjetischen Regierung, eine weitere Tanzschule zu gründen. Aus der Distanz heraus veränderte sich ihr Blick auf Amerika, das lange Zeit für sie der Inbegriff der Demokratie war und in ihrem Verständnis die politische Tradition der griechischen Antike fortsetzte. Aus der neu entdeckten, kommunistischen Perspektive heraus wird Amerika für sie zu einem Land der Kulturlosigkeit. 1922 besuchte sie zum letzten Mal die Staaten, um Gelder für die Schule in Moskau zu ertanzen. Das Publikum lehnte sie wegen ihrer mehrfachen pro-kommunistischen Äußerungen und Demonstrationen ab.

Isadora Duncan

Die Tanztheoretikerin

Isadora Duncans zahlreiche Aufsätze, Artikel und Manifeste formulieren das Credo ihres Tanzschaffens. In ihnen erläuterte sie ihr Kunstverständnis und ihre Lebensphilosophie, die untrennbar mit ihrem Tanzkonzept verbunden waren. Stets von sich selbst ausgehend und abstrahierend, untersuchte sie fast ausschließlich den weiblichen Körper auf seine Repräsentationsmöglichkeiten hin. Duncan übersetzte den eigenen, flüchtigen Tanz in eine Theorie der Tanzästhetik. Eigenhändig schrieb sie sich so in die Tanzgeschichte ein. Mit dem Schreiben und dem Reden über den Tanz relativierte sie die Flüchtigkeit ihres Tanzens und bemühte sich um eine sprachliche Fixierung. Mit der Hinwendung zum Logos der Sprache definierte sich die Tänzerin Duncan als ein reflektierendes Wesen, das sich gegen die bis dahin herkömmlichen Zuschreibungen der Tänzerin als eine schweigende Projektionsfläche sperrte.

Den weiblichen Körper betrachtete Duncan hier bereits als einen Ort vielfältiger gesellschaftlicher Restriktionen. Von eben diesen Einschränkungen, die den Körper – besonders den der Frau – in erster Linie zu kontrollieren suchten, sollte der neue Tanz befreien. Entheben sollte er ihn aber auch von den Zwängen, die das klassische Ballett bestimmten. Der klassische Tanz wurde in Duncans Schriften – wie bei allen zeitlich folgenden Tanzreformen auch – als Hauptantipode verstanden. Dessen strenge und artifizielle Formensprache sowie die Bewegung einschränkende Kostümierung, vom Spitzenschuh bis zu dem zu dieser Zeit auch für die Ballerina noch üblichen Korsett, lehnte und legte Duncan ab.

Duncans Ausführungen den Naturkörper betreffend, stehen im Spannungsfeld der Natur- und Evolutionstheorien, die (wie u.a. der Darwinismus) Ende des 19. Jahrhunderts die geistigen Strömungen in den USA und in Europa beeinflussten. Damit verband sich eine besonders die amerikanisch-nationale Identität bestimmende Sehnsucht nach Natur und Einfachheit, die mit dem Wunsch nach transzendentaler Erfüllung einherging. Duncans Tänze, vor allem ihre Tanzphilosophie, weisen deutliche Züge dieser kollektiven Sehnsucht auf, in deren Zusammenhang auch ihr religiöser Anspruch an die Tanzkunst verstanden werden muss. Der Tanz der Zukunft sollte, so Duncan, wieder eine religiöse Kunst sein, so wie in der griechischen Antike. Religion und Natur sollten im Tanzen ineinander aufgehen. Diese scheinbar innovativen gesellschaftlichen Ideale verweisen auf eine Haltung der Rückwärtsgewandtheit, die als Gegenreaktion auf die zunehmende Technisierung und Industrialisierung des Alltags interpretiert werden kann. Duncans Blick in die Zukunft implizierte eine Rückschrittlichkeit und zeugte von einem Misstrauen, ja sogar Unbehagen allem Neuen gegenüber. Duncan beschwor das Ewige im Vergänglichen, wenn sie in ihrem wohl bekanntesten und wichtigsten Manifest *Der Tanz der Zukunft* von 1902/03 den zukünftigen Tanz im Tanz der Vergangenheit zu finden suchte.

Die Lehrerin

Unterrichtsschwerpunkt in Duncans Schulen war das Ausdrucks- und Bewegungspotenzial, das nach Duncans Auffassung in jedem individuellen Körper angelegt ist und ausgebildet werden kann. Die Kinder sollten sich frei machen von den gesellschaftlichen und anerzogenen Bewegungseinschränkungen und normierten Bewegungsspielräumen. Voraussetzung dafür war, dass die Kinder schon in jungen Jahren in die Tanzschule kamen, bevor die gesellschaftlichen Zuschreibungen

Isadora Duncan als Priesterin in Iphigenie auf Tauris *(um 1903/04)*
Foto: Hof-Atelier Elvira

und körperlichen Restriktionen sie vollends deformiert
hatten. Tanz wurde von Duncan immer als eine Form
der Selbstreflexion und somit als ein Prozess der Selbst-
findung beschrieben. Bloßes Reproduzieren und Nach-

ahmen von Bewegungen lehnte sie ab. Erneut wandte sie sich hiermit gegen die Ideale des klassischen Balletts und seiner Trainingsideen, welche darauf abzielen, die Körper durch kontinuierliche Wiederholung festgeschriebener Bewegungsvorgaben und Bewegungsabläufe in ein Form- und Körperideal einzufügen.

Duncan vermittelte ihre Vorstellungen eines natürlichen Tanzens, ohne jedoch so etwas wie eine Tanztechnik zu entwickeln. Immer im Vordergrund stand die Feier der Schönheit eines von allen Zwängen befreiten, natürlichen weiblichen Körpers. Durch den freien Tanz, wie sie ihn auf der Bühne präsentierte und in ihren Schulen weiterzugeben versuchte, sollte der Weg zur natürlichen Schönheit geebnet werden. Wenngleich Duncan auch keine Technik ausformulierte, entwickelte sie doch ein System von Übungen, um die Schülerinnen an ihren Tanz der Zukunft heranzuführen.

Irma Duncan, eine der sechs so genannten *Isadorables*, die Duncan adoptierte und die daraufhin ihren Namen annahmen, schrieb 1937 ein Lehrbuch mit dem Titel *The Technique of Isadora Duncan*. Es stellt den Versuch dar, Duncans Tanzinnovationen und ihre Arbeitsmethoden lebendig zu erhalten und das Erbe der Meisterin reproduzierbar zu machen. Nach wie vor dient es als Grundlage an wenigen Schulen, in denen die Duncan-Methode noch unterrichtet wird.

Aus dem Buch geht deutlich hervor, dass Duncan die Tanzbewegungen sukzessive aus Alltagsbewegungen heraus entwickelt hat. Ihrer Auffassung nach nimmt grundsätzlich jede Bewegung ihren energetischen Anfang im Solarplexus, dem Punkt unterhalb des Brustbeins. Für jede Bewegung ist die Notwendigkeit eines inneren Grunds gegeben, wobei die innere Emotionalität mehr ins Gewicht fällt als deren körperliche Expressivität. Duncans Tanzen drückte sich in einem ganzkörperlichen Konzept aus, welches die Fragmentarisierung und Fixierung einzelner Körperteile zu vermeiden suchte.

Isadora Duncans Erbe

In ihrem Manifest *Der Tanz der Zukunft* zeichnete Duncan das Bild eines kollektiven Frauenkörpers, den sie aber nicht in der Differenz zum Bild des männlichen Körpers entwarf, sondern in Differenz zu anderen, vorgängigen Frauenbildern. Sie versuchte sich von dem Idealbild des weiblichen Körpers, wie es das 19. Jahrhundert ausgebildet hatte, zu distanzieren. Duncan demystifizierte den tanzenden weiblichen Körper und befreite ihn gleichzeitig aus der Position des objektivierten Fetisches männlichen Begehrens. Ihre Körperpräsentation im Bühnentanz forderte ein neues Rezeptionsverhalten von ihrem Publikum, das durch ihre Inszenierungen des weiblichen Körpers irritiert wurde. Diese Irritationen bestanden u.a. in ihrem selbstbewussten Ausstellen des eigenen Körpers, den sie für ihre Tanzrevolution als repräsentativ verstand. Es gelang ihr, als eigenständige Künstlerin Beachtung zu finden und den Tanz gleichberechtigt in eine Reihe mit allen anderen Künsten zu stellen. Ihr tanzender Körper war zugleich Kunstobjekt und kreatives Subjekt.

Mit Duncans Choreografien, ihren Tanztheorien und Schulgründungen entwickelte und verbreitete sich eine Bühnentanzform, die eine Alternative zum klassischen Tanz bot. Eine Alternative, die nicht nur ein neues Weiblichkeitsbild auf der Bühne etablierte, sondern erstmals auch Frauen einen eigenen kreativen Freiraum zuschrieb. Es ist jener entscheidende Seitenwechsel von der rein ausführenden Tänzerin hin zur kreativen Tanzschaffenden, der Duncans Werk vor allem für die Tanzgeschichte, aber auch für die Frauengeschichte markiert.

Anmerkungen

[1] »Isadora Duncan Dances the Marseillaise«. In: *Current Literature. Isadora Duncans Clippings*, DC; zitiert nach Ann Daly: *Done into Dance. Isadora Duncan in America*. Bloomington/Indianapolis 1995, S. 186: »Über vier Strophen tanzte bzw. mimte Miss Duncan sie. Die erste Strophe mit kriegerischer Miene, die zweite auf eine stolze und triumphierende Weise, die dritte so, als sei diese die Prophezeiung des nahenden Ruhms inmitten der Qual des Kampfs, und die letzte wie im heißen Rausch enthusiasmierter Massen. (...) Miss Duncan war nie großartiger, unnahbarer, die Künstlerin.« (Übersetzung der Autorin)

Sabine Gottgetreu

Das tanzende Gewand und die verschwundene Tänzerin: Loïe Fuller (1862-1928)

Grenzgängerin zwischen zwei Kontinenten

Im Spätsommer 1892 bestieg die 30-jährige Marie Louise Fuller in New York ein Schiff mit dem Zielhafen Hamburg. Sie war eine der ersten Amerikanerinnen ihrer Generation, die nach Europa aufbrachen und dort als Solo-Tänzerin einen Neuanfang wagten. Bevor sie im November 1892 in Paris in der Rue Richer 32 ihr viel beachtetes Debüt bei den Folies-Bergère gab, hatte sie als Berufsschauspielerin der zweiten Reihe seit den 1880er Jahren Erfahrungen in Produktionen des Unterhaltungstheaters gesammelt. Sie spielte auf Wander-, Vaudeville- und Provinzbühnen zwischen New York, Chicago, St. Louis, Kingston/Jamaika und London, ohne wirklich aufzufallen. »Ihre lange Lehrzeit in diesem grellen Milieu lieferte die entscheidenden Ingredienzen ihrer ätherischen Kunst, außerdem erwuchs daraus eine furcht- und rastlose Neugierde und der Mut, nichts unversucht zu lassen.«[1]

Sie agierte in auffallendem Kontrast zum akademischen Tanz – noch im Vorfeld Mary Wigmans und der *Ballets Russes* des Sergei Diaghilew. Loïe Fullers Darbietungen gaben häufig Anlass zur Kontroverse. Aus theatergeschichtlicher Perspektive war ihr Schauspiel weniger einmalig und der Tanz ganz offensichtlich ihr eigentliches Tätigkeitsfeld. Allerdings waren Tanzhistoriker und Kritiker lange Zeit uneinig, ob die Unbekannte aus

Amerika, weder Ballettschülerin noch Vordenkerin des Ausdruckstanzes, angesichts ihrer Herkunft aus der wenig renommierten Showbranche überhaupt als Tänzerin von Rang einzuschätzen sei. Nur langsam setzte sich die Anerkennung ihrer choreografischen Kompositionen als eigene Stilform durch.

Tanz als multimediale Aktion

Fullers Tanz, in einfachen Schritten, Drehungen und Gegendrehungen des Torsos und einer Bewegungsentfaltung der ausgebreiteten Arme, basierte nicht auf einer Zurschaustellung der Kunstfertigkeit und technischen Exaktheit des darstellenden Körpers. Ohne Korsett, Spitzenschuh und Sprünge präsentierte er sich, dabei die körperlichen Voraussetzungen verbergend, eher als schwungvolle Modellierung weiter Gewänder in Wellen, Kreisen und Schrauben. Angestrahlt durch mehrfarbiges Licht, könnte das knöchellange Seidenkleid, das Fuller einhüllte, dem Betrachter wie eine Projektionsfläche oder Leinwand mit plastischem Anschauungsgehalt vorgekommen sein. Die tänzerische Aktion brachte offenbar Eindrücke hervor, über deren Wahrnehmung die zahlreichen Zuschauer bereit waren, die Frau, die sie produzierte, zu vergessen.

Fullers Choreografie gab insofern die Grenzen des körperlichen Ausdrucks an, als sie weitgehend vom Akzent des sichtbaren Körpers gelöst war. Die Amerikanerin verwandelte das von der Tänzerin ausgehende Bewegungsmoment durch das Hochschrauben des Seidenumhangs und die Lichtsetzung aus dem leeren, verdunkelten Bühnenraum heraus zu einer abstrakteren Gesamtwirkung. Voraussetzung war, dass sämtliche Kulissen, Requisiten, Aufbauten von der Bühne entfernt, schwarzer Samt am Boden ausgelegt und dunkle Vorhänge angebracht wurden, um die umherschweifenden Blicke der Zuschauer durch das Licht der seitlich angebrachten Scheinwerfer zu dirigieren. Folgt man den Nachforschungen Sally Sommers, dann wurden im letzten Abschnitt des *Serpentintanzes*, ihrer folgenreichsten Arbeit, die seitlichen Lampen abgeschaltet und durch vier Strahler auf der Rückfront ersetzt. Fuller trat abwechselnd in und aus den Lichtkegeln heraus und versuchte durch unvermitteltes Auf- und Abblitzen der Lichtquellen einen spektakulären Schlusspunkt zu setzen. Sie folgte damit dem dominanten Strukturprinzip des Varietés und der Music Halls, das eine temporeiche Abfolge bunt gemischter, möglichst unverwechselbarer Einzelnummern vorsah.

Ihre Kreationen standen quer zum hoch stilisierten Körperbild und strengen Regelkodex der »Danse d'école«, der Aufführungspraxis romantischer Ballette, bildeten aber auch einen offenkundigen Gegensatz zur Landschaft des Freien Tanzes und des Ausdruckstanzes. Die Flüchtigkeit ihrer Raumfiguren war das Ergebnis der virtuosen Handhabung eines für den Tanz damals neuartigen technischen Instrumentariums. Nichts war für die Figurationen aus wellengleichen Stoffbahnen und ihre schimmernde Oberfläche gravierender als die Synthese mit dem elektrischen Licht, das auf sie strahlte. Fuller arbeitete unaufhörlich daran, die Tragfähigkeit ihrer Kunstmittel, die vom Kostümdesign, der Lichtführung und Farbdramaturgie flankiert wurden, zu erproben und ihren Einsatzumfang auszudehnen. Ihre charakteristischen Choreografien waren frei von Thematik und Darstellung, von theatralischer Gestik und dramatischer Folgerichtigkeit. In den Folies-Bergère zeigte sie in der ersten Saison ein Programm aus vier Tänzen, die nicht länger als eine Dreiviertelstunde dauerten: *La Serpentine*, *La Violette*, *Le Papillon* und *XXXX*.

Die tänzerischen Bewegungsabläufe wurden von einem Orchester begleitet und standen in keinem zwingenden Zusammenhang. Die illuminierten Stoffkaskaden markierten den schmalen Grad zwischen Erkennbarkeit und Auflösung der Form.

Loïe Fullers *Serpentintanz* lässt die kommerziellen Bedingungen kultureller Produktion des Fin de siècle zu Tage treten, in der Spannung zwischen Originalität der Tanzform und selbstähnlicher Reproduktion, zwischen Innovation und Nachahmung, zwischen kurzweiligem Amüsement und technischer Fixierung des Schauereignisses im Archiv des Patentamts. Ihr Antrag zur Patentierung führte in den USA zunächst zum Verdikt gegen ihre Praktiken. Rein mechanische Bewegungsfolgen, jeder Mitteilungsfunktion entbunden, fielen nicht unter das Urheberrecht – so urteilte der U.S. Circuit Court for the Southern District of New York am 18. Juni 1892. Ihr Lichtertanz werde durch den mechanischen Charakter der Vorrichtungen kompromittiert und könne daher nicht der interpretierenden Kunst des Schauspiels gleichgestellt werden.[2] Trotz Rückschlägen dieser Art blieb sie stets offen für Experimente. Sie hatte die Idee, auf einer von unten beleuchteten, in den Boden eingelassenen, etwa einen Quadratmeter großen Glasplatte zu tanzen. Zu den Aufführungen des *Feuertanzes* mit seinen lodernden Effekten bekam sie einigen Beifall. Sie setzte auch winkelig angeordnete Spiegel auf der Bühne ein, die ihr Abbild multiplizierten und damit den Akt des Schauens oder Betrachtens unterstrichen.[3]

Aber Fullers Tanz ist nicht nur ein Ensemble technischer Prämissen, die sich im Laufe der Jahre verbessern ließen, sondern er gibt auch Auskunft über eine viel umfassendere Neuorganisation der Wahrnehmung, einen Strukturwandel des Sehens um die Jahrhundertwende.

Großer Auftritt in Paris

Es ist kein historischer Zufall, dass die französische Hauptstadt zum Ort ihrer größten Triumphe wurde. Die Berühmtheit der Fuller ging weit über die Halbwelt des Theaters hinaus. Ihre Beliebtheit trug ihr zahlreiche Nachahmerinnen ein.[4] Die Anziehung, die »La Loïe« auf ihr Publikum ausübte, reflektiert sich in einer relativ großen Anzahl von Werken der Malerei und Plastik, der Plakatkunst, Grafik sowie in literarischen Aufzeichnungen – insgesamt betrachtet, zeichnet sich eine Vielfalt konkurrierender Interessenlagen und Bedeutungszuschreibungen ab. Erst vor diesem diskursiven Hintergrund wurde sie als Symbolfigur installiert.[5] Die Medien des Drucks und der Kinematografie trugen gemeinsam dazu bei, dass die Kommunikation über Fuller von ihrer persönlichen Gegenwart unabhängiger wurde. Loïe Fuller offerierte dem erstaunten Auditorium, wie Stéphane Mallarmé überschwänglich anmerkt, beides: »Kunstrausch und, gleichzeitig, technische Errungenschaft.«[6]

Im Zeitalter der bebilderten Journale und illustrierten Zeitungen schien die Publicity den Blick auf den Tanz aber auch zu verstellen. Immer neue Geschichten haben seine Entstehung überwuchert. Auch die erhaltenen fotografischen Belege sind mit Vorsicht zu betrachten, geben sie doch eher indirekt Aufschluss. Die Eigenschaften des Tanzes, soweit sie das Kontinuum und Tempo der Bewegung, die Entdeckung des Raums und die Farbigkeit des Lichterspiels betreffen, und die Merkmale und Möglichkeiten der Porträtfotografie standen von Beginn an in Widerspruch zueinander. Die erstarrte Haltung vieler Atelier-Fotografien lässt Françoise Le Coz von »einer Art Bestandsaufnahme ihrer Garderobe«[7] sprechen. Die Momentaufnahmen einer anderen Gruppe von Fotografen wiesen neue Wege bildlicher Dokumentation, indem sie weniger die gesellschaftliche

Identität der Tänzerin zu erkennen geben, als die Bewegungsspuren, die still gestellte Schwingung oder ›Flugbahn‹ des Kleids – auch unscharf – in natürlichen Umgebungen zum Hauptmotiv erklären.[8]

Die Amerikanerin Fuller war im Paris der Jahrhundertwende eine Ausnahmeerscheinung, und doch verschwand sie als Person hinter ihrem schon bald als eigenständiges Genre verstandenen *Serpentintanz*, sogar hinter ihrem selbst zum Markenzeichen geronnenen Kunstantlitz. Als Persönlichkeit war sie nur schwer dingfest zu machen. Sie soll ein sicheres Gespür für Marketingmaßnahmen gehabt haben. Fotografien der New York Public Library for the Performing Arts halten eine bemerkenswerte Werbemaschinerie fest. Sie zeigen, dass zahlreiche Handkarren mit Ankündigungsplakaten für ihre Auftritte in den Folies-Bergère von Männern durch die Straßen geschoben wurden, um die Aufmerksamkeit der Passanten auf sich zu lenken.

Die umtriebige Loïe absolvierte dort am 6. März 1893 ihre 150. Schau. Zur Feier der 550. Vorstellung am 24. März 1895 richtete eine Anhängerschaft der Pariser Kunststudenten in der Comédie-Parisienne ein Fest für sie aus. Bis zum Saisonende 1899 blieb sie auf den Anzeigetafeln der Folies-Bergère verzeichnet. Auf der Pariser Weltausstellung von 1900 eröffnete Miss Fuller ihr eigenes Théâtre-Musée. Acht Jahre später erschien ihre Autobiografie *Quinze ans de ma vie*, die allerdings unter großem Zeitdruck in nur zwei Monaten verfasst wurde und als unzuverlässig gelten darf. In Fullers Lebensgeschichte bleiben bis heute Lücken. »Obgleich sie nur über eine geringe Schulbildung verfügte (...), gerierte sie sich gerne als so etwas wie eine Wissenschaftlerin und Intellektuelle. Es war eine Rolle, die zu spielen ihr allerdings manchmal schwer fiel.«[9] Krisen-

erfahrungen und Geldnot überschatteten ihren Berufs-
weg von Anfang an. Auch in ihrem privaten Leben
stellten sich unliebsame Überraschungen ein. Die 1889
geschlossene Ehe mit William B. Hayes endete 1892 vor
Gericht. Fullers Klage gegen ihren Ehemann, der sich als
Bigamist entpuppt hatte, wurde abgewiesen. Danach
kam für sie als Gefährte kein Mann mehr in Betracht.

Im Kontext einer neuen Ausprägung des Bühnentanzes
Ebenso wie Isadora Duncan, Ruth St. Denis und Maud
Allen wurde Loïe Fuller als Wegbereiterin oder Vor-
läuferin des Modern Dance bezeichnet. Das genau kal-
kulierte Aufgreifen der Reaktionen der Pariser Prominenz wie des breiten Publikums und die Eigenwilligkeit
ihrer Vorgehensweise brachten ihr die Missbilligung
einiger Journalisten ein. Da Fullers Mittel gar nicht
ohne weiteres als Verfahren des Tanzes identifiziert
werden konnten, mussten sie zur Zeit ihrer ersten
öffentlichen Präsentation irritieren und Missverständ-
nisse hervorrufen. Nachdem sich aber auch andere
Varieté-Tänzerinnen ihrer Prinzipien bedient und ihre
stofflichen Gestaltungen durchvariiert, vereinfacht und
verbreitet hatten, öffneten sie jetzt in Paris in neuer
Weise den Blick auf die Tänzerin der Unterhaltungs-
etablissements. Je mehr Reproduktionen ihres Tanz-
musters in den ersten Jahren auftauchten, desto erfolg-
reicher blieb die Artistin Fuller und umso mehr
Menschen wollten ihre Kreation mit eigenen Augen
sehen. Beunruhigt von dem Gedanken, dass ihre Kon-
kurrentinnen ihre Kleiderzuschnitte vor ihr nutzen
könnten, fertigte sie ihre ausgeklügelten Bühnenkos-
tüme unter größter Geheimhaltung selbst. Durch die
Rivalität fühlte sich die Fuller in ihrer Kreativität aber
auch herausgefordert. Das ›System Fuller‹ konnte sich
behaupten, solange es zum herrschenden Darstellungs-

kode der Sprechbühne auf Distanz ging. Nicht auf das verführerische Ideal der sinnlich-schönen Tänzerin zielten ihre Anstrengungen ab, sondern auf die recht aufwändige Strategie, die nötig war, um die Proportionen ihres eher fülligen Leibes durch Crêpe de Chine zu erweitern. Ins Rampenlicht geriet sie nicht wegen ihres Aussehens. Dass ihr Körperbau alles andere als grazil war, ihr Faible für prunkvolle Pelze – wie auf Fotos aus den Jahren um 1900 und 1916 zu sehen – wenig vorteilhaft erschien und ihr Straßen-Look nicht eben von Eleganz und Stilgefühl zeugte, passte nicht ins Glamour-Bild. Erstaunlich ist auch der Umstand, dass die amerikanische Staatsbürgerin nur mit Mühe französisch sprach und sich trotz der vielen Jahre, die sie in Paris lebte, die neue Sprache nicht wirklich aneignen konnte. Hermann Bahr schildert ein Zusammentreffen in Wien 1902 anlässlich einer Präsentation der Duncan: »Miss Fuller trat vor, eine merkwürdige, kleine Person, die auf den ersten Blick irgend einer behaglichen braven Hausfrau gleicht, aber in ihrem einschneidenden Ton, in den knappen und kommandierenden Geberden, in den Blicken ihrer abgearbeiteten, ganz vergeistigten, manchmal fast visionär aufzuckenden Augen eine Energie, eine zähe Kraft und eine Nervosität hat, die fast ein bisschen unheimlich sind.«[10]

Eine Tänzerin verschwindet
Fullers Tanz ließ im Ablauf eine Wahrnehmung entstehen, die Brygida Ochaim und Gabriele Brandstetter etwas zugespitzt als »das Verschwinden des Körpers in den unendlichen Metamorphosen des ihn umspielenden Seidengespinsts« beschreiben.[11] Demnach erzeugte Loïe Fuller auf der Bühne den optischen Eindruck einer Entmaterialisierung des Körperlichen im Tanz mit den Mitteln des zeitgemäßen Lichtdesigns. Diese Argumenta-

Loïe Fuller: La Danse du Lys (um 1900)
Foto: Isaiah W. Taber

tion, die auf das Nicht-Individuelle, die Auflösung des Subjekts der Tänzerin abhebt, steht in einer Traditionslinie, die bis zu Georges Rodenbach und Stéphane Mallarmé zurückreicht. Paradoxerweise wurde angesichts der wachsenden Bedeutung der technischen Eingriffe die Vorstellung wiederbelebt, der Tanz habe etwas Unkörperliches zu sein. Rodenbach zufolge »verdankte die eindrucksvollste Tänzerin, die in den letzten Jahren hervorgetreten ist, ihre Faszinationskraft genau dem Umstand, dass sie ihren Körper mit noch mehr Stoffen umgab. (...) Ihr Körper bezauberte durch seine Unauffindbarkeit.«[12] Auch Mallarmé ist 1893 – so geht es aus den *Considérations sur l'art du ballet et la Loïe Fuller* hervor – von der »wirbelnden Fliehkraft« ihres Tanzes herausgefordert. Er meinte zu beobachten, wie sie »mit einem bis zu den äußersten Spitzen eines jeden Flügels entrückten Willen ihre Körpergestalt fortschleudert, die straffe, aufrechte Gestalt – ausgelöscht von der Anstrengung, in einer fast gänzlichen Befreiung von sich selbst«.[13]

Fullers Tanz war untrennbar verbunden mit der Aneignung existierender Medienformen, ohne eine tiefere Erfahrung vermitteln zu wollen (oder zu können) als diejenige der bloßen Situation seiner Betrachtung. Die gezielte Ausschaltung aller äußeren Bezugspunkte lässt darauf schließen, dass sie nicht auf vorgefundene, sondern durch Raffungen und Schwünge erst herzustellende bewegliche Formen setzte. Das wortlose, undefinierbar-amorphe Moment ihrer Stoffmanipulationen entfachte die Fantasie der Zeitgenossen. »Gewänder, die in der tänzerischen Bewegung zu Flügeln werden, wie in den Schmetterlingstänzen der Loïe Fuller, das verweist auf Erscheinungen, in denen der Mann der Jahrhundertwende die Frau zu sehen liebte: als ›englisches‹, das heißt engelhaftes Wesen oder als lautlos von Blüte zu Blüte schwebender zierlicher Schmetterling.«[14] Dem medienerfahrenen Betrachter von heute erscheint ihr Konzept nicht mehr derart verblüffend.

Fuller vergrößerte Zug um Zug die Maße ihres Bühnenkleids. Schwachstellen der ersten Auftritte in den USA, in denen sich noch Spuren des *Skirt Dance* finden ließen, wurden durch eine zunehmend souveräne Beherrschung der Robe, das Hinzufügen der Farben und die Verbindung mit weiteren musikalischen Begleitungen abgelöst. Sie erweiterte neben der Länge durch eingenähte Stäbe aus Bambus oder Aluminium auch die Breite ihres teils bestickten, bemalten oder gefärbten Kostüms zum überdimensionalen Gewand. Die meist hellen Kleider mit ihrer extravaganten Abmessung waren damit nicht länger Mittel, um die körperlichen Reize der Tänzerin zu unterstreichen. Die schwingenden Drapierungen selbst rückten ins Zentrum der Aufmerksamkeit. Wie die Tänzerin bei ihrer Performance im Einzelnen genau vorging, war auf Anhieb nicht exakt auszumachen und wurde genau genommen gegenüber dem Gesamteffekt ihrer Abwesenheit sekundär. Indem sie etwa zehn Scheinwerfer sorgfältig positionierte und deren Strahlung durch eigens kolorierte Glasscheiben hindurch akribisch arrangierte, steigerte sie den optischen Reiz ihres Tanzes von außen her nochmals.

Die Jahre ihrer intensivsten Tätigkeit fallen in die Periode bis 1908. »In der Zeit zwischen 1892 und 1900 gelangte ihre Solochoreografie zu voller Ausprägung. Sie erreichte ein Höchstmaß an Klarheit, technischer Präzision und choreografischer Schönheit in einer Suite von fünf Tänzen: *La Nuit*, *La Danse blanche*, *Le Firmament*, *Danse de feu* und *Le Lys de Nile*, die sie 1895/96 auf ihrer Amerika- und England-Tournee aufführte.«[15] In *Le Firmament* ließ sie offenbar Bilder der Mondoberfläche auf ihr Gewand projizieren. In den Monaten, in denen die Fuller nicht vertraglich an die Folies-Bergère gebunden war, unternahm sie mit großen Mengen an Gepäck und technischem Equipment auf der Suche nach neuen Einnahmequellen immer wieder Gastspielreisen. Sie akzeptierte Engagements in größeren Städten Süd- und Osteuropas und fuhr bis nach Südamerika. In Brüssel trat sie 1894 angeblich vor 6 000 Zuschauern auf.

Als Frau mit vielen Talenten und einigen Verbindungen zur besseren Gesellschaft betätigte sie sich mehr oder minder glücklich auch als Bühnenautorin und Managerin im eher kleinen Rahmen ihres Theaters. So schuf sie im Pavillon in der Rue de Paris ein Forum für eine japanische Tanztheatertruppe unter der Leitung von Otojirô Kawakami und seiner Frau Sada Yacco.

Als sie 1928 im Hôtel Plaza-Athénée nur wenige Monate nach Isadora Duncan starb, war die Tanzwelt schon über sie hinweggegangen. Am Ende ihres Lebens galt sie gewissermaßen als hochinteressante Choreografin von gestern. Loïe Fuller, die in den 1890er Jahren als Sensation der in Mode gekommenen Vaudeville-Theater von Paris Furore machte, hatte zwar 1908 eine Schule gegründet, aber ihre Mädchen-Truppe und die *Ballets fantastiques* wollte das Massenpublikum nicht mehr sehen. Sie wurde am 22. Januar 1862 im Mittleren Westen Amerikas geboren, aber erst Europa und seine Vergnügungsmetropole Paris haben sie für einen kurzen Zeitraum zum leuchtenden Stern gemacht.

Anmerkungen

[1] Sally Sommer: »Von der Wildwestshow zur Pariser Avantgarde«. In: Jo-Anne Birnie Danzker (Hg.): *Loïe Fuller. Getanzter Jugendstil*. München. New York 1995, S. 123.

[2] Vgl. Richard Nelson Current/Marcia Ewing Current: *Loïe Fuller, Goddess of Light*. Boston 1997, S. 43.

[3] Tom Gunning hat im Zusammenhang mit frühen *non-fiction*-Filmen den Begriff »Ästhetik der Ansicht« geprägt. Filmmaterial, das Fullers Tanz (nach 1895) zeigt, wurde bislang nicht gefunden.

[4] Unter ihnen sind u.a. Mabelle Stuart, Marie Leyton, Minni Rennwood Bemis, Ida Fuller und Mademoiselle Ancion, die im Berliner Wintergartenprogramm der Brüder Skladanowsky auftrat.

[5] Vgl. Birnie Danzker (1995). Besonders hervorzuheben sind die Lithografien von Henri Toulouse-Lautrec.

[6] Stéphane Mallarmé: »Ein weiteres Tanzstück«; zitiert nach Gabriele Brandstetter/Brygida Ochaim: *Loïe Fuller. Tanz Licht-Spiel Art Nou-*

veau. Freiburg 1989, S. 215.

[7] Françoise Le Coz: »Erstarrte Pose? Photographie des Tanzes«. In: Birnie Danzker (1995), S. 39.

[8] Diese Aufnahmen werden Isaiah W. Taber, Eugène Druet und Harry C. Ellis zugeschrieben.

[9] Richard Nelson Current: »Die legendäre Loïe«. In: Birnie Danzker (1995), S. 121.

[10] Hermann Bahr: *Rezensionen. Wiener Theater 1901 bis 1903.* Berlin 1903. S. 216f.

[11] Brandstetter/Ochaim (1989), S. 8.

[12] Georges Rodenbach: »Tänzerinnen«; zitiert nach Brandstetter/Ochaim (1989), S. 199.

[13] Stéphane Mallarmé: »Ein weiteres Tanzstück«; zitiert nach Brandstetter/Ochaim (1989), S. 217.

[14] Willy Rotzler: »Das schönste Gewand wären Flügel. Loïe Fuller – Idol der Jahrhundertwende«. In: *du. Die Kunstzeitschrift*, Nr. 3, 1981, S. 38.

[15] Sally Sommer: »Von der Wildwestshow zur Pariser Avantgarde«. In: Birnie Danzker (1995), S. 129.

Silvia Kargl

»Grazie oder: die Befreiung
von der Schwere«[1]:
Grete Wiesenthal
(1885-1970)

Grete Wiesenthal gehört zum legendären Wien der
Jahrhundertwende, das nicht nur durch Persönlichkeiten aus der Welt der Kunst, sondern auch durch soziale
und wissenschaftliche Novitäten von Hugo von Hofmannsthal über Gustav Mahler bis zu Sigmund Freud
geprägt wurde. Zu jenem Wien also, aus dem nur kurze
Zeit später viele vertrieben und ermordet wurden, zu
deren Lebensstil und Kultur: einem Wien, das heute nur
mehr in Rückblicken auf die Vergangenheit lebendig ist.
So bleibt auch bei Grete Wiesenthal neben dem gele-
gentlichen Aufflackern ihrer Choreografien vor allem
die Erinnerung an eine außergewöhnliche Tänzerin und
Gastgeberin eines Wiener Künstlersalons.

Michael Birkmeyer, langjähriger Solotänzer der Wiener
Staatsoper und Sohn von Wiesenthals wichtigstem
Tanzpartner Toni Birkmeyer, erinnert sich heute an die
Wiesenthal als »eine große, scheinbar alterslose Dame.
Wenn sie einen Raum betrat, wirkte sie dort wie die auf-
gehende Sonne, die sofort alle Aufmerksamkeit auf sich
zieht. Sie war voller Liebreiz und hatte ein offenes Ohr
für ihre Besucher, für mich lag stets ein Manner-Zuckerl
bereit, das war in den Nachkriegsjahren etwas ganz
Besonderes.«[2]
   Grete Wiesenthals Wohnung in einem Haus am vor-
nehmen Modenapark war über Jahrzehnte, auch wäh-

rend des nationalsozialistischen Regimes, Treffpunkt für Künstler und Intellektuelle. Wiesenthals Salon bot jedoch nicht in erster Linie eine Plattform für illustre Gesellschaften, sondern war ein Forum für Diskussionen über Kunst, Politik, Wissenschaft und Religion. Zu Wiesenthals Kreis zählten jedoch auch als Regimekritiker bekannte Gäste. Als kurz nach einem Treffen im Salon ein SA-Trupp erschien und nach Namen von Freunden Wiesenthals fragte, erklärte sie mit Bestimmtheit und charmantem Lächeln, dass sie niemanden erkannt hätte.

Zusätzlich veranstaltete sie im privaten Kreis Lesungen mit dem jüdischen Regisseur Emil Geyer und verhalf ihm zu einem kleinen Einkommen, nachdem seine Wohnung von den Nationalsozialisten konfisziert worden war. Später wurde Geyer bei einem Fluchtversuch an der ungarischen Grenze geschnappt und umgebracht. Wiesenthals Tanzpartner Toni Birkmeyer wurde als Hörer verbotener Radiosender denunziert und kam ins Konzentrationslager Mauthausen.

Zu den Salongästen nach dem Krieg zählte unter anderem auch der Dichter Carl Zuckmayer, der kurz vor seinem Tod mit einem unvollendet gebliebenen Text über *Die Tanzlegende der Grete Wiesenthal – eine Apologie der Schönheit* begann.

Auch wenn er sie nicht mehr tanzen sah, so hat Michael Birkmeyer neben Erinnerungen an die Salonbesuche auch noch die choreografische Handschrift der Wiesenthal, die sie an ausgewählte Schülerinnen weitergab, vor Augen: »So bekannte Persönlichkeiten aus der Tanzwelt wie Natalia Makarova, John Neumeier und Rudolf Nurejew stellten unabhängig voneinander beim Zusehen der einzigartigen Wiesenthal-Technik-Stunden in der Ballettschule der Wiener Staatsoper die

Frage, wann diese Technik entstand. Sie waren erstaunt, dass Wiesenthal lange vor Martha Graham ihren Stil entwickelt hatte. Sie hat viel mehr für den modernen Tanz getan, als hier in Österreich heute bewusst ist. Sie begründete eine Tanz-Tradition, die durch Gastspiele von Europa bis Übersee bekannt wurde und eine viel zu wenig beachtete Wurzel des Modern Dance ist«, berichtet Birkmeyer.

Nach ihrem letzten öffentlichen Auftritt als Tänzerin brachte der Zweite Weltkrieg eine Zäsur für den modernen Tanz in Österreich, viele Tänzer/innen und Choreografen/innen mussten ihre Heimat verlassen. So beschränkte sich Wiesenthals Bedeutung nach 1945 auf den Tanzunterricht, zunächst von 1945 bis 1951 als Leiterin der Abteilung Tanzkunst an der Hochschule für Musik und Darstellende Kunst in Wien, wo sie schon seit 1937 unterrichtete (geschlossen 1979). 1946 studierte sie ihr erfolgreiches Ballett *Der Taugenichts in Wien* an der Wiener Volksoper ein, für das sie zu Musik von Franz Salmhofer 1930 selbst das Libretto mit Lokalkolorit verfasst hatte. Nur die 1930 von ihr an der Staatsoper getanzte Titelrolle war Joseph von Eichendorffs bekannter Novelle entlehnt, besonders gepriesen wurde der *Tanz über den Dächern von Wien*. Mit Carl Raimund übernahm 1946 ein Tänzer ihre Rolle. Auch für die Salzburger Festspiele gestaltete sie Tanzeinlagen, so von 1952 bis 1960 zu *Jedermann*. Daneben führten Gastspiele ihre Tanzgruppe bis Nord- und Südamerika, gelegentlich hielt Wiesenthal auch Vorträge zu ihren Tänzen.

Ihre berühmten Walzerchoreografien schienen dennoch so sehr mit ihrer Persönlichkeit verbunden, dass mit ihrem Tod zunächst auch ihre Werke von der Bildfläche verschwanden. Doch mit Margot Fonteyn trat

Grete Wiesenthal

1977 eine andere Grande Dame des Tanzes in Erscheinung und regte eine von Susanne Kirnbauer getanzte Einstudierung des Wiesenthal-Solos zum Strauss-Walzer *Wein, Weib und Gesang* für ihre Fernseh-Tanzserie *Vom Zauber des Tanzes* an. Später sorgte vor allem Michael Birkmeyer für Wiesenthal-Unterricht an der Ballettschule der Wiener Staatsoper, erfahrene Wiesenthal-Schülerinnen betreuten Einstudierungen an der Wiener Staatsoper.

Die Handschrift der Walzerchoreografien von Grete Wiesenthal spiegelte sich bis in die 1990er Jahre auch in den Tanzeinlagen von Fernsehübertragungen der Neujahrskonzerte der Wiener Philharmoniker wider: »Das Herumblödeln zu bekannten Walzern, garniert mit akrobatischen Einlagen, das wir heute manchmal geboten bekommen, hat mit Wiesenthal nichts mehr zu tun«, stellt Michael Birkmeyer fest.

Wie aber fand Grete Wiesenthal zu ihrem einzigartigen Walzer-Stil? Das Aufsehen erregende Gastspiel der Isadora Duncan in der Wiener Secession 1902 hat sie nicht gesehen. Auch wenn beide Künstlerinnen einen großen Beitrag zur Emanzipation der Frauen leisteten, die Duncan in Wien von Wiesenthals späterer Schwiegermutter, der Frauenrechtlerin Marie Lang, bewundert wurde, so besteht doch ein ganz wesentlicher Unterschied, dessen Ursachen nicht zuletzt in der tänzerischen Ausbildung liegen. Grete Wiesenthal, ältestes von sieben Kindern des Malers Franz Wiesenthal und seiner aus der ungarischen Provinz stammenden Frau Rosa, wuchs in einer liebevollen, unbeschwerten Umgebung in Wien-Hietzing auf, dessen Häuser und Villen von Gärten und Parks umgeben sind. Die künstlerischen Ambitionen der Kinder wurden stets gefördert, für die damalige Zeit ließ man ihnen wohl ungewöhnlich viel Freiraum. 1893 sah

Grete Wiesenthal:
Donauwalzer von Johann Strauss (1908)

Grete ihre erste Ballettvorstellung *Rund um Wien* in der Hofoper und war begeistert. Als zehnjähriges Mädchen trat Grete in die Ballettschule der kaiserlich-königlichen Hofoper ein, wenig später folgte ihre Schwester Elsa. Bald war sie sich der Diskrepanz zwischen ihrer Liebe zum Tanz und den festgefahrenen Strukturen des Balletts bewusst, bewunderte die Opernreform durch den Direktor Gustav Mahler und den Bühnenausstatter Al-

Grete Wiesenthal:
Donauwalzer von Johann Strauss (1908)

fred Roller: »Die Direktion der Hofoper verwendet ihre
ganze Kraft auf die Oper, und das Ballett war nur ein
geduldetes Anhängsel, für das sie wenig Interesse auf-
bringen konnte«, schreibt Wiesenthal 1919 in ihrer
Autobiografie *Der Aufstieg – Aus dem Leben einer Tänzerin* (1947 unter dem Titel *Die ersten Schritte* wieder
aufgelegt. 1951 erschien darüber hinaus ihr Buch *Iffi.
Roman einer Tänzerin* mit autobiografischen Motiven).

Grete Wiesenthal

Grete Wiesenthal:
Donauwalzer von Johann Strauss (1908)

Ihre Kritik galt vor allem dem Ballettmeister Josef Hass-reiter, dessen populärstes Ballett *Die Puppenfee* sich noch heute im Repertoire des Staatsopernballetts befindet. Doch Hassreiter »fand es kaum nötig, die Idee und Handlung eines neuen Balletts vor der Einstudierung den Tänzern und Tänzerinnen mitzuteilen«. Sein Verhalten schüchterte die Tänzer ein. Noch schlimmer, dass viele Mädchen aus ärmlichen Verhältnissen stammten

Grete Wiesenthal:
Donauwalzer von Johann Strauss (1908)

und Männer »um der schönen Mädchen willen kamen,
die sie ja vielleicht auch in jedem Vergnügungslokal
gefunden hätten«. Was Grete Wiesenthal bei ihrer Ausbildung jedoch am meisten fehlte, war der Bezug von
Tanz zur Musik. Dennoch trat sie gerne in der Oper auf,
durchlief zunächst die für Tänzerinnen üblichen Spros-
sen auf der Karriereleiter, bis sie schließlich auch Alfred
Roller auffiel. Er empfahl sie Anfang 1907 für die Titel-

rolle Fenella in Daniel François Esprit Aubers Oper *Die Stumme von Portici*, bat sie um Vorbereitung, ohne mit jemandem in der Oper darüber zu sprechen. Vom Dirigenten der Aufführung, Bruno Walter, bereits akzeptiert, musste sie auch vor Mahler bestehen: »Und da stand ich vor ihm, den ich so sehr bewunderte, so tief respektierte und dem ich nun beweisen wollte, dass es im Ballettkorps nicht nur Marionetten, wie er sich auszudrücken beliebte, sondern auch denkende und selbstschaffende Tänzerinnen geben kann.« Wiesenthal erhielt die Rolle, Hassreiter war übergangen worden und reichte spontan seine Demission ein, die jedoch nicht angenommen wurde. Die Wiesenthal feierte ihren ersten großen Triumph auf der Bühne. Doch sie hatte erkannt, dass die Oper ihr künstlerisches Fortkommen einschränken, wenn nicht gar verhindern würde. Im Mai 1907 baten Grete und Elsa Wiesenthal Mahler um ihre sofortige Entlassung.

Zu diesem Zeitpunkt waren die Schwestern Wiesenthal schon mitten in den Vorbereitungen für ihre ›freien‹ Tänze. Die bekannten Jugendstil-Künstler Koloman Moser und Josef Hoffmann organisierten ein Gartenfest im Dreher-Park bei Schönbrunn, bei dem Grete Wiesenthal im Tanzspiel *Die Tänzerin und die Marionette* nach einem Libretto von Max Nell auftrat. Der Kontakt mit den Secessionisten wurde immer enger, der endgültige Durchbruch gelang im Januar 1908 im neuen Secessionisten-Treffpunkt *Cabaret Fledermaus*. Zum größten Erfolg geriet dabei der *Donauwalzer* von Johann Strauss. Bemerkenswert für die Wahl der Musik scheint heute der Umstand, dass der Wiener Walzer zu dieser Zeit vielfach als altmodisch galt. Tatsächlich hat Grete Wiesenthal, unterstützt von ihren Schwestern Elsa und der von ihnen ausgebildeten Berta, jeden Schritt nicht nur der

Musik angepasst, sondern aus ihr heraus entwickelt. Die musikalisch begabte Grete Wiesenthal hatte erkannt, dass die legendären Strauss-Walzer durch eine leichte Überbetonung des ersten Takts (von den Musikern in Wien als »hatschert« bezeichnet) nicht einem reinen Dreivierteltakt folgen und daher in ihrer ursprünglichen Form für simple Gesellschaftstänze ungeeignet sind. Dies beweisen die Wiener Philharmoniker alljährlich nicht nur bei ihrem Neujahrskonzert, sondern auch beim Philharmonikerball, zu dessen feierlicher Eröffnung das Orchester einen Konzertwalzer beisteuert, während die danach einsetzende Tanzmusik einem Wiener Ballorchester vorbehalten ist.

Wiesenthals Walzer machen jedoch nicht nur Noten, sondern vor allem Gefühle im Tanz sichtbar, leben von der Flüchtigkeit des Augenblicks und wirken so fließend leicht, als ob sie improvisiert getanzt würden. Niemals erstarren Bewegungen zum Dreivierteltakt zu Posen, zu denen sich beispielsweise die Duncan von griechischen Vasenbildern inspirieren ließ. Auch der Expressionismus scheint Wiesenthal nicht beeinflusst zu haben. Die schnellen, präzisen Schrittfolgen lassen die Tänzerinnen mit Drehungen und Sprüngen scheinbar schweben und suggerieren jene sinnliche Lebenslust, die mit dem Wiener Jugendstil verbunden wird. Auch die Kostüme, zumeist luftige Gazekleider in Pastellfarben, und Blumenkränze in den Haaren gehören zum Jugendstil und zu dessen Motto »Ver Sacrum« (ewiger Frühling).

Ein besonderes Charakteristikum stellt der ›weiche‹, biegsame Rücken dar. Die Achsenverschiebung der Wirbelsäule sorgt für das Fließen der Bewegungen. Die Wiesenthal-Schülerin Maria Josefa Schaffgotsch fasst die Wiesenthal-Technik in vier Gruppen zusammen, deren Grundlage das klassische Ballett-Training ist. Um sie zu erlernen, ist ein mehrjähriges Studium erforderlich. Die erste Gruppe umfasst Balanceübungen, die zweite Gruppe Walzerschwünge. Für beide sind Vorübungen an der Stange vorgesehen. Gruppe drei stellt spezifische Drehungen vor, Gruppe vier spezifische Sprünge. Wiesenthal-Walzer werden nicht auf Spitze getanzt, sondern in weichen Ballett-Sandalen meist im Demi-Plié bis zur Halbspitze. Im Unterschied zu Ballettpirouetten folgt der Blick der Bewegung, ist nicht fixiert. In den Walzerschwüngen neigt sich der Oberkörper oft bis zur Horizontalen, die Drehungen beginnen im tiefen Plié mit gelöstem Kopf, lockeren Armen und Oberkörper, werden dynamisch gesteigert. Besonders schwierig auszuführen sind die kleinen, flinken Sprünge, neben denen auch Sprünge aus dem klassischen Ballett beibehalten werden.

1919 eröffnete Grete Wiesenthal ihre erste Tanzschule auf der Hohen Warte, manche Schülerinnen wurden später Mitglieder ihrer Tanzgruppe. Es gab auch eine Herrenklasse, wenngleich die heute noch aufgeführten Choreografien meist nur für Frauen sind. Nach ihrer Rückkehr aus Schweden, wo sie von 1923 bis 1927 mit dem Arzt Nils Silfverskjöld verheiratet war, gründete sie zusammen mit Toni Birkmeyer eine Schule beim Hagenbund.

Die Walzerchoreografien blieben Höhepunkte in den Programmen Grete Wiesenthals und ihrer Tanzgruppe. Neben dem *Donauwalzer* zählten *Geschichten aus dem Wienerwald* (1918), *Wein, Weib und Gesang* (1922) von Johann Strauss Sohn, die Walzer *Aquarellen* (1919) sowie *Delirien* (1921) von Josef Strauss und die Walzerfolge aus Richard Strauss' *Der Rosenkavalier* (1918) dazu. Erst mit den Tänzen Grete Wiesenthals und mit den Interpretationen bedeutender Dirigenten wurden

die Strauss-Walzer von der Ebene der Unterhaltungs-
musik zur ›großen Kunst‹ erhoben.

Schon im Februar 1908 gastierten die Schwestern
Wiesenthal erstmals in Berlin. Hofmannsthal stellte den
Kontakt zu Max Reinhardt her, dessen Inszenierung von
Aristophanes' *Lysistrata* in Berlin mit einem Tanz der
Schwestern Wiesenthal endete. Die Einbeziehung von
Tanz in Sprechtheateraufführungen, das Zusammen-
wirken von Regie und Choreografie ist bis heute eine
Herausforderung für viele Theaterschaffende geblieben.

Für die Schwestern Wiesenthal begann eine rege
Gastspieltätigkeit, die sie unter anderem nach Budapest,
Dresden, Hamburg, Köln, München, Paris, Prag und St.
Petersburg führte. Kurios mutet ein Aufenthalt zwischen August und Oktober 1909 im Londoner Hippo-
drome an, wo die Tänze zwischen Zirkusattraktionen
dargeboten wurden. 1912 fand das erste Gastspiel im
New Yorker Winter Garden am Broadway statt, nach
dem Wiesenthal einen Vertrag zu einem Gastspiel mit
den *Ballets Russes* für 1913 unterschrieb; allerdings
wurden diese Auftrittspläne nie realisiert.

1910 bat Grete Wiesenthal in Wien den Komponisten
Franz Schreker um Musik zu ihren Stücken *Panstänze*
und *Der Wind*. Wie Hugo von Hofmannsthal, dessen
Befund über die Krise der Sprache ihn zu anderen Ausdrucksmöglichkeiten aus Tanz und Pantomime brachte,
suchte auch Grete Wiesenthal nach neuen Strukturen
und Inhalten für den Tanz. So kam die Zusammenarbeit
mit Hofmannsthal zustande, der für sie 1911 Libretti zu
den Pantomimen *Amor und Psyche* und *Das fremde
Mädchen* schrieb. Zwar blieb die Wiesenthal danach im
engen privaten Kontakt mit Hofmannsthal und seiner
Familie, doch scheinen sie die Vorgaben doch zu sehr
eingeengt zu haben. So suchte sie auch zu Maurice
Maeterlinck Kontakt und bat ihn zur Kooperation für

Pantomimen, die jedoch nicht zustande kam. Der größte Erfolg dieser neuen non-verbalen Kunstform, deren Höhepunkt nach Wiesenthals Vorstellungen stets der Tanz bleiben sollte, war 1910 *Sumurûn* von Friedrich Freksa in der Regie Max Reinhardts am Deutschen Theater in Berlin.

1910 brachte auch große Änderungen im Privatleben von Grete Wiesenthal. Sie trennte sich von ihren Schwestern Elsa und Berta, die eine eigene Schule gründeten und später mit der jüngeren Schwester Martha Tanzabende gaben. Grete heiratete den Maler Erwin Lang, 1911 wurde ihr Sohn Martin geboren.

Im Oktober 1912 übernahm Wiesenthal in der Uraufführung der *Ariadne auf Naxos* von Richard Strauss in Stuttgart die Hosenrolle des Küchenjungen, der aus einer riesigen Pastete springt, sowie den tanzenden Schneidergesellen im Vorspiel *Der Bürger als Edelmann*.

Im Frühjahr 1913 wurde *Das fremde Mädchen* in Stockholm verfilmt, wie überhaupt die Pantomimen großen Einfluss auf die Filmästhetik genommen haben. Dieser Film gilt heute als verschollen. Grete Wiesenthal trennte sich von Erwin Lang und trat während des Ersten Weltkriegs hauptsächlich in Wien und Deutschland auf, ab 1916 nicht mehr in kleinen Cabarets, sondern auch in großen Wiener Konzertsälen wie dem Goldenen Musikvereinssaal oder dem Großen Konzerthaussaal.

1928 übernahm sie die Rolle der Perchtin in Richard Billingers *Perchtenspiel* bei den Salzburger Festspielen, wobei neben der Darstellung die entblößte Brust der Tänzerin Aufsehen erregte. 1929 folgten Tanzeinlagen für die Operette *Die Fledermaus* in der Regie von Max Reinhardt in Berlin. Anstelle von Tänzern und Statisten integrierte sie die Sänger in die Tänze, die somit nicht nur schmückendes Beiwerk, sondern Bestandteil der Handlung wurden.

Im Zusammenwirken mit anderen Künsten räumte Wiesenthal dem Tanz stets die Hauptrolle ein. Vor allem in Hugo von Hofmannsthal, aber auch in Max Reinhardt fand sie Mitstreiter, die dem Tanz neue Perspektiven eröffneten. Doch als sie am 22. Juni 1970 in Wien im Alter von 84 Jahren starb, war das erst seit den 80er Jahren des 20. Jahrhunderts wieder verstärkt aufkeimende Interesse von Regisseuren am Tanz vorübergehend erloschen. Der Tanz machte selbst Theater.

Anmerkungen

[1] Alfred Polgar über Grete Wiesenthal, Berlin 1928.
[2] Alle Zitate von Michael Birkmeyer stammen aus einem Gespräch mit der Autorin Silvia Kargl, Wien, 4. November 2003.

Gabriele Fritsch-Vivié

Tanz wird nur durch Tanz vermittelt:
Mary Wigman
(1886-1973)

Der Aufbruch ins neue, ins 20. Jahrhundert – eine Zeitenwende? Es gab das, was neu werden wollte, es lag unter der Oberfläche, es war zu spüren, zu hören, zu sehen, es lag in allen Bewegungen der kommenden Jahre, Expressionismus wurde es genannt, nicht nur im Künstlerischen, auch im Politischen, in der Gesellschaft. In diesen Aufbruch der frühen Jahre ist Mary Wigman hineingeboren und aufgewachsen, über sie schrieb Oskar Kokoschka: »Sie setzte Expressionismus in Bewegung um.« Und »Es *war* schön, dies immer wieder von vorne Anfangen-Müssen und Anfangen-Können«, schrieb sie von sich selbst.[1]

In diesem Satz liegt viel vom Wesen der Mary Wigman, im immer wieder Anfangen, in der Kraft, zu beginnen, zu tragen, zu überwinden und wieder loszulassen. Das zeigte sich schon in ihrem »Tanzen-müssen«, wie sie es einmal nannte, schon in jungen Jahren fühlte sie es, ohne noch zu wissen, was tanzen an sich und auch für sie persönlich bedeutete. Schließlich war sie 24 Jahre alt – geboren am 13. November 1886 in Hannover –, als sie das erste Mal irgend etwas mit Tanz, weniger noch: mit körperlicher Bewegung zur Musik, kennen lernte und auch selbst unternahm: Sie trat 1910 als Schülerin ein in die von Émile Jaques-Dalcroze neu eröffnete *Bildungsanstalt für Rhythmische Gymnastik* in Hellerau bei Dresden. Doch schon bald brauchte sie mehr, suchte andere Formen des Tanzes, ein erweitertes Aus-

Mary Wigman

drucksfeld, und vor allem ihr eigenes Rhythmusempfinden. Sie ging zu Rudolf von Laban auf den Monte Verità oberhalb von Locarno am Lago Maggiore. Von ihm, dem wichtigsten Körper-, Tanz- und Rhythmuslehrer und -theoretiker jener Zeit, erhielt sie die Initialzündung, um das zu suchen, zu finden und zu entwickeln, was der Tanz der Zukunft, ihr Freier Tanz werden sollte.

Seither bedeutete Tanz ihr Leben. Wissend, wie vergänglich diese Kunst ist, hat sie sich dennoch ganz auf die flüchtige Einmaligkeit des Tanzes eingelassen. Es war ein steiniger, von Entbehrungen, Rückschlägen, doch auch von frühen Bestätigungen ihrer tänzerischen Ausdrucksfähigkeit begleiteter Weg, von Locarno, München und Zürich als Orte des Lernens über kleinere Gastspiele in der Schweiz und in Deutschland bis nach Dresden, wo sie im Jahre 1920 mit ihrem ersten Gastspiel Furore machte. Als begeistert gefeierte Tänzerin und Lehrerin in einer eigenen Schule blieb sie dort bis zum Jahr 1942.

Ungezählte Solotänze, Tanzzyklen, Gruppentänze, chorische Tanzwerke, Choreografien und Inszenierungen musikalischer Werke hat sie gestaltet, wurde gefeiert sowohl in Dresden als auch in vielen anderen Städten auf Tourneen, u.a. in Berlin, Hamburg und Paris, und in den Jahren 1930 bis 1933 bei drei triumphalen Tourneen in den USA. Sie wurde zum Inbegriff des Ausdruckstanzes, des German Dance, wie ihn die Amerikaner nannten; sie selbst bezeichnete ihn als den Freien oder Absoluten Tanz.

Zu ihrem neuartigen, nicht mehr erzählenden Ausdruck abstrakter Themen oder archetypischer Gestalten, wie es viele Titel ihrer Tänze andeuten (*Schmerz*, *Die Stille*, *Raumgestalt*, *Monotonie*), kam die Tatsache, dass sie häufig nicht mehr zu vorhandener Musik tanzte.

Mary Wigman: Hexentanz II (1926)
Foto: Charlotte Rudolph

Stattdessen arbeitete sie mit Komponisten wie Will
Goetze, Hanns Hasting oder Aleida Montijn zusammen,
die eine auf ihre Tänze abgestimmte Klangvielfalt am
Klavier, mit Trommeln und Gongs etc. entwickelten.
Oder sie tanzte ganz ohne Musik und Klang, was
anfänglich großes Unverständnis, dann aber Begeisterung hervorrief. Außerdem prägte das jeweilige Kostüm,
mehr als zuvor, Inhalt und Ausdruck ihrer Tänze. Und
einige Male benutzte sie, wie keine Tänzerin vor ihr,
eine Maske, um die »unantastbare Ausdrucksglätte«
einer Gestalt zu wahren, oder um, wie im *Hexentanz II*
von 1926, das Wechselspiel zwischen Hintergründigkeit
und dem grellen Vordergrundgeschehen zu verdeutlichen. Kurz, Inhalt und Form suchte sie in sich zu
ergründen und aus innerer Notwendigkeit zu gestalten;
für sie galt, wie es in einer frühen Aufzeichnung heißt:
»Ohne Ekstase kein Tanz! Ohne Form kein Tanz!«

Mary Wigman

Mary Wigman: Hexentanz II (1926)
Foto: Charlotte Rudolph

Der *Hexentanz II* entstand aus einer treibend-gestalte-
rischen Unruhe, die nur schwer, am Ende aber um so
sicherer ihre Form fand. Der Tanz ist in einer kurzen
Filmsequenz erhalten geblieben, und die Tänzerin
Sylvie Guillem schreibt 1998 über ihren Versuch, ihn
nachzugestalten: »[Wie] schwierig es für mich war, mich
diesem persönlichen Stil zu nähern. Um so tanzen zu
können wie Mary Wigman, müsste ich sie sein, ihr
Leben haben, ihre Persönlichkeit, ihre Gefühle, ihre
Bildfantasie und ihr Zeitmaß. Ein faszinierender Teil der
Vergangenheit. In der Tat sehr modern, überhaupt nicht
verstaubt und uninteressant.«[2]

Hiermit ist gesagt, wie sehr der Tanz (wohl grundsätzlich) nur der Persönlichkeit dessen, der ihn erfindet,
angehört, wie sehr das innere Bild, Gefühl und vor allem
Zeitmaß und eigene Aktualität der jeweiligen Gestalter-
persönlichkeit entsprechen. Mary Wigman selbst wollte

Mary Wigman: Hexentanz II (1926)
Foto: Charlotte Rudolph

auch nie auf ihre vergangenen Tänze zurückgreifen,
immer wieder erfuhr sie den Tanz als etwas neu zu
Gestaltendes, als etwas, das sich aus dem augenblickli-
chen inneren Erleben heraus entwickelte, als einen Dialog mit sich selbst, und dann von der Bühne aus als Dialog mit dem Zuschauer im Jetzt und Heute.

Das Entstehen des Tanzes *Der Todesruf* aus dem Solo-
tanz-Zyklus *Das Opfer* von 1931 nennt Mary Wigman
einen Dialog mit dem »irrationalen Partner«, hier ganz
besonders empfand sie den Tanz als Frage und Antwort,
und beides spreche gleichzeitig aus ihr als Tänzerin, sie
sei Rufer und Gerufener. »Plötzlich wusste ich: hier
spricht der Tod zu mir. Nicht mein Tod und auch nicht
der Tod eines anderen Menschen. Es war viel eher, als
ob sich ein Gesetz über mir auswirken wolle, (...) ein
erstes Wissen von aller (...) Unwiederbringlichkeit und

Mary Wigman: Hexentanz II (1926)
Foto: Charlotte Rudolph

allen Ausgelöschtseins stieg in mir auf, und so endete
der Tanz in der bewussten Hinnahme und Anerkennung
jenes großen Gesetzes, (...) das wir den Tod nennen.«[3]
Und genau dies drückt sich in ihrer tänzerischen Haltung aus. Diesem Hinnehmen des Todes haftet nichts
Larmoyantes, nichts Schwächliches oder Trauriges an.
Es spricht daraus die Kraft des Hinnehmens und Loslas-

sens, die auch ihr Leben ausmachte; die Haltung ist voller Spannung und Konzentration, erfüllt von dem anerkannt Gesetzmäßigen des Todes, wie sie es dem Publikum vermitteln will. Rudolf Bach schrieb von der »synthetischen Struktur, in der beide Figuren ganz klar eins werden, ohne von ihrer polaren Spannung das geringste aufzugeben«.[4]

Und noch etwas drückt sich in ihrer Haltung aus: Persönlich mag man am Sterben eines Menschen, am Erwarten des eigenen Sterbens leiden und verzweifeln – in der gestaltenden Kunst aber geht es Mary Wigman darum, »selbst noch das Chaos in eine Form zu bannen. Eine Form, die als Idee, als Symbol und Gleichnis gleichsam in eine zweite Natur hineinwächst, um sich als Kunstwerk in ihr zu bestätigen und zu überhöhen.«[5]

Ein ebenfalls bedeutender Tanz, die *Dreh-Monotonie* von 1926, war erstmals ein Drehtanz, den auch einige Tänzerinnen nach ihr in ähnlicher Form übernahmen: eine Drehbewegung, mit den ganzen Füßen auf dem Boden, nicht auf Zehenspitzen, mit »rhythmisch kreisender Gebärde der Arme, in spiralischem Auf und Ab, ohne Anfang, ohne Ende, immer schneller, nicht mehr selbst sich bewegend, sondern bewegt werdend, selbst Mitte im Wirbel der Rotationen«.[6] Die Wirkung dieses Schwindel erregenden Tanzes war gebannte, atemlose Stille, »eine geniale Eingebung, ein Sichdrehenlassen des Körpers, das in Trance und schließlich zum Zusammenbruch führen muss«, wie es in der *Vossischen Zeitung* nach der Premiere hieß. (Eine ehemalige Schülerin und danach selbst Lehrerin erzählte, dass Mary Wigman diese Drehübung auch in späteren Jahren noch immer besser als alle ihre Schülerinnen beherrschte.)

In diesen Jahren stand Mary Wigman auf dem Höhepunkt ihres künstlerischen Schaffens, ihre Tänze überzeugten im Thema, in Ausdruck und körperlicher Perfektion, ebenso ihre Choreografien der Gruppentänze. Ihr raumgreifender, plastischer, auch malerischer Stil (im Gegensatz beispielsweise zum eher grafischen Stil der Dore Hoyer), ihre dunklen, schweren Tänze, dramatisch und in gewisser Hinsicht pathetisch, ebenso die lyrischen Tänze, hell und von sinnlicher Beschwingtheit: Sie alle fanden das große Publikum, in Deutschland wie in den USA. Die Fülle der Arbeit in der Schule und auf Tourneen schien kaum zu bewältigen. Angespannt war und blieb insgesamt jedoch die finanzielle Lage. Ihre unter schwierigen Bedingungen gegründete und zur Perfektion geführte Tanzgruppe musste sie 1928 auflösen.

Im Laufe der späten 20er Jahre begann sich der Zeitgeist zu wandeln. Gesellschaftlich relevante Themen, eine neue Sachlichkeit und Sozialkritik entwickelten sich, und der Vorwurf übertriebener Feierlichkeit, falscher Attitüde und eines zu großen Pathos des Wigman-Stils wurde laut. Der expressive Ausdruckstanz verkörperte eine Epoche, die zu Ende ging. Mary Wigman blieb jedoch die von vielen noch gefeierte Tänzerin, ihrer Ausdruckskraft und ihrem Charisma konnte man sich nicht so leicht entziehen. Auch blieb sie die Leiterin und Lehrerin ihrer Schule, die zu führen ihr ganz besonders am Herzen lag. Hatte sie doch gegen den erstarrten Tanzstil des Balletts gekämpft, hatte sie doch, mit anderen Tanzkünstlern zusammen, das Terrain für den neuen Tanz erobert: Sie fühlte sich verantwortlich für dessen Weiterentwicklung und ebenso für die Ausbildung einer neuen Generation von Tänzerinnen und Tänzern, zu denen u.a. Berthe Trümpy, Gret Palucca, Yvonne Georgi, Vera Skoronel, Hanya Holm, Harald Kreutzberg, Max Terpis zählten. Später kamen aus ihrer Berliner Schule ebenfalls berühmte Tänzerinnen, so u.a. Manja Chmièl, Hellmut Gottschild, Susanne Linke, Kathrin Sehnert.

Während die administrativen Probleme in der Schule durch den Weggang des langjährigen Leiters Ernst Schlegel wuchsen und gleichzeitig die finanziellen Schwierigkeiten große Sorgen bereiteten, erlebte Mary Wigman mit dem neuen Mann in der Verwaltung ihrer Schule, Hanns Benkert, Ingenieur bei Siemens, eine große Liebe. Er verstand sie, er stützte und stärkte sie in ihrem rastlos-hektischen, von Erfolgen und Zweifeln geprägten Leben. Kaum zwei Jahre zuvor hatte sie sich von ihrem langjährigen Freund Herbert Binswanger getrennt, der ihr seinerseits die Loslösung aus der kurzen aber heißen Begegnung mit Hans Prinzhorn (1921-23) erleichtert hatte. Als 1941 Hanns Benkert sich wortlos von ihr trennte, war sie völlig verzweifelt. Sie wollte ihre Schule und Dresden verlassen, ein Angebot aus Leipzig und die politisch längst entschiedene Situation der Schule bestärkten sie in ihrer Absicht, und ab 1942 war sie mit einem Gastlehrvertrag an der Hochschule für Musik in Leipzig tätig.

Mit der Machtübernahme der Nationalsozialisten hatte sich das gesellschaftliche Klima geändert und die »Gleichschaltung« aller staatlichen und gesellschaftlichen Institutionen machte auch vor dem Tanz nicht Halt. Bis zu den Olympischen Spielen 1936 blieb das künstlerische Konzept der Nationalsozialisten weitgehend ungeklärt, grundsätzlich ging es jedoch von Anfang an um die Stabilisierung der Machtbasis durch Zensur, Kontrolle und kulturelle Bevormundung. Dabei schien eine allgemeine Förderung des Tanzes nützlich, denn der immanente Körperkult allen Tanzes und sein Gemeinschaftserlebnis entsprachen in gewisser Weise der nationalsozialistischen Ideologie. Der Tanz konnte in all seinen Erscheinungsformen zur Selbstinszenierung und zu den eigenen Zwecken und Zielen instrumentalisiert werden, denkt man an die vielen Jugend-, Spiel-, Turn-, Sing- und Tanzgruppen und die Gemeinschaftsunternehmungen unter dem Schlagwort »Kraft durch Freude«.

Inwieweit sich die Tänzerschaft den neuen Machthabern anschloss, ist in den letzten Jahren mehrfach untersucht worden. Viele Künstlerinnen und Künstler konnten aus politischen Gründen oder aufgrund der rassenideologischen Gesetzgebung der Nationalsozialisten nicht weiterarbeiten und emigrierten. Generell hat es, Ausnahmen inbegriffen, unter den Tanzschaffenden kaum Widerstand gegeben, ob in ideologischer Übereinstimmung mit dem Regime oder aus opportunistischen bzw. existenzsichernden Gründen, lässt sich pauschal nicht bewerten. Jeder Einzelne schien seine eigenen Möglichkeiten gesucht zu haben, um weiter tanzen zu können.

Der Ausdruckstanz wurde von den Nationalsozialisten als »degenerierter« Tanz aus der Zeit der verachteten Weimarer Republik abgelehnt. Dennoch wurde er nicht als »entartet« bezeichnet, diese Diffamierung gab es offiziell erst ab 1937 – da war der Begriff »Ausdruckstanz« längst untersagt. Stattdessen sprach man von »Tänzerischer Körperbildung«, ab 1937 von »moderner Tanztechnik«.

Als Exponentin des verpönten Ausdruckstanzes wurde Mary Wigman sehr bald administrativ zurückgedrängt, ihre allgemeine, auch internationale künstlerische Anerkennung und Popularität hingegen wurden gerne zu Prestigezwecken genutzt; den ideologischen Hintergrund jedoch hat Mary Wigman wahrscheinlich nicht durchschaut. Sie trat in die offiziellen Gremien der

Tanzkünstler ein, aus denen sie sich baldmöglichst wieder verabschiedete; sie übernahm Aufträge u.a. für die Tanzfest- und -wettspiele 1934 bis 1936, außerdem für die Choreografie eines einzelnen Gruppentanzes, *Totenklage*, innerhalb der Eröffnungsfeiern zu den Olympischen Spielen 1936. Doch schon ab demselben Jahr wurden die Zuschüsse für ihre Schule gestrichen, und nur für kurze Zeit erhielt sie noch einen Gastlehrvertrag an den neu eingerichteten *Meisterwerkstätten für Tanz* in Berlin; dorthin überzusiedeln wurde ihr verwehrt. Man hatte sich offiziell von ihr getrennt.

Sie versuchte, die Schule und ihre angesehenen Sommerkurse weiterzuführen, jedoch zu wenige Auslandsschülerinnen meldeten sich. Im Unterricht musste sie bereits ab 1933 klassischen Tanz, Demonstrations- und Werbeveranstaltungen für Laientanz einführen, zudem übernahm ein Gymnastiklehrer und Parteigenosse namens Hans Huber die pädagogische Leitung des Instituts und unterrichtete Erb- und Rassenkunde. Tourneen, auch in kleine, entfernte Orte, konnten die Finanzsituation kaum stützen, die Lage war bedrängend. Im Frühjahr 1942 verabschiedete sich Mary Wigman mit einem letzten, noch immer gefeierten Auftritt in Hamburg, Berlin, Dresden und Leipzig endgültig als Solotänzerin von der Bühne.

Mary Wigman war kein politisch denkender Mensch, es gibt in ihren Tagebüchern und Briefen kaum entsprechende Aufzeichnungen. Allerdings finden sich einige offizielle Dokumente aus den ersten Jahren der nationalsozialistischen Regierungszeit, die eine pro-nationalsozialistische Auffassung suggerieren. Bedenkt man, was offizielle Schreiben bewirken sollten, und erkennt man auch den Stellenwert vereinzelter Äußerungen, so ist zumindest Sensibilität in der Beurteilung solcher Dokumente anzuraten. Daraus eine aktive ›Kollaboration‹ und Wigmans grundlegende Weltanschauung zu interpretieren und zu behaupten, »ihren Glauben an den Nationalsozialismus habe sie nie verloren«, wie es Marion Kant in einem Aufsatz[7] tut, ist zu eindimensional, wenn nicht tendenziös geurteilt. Zweifellos hat Mary Wigman ihre tradierte, noch aus der Kaiserzeit und aus dem Expressionismus herstammende Auffassung und eventuelle Übereinstimmungen ihrer Meinung und ihres (verbalen) Ausdrucks mit denen der Machthaber nicht hinterfragt. Sie sah sich in der Verantwortung für das künstlerisch so schwer errungene Terrain, wollte die Position für den deutschen Tanz und seine Tänzerinnen und Tänzer unbedingt erhalten, hierfür brauchte sie Zustimmung und Zuschüsse der öffentlichen Institutionen. Insofern lassen sich ihr äußeres Verhalten und ihre innere Haltung nicht eindeutig klären, Fragen nach ihrer Zustimmung und Ablehnung und Verantwortung müssen unbeantwortet bleiben.[8]

Nach dem Zweiten Weltkrieg – was war geblieben von der großen Kunst der Mary Wigman, von der es bei ihrem ersten Auftreten 1920 in den *Dresdner Neuesten Nachrichten* geheißen hatte: »Wir rechnen von Mary Wigman an eine neue Epoche in der Kunst des Tanzes«? Ihr Ruhm hatte sich nicht nur auf ihr als solistischer Tänzerin aufgebaut. Was sie ebenso sehr auszeichnete, war von Anfang an ihre im Tanz verwirklichte Raumkonzeption, das heißt die Gestaltung all ihrer solistischen wie gruppen- und chortänzerischen Schöpfungen nicht nur in, sondern auch als Einheit mit dem Raum. Von jeher hatte sie den Bühnenraum als Partner empfunden, fühlte Tanzbewegungen wie plastische Linien und Kreise, wie Architektur im Raum. In einer sehr frühen Aufzeichnung spricht sie von der »Kommunion mit dem Raum«; eine Zeitung hatte einst geschrieben, dass ihre Bewegungen aus raumrhythmischem Empfinden entstanden seien. So ergab sich ganz sinnfällig der Übergang vom Tanz zur Choreografie und zur Inszenierung musikalischer Werke.

Während sie ab 1949 in West-Berlin wieder in einer eigenen Schule unterrichtete, rief der Intendant Hans Schüler sie 1954 nach Mannheim, wo ihre Inszenierung des *Saul* von Georg Friedrich Händel überzeugte. Die Presse schrieb von der »bezwingenden Besonderheit«, die in weiten Theaterkreisen und in der Händelforschung wohl auf internationaler Basis diskutiert werde. Es folgten Inszenierungen weiterer Werke von Carl Orff und Christoph Willibald Gluck. Ihren größten Triumph erlebte Wigman 1957 bei den Berliner Festwochen mit *Le Sacre du printemps* von Igor Strawinsky, von dem sie selbst meinte, es sei vielleicht die beste Arbeit ihres Lebens geworden. »Es war einer der Höhepunkte«, hieß es in einer Kritik, »zu erleben, wie die über 70-jährige Mary Wigman das innerste Wesen der Musik und der Handlung auf die Szene projizierte. Sie hat als erste begriffen, dass *Sacre* kein Ballett ist, sondern eine kultische Tanzhandlung, dass es nicht um Pirouetten und Gesten geht, sondern um Linien und Rhythmen. Die Idee des Absoluten Tanzes gewinnt in dieser Choreografie eine grandiose Bestätigung. Der Erfolg wirkte wie eine Krönung der Wigman für ihr stilbildendes Werk.«[9]

Doch es konnte nicht ausbleiben, dass Mary Wigman immer weiter an den Rand des Geschehens gedrängt wurde. Die neuen Tänzer, auch in ihrer eigenen Schule, sahen »ihren Ausdruckstanz, trotz aller Achtung und Liebe zu unserer Meisterin und der Hochachtung für ihren Platz in der Tanzgeschichte, als einer anderen Zeit zugehörig an«, erinnert sich Hellmut Gottschild, einer ihrer Schüler und ihr letzter Assistent in der Berliner Schule.[10]

Mary Wigman

Was hatte sie gelehrt? Den Körper als Instrument zu erfahren und auszubilden. Doch nicht in Nachahmung ihres Tanzens, sondern sie hat versucht, den Schülern »den Weg zu sich selbst zu öffnen und bis zu jenem Bezirk vorzudringen, in dem (...) Erleben und Gestalten sich durchdringen«.[11] Dabei ging es ihr um die Wahrheit des Gefühls, die Präsenz der Gestalt, die Klarheit der Form und die Architektur des Raums auf der Bühne. »Mein Thema ist der Mensch im Raum«, hatte sie 1958 in einem Brief geschrieben.[12]

Ein konkretes Ausbildungssystem hat Mary Wigman, als sie am 18. September 1973 in Berlin starb, nicht hinterlassen. Ihre Leistung für den Tanz, für die Bühne überhaupt, lag und liegt vor allem in ihrer Forderung nach unbedingter Wahrhaftigkeit in der persönlichen Körperarbeit eines jeden einzelnen Tänzers und im Erfassen und Erfüllen der abstrakten Dimension des (Bühnen-) Raums, in der der Tanz sich verwirklicht. Körperpraxis und Körpererfahrung, Tanztechnik und Raumkonzeption haben sich weiterentwickelt, doch, wie Irene Sieben schreibt, »den Einfluss, den der Ausdruckstanz auf den heutigen zeitgenössischen Tanz – bewusst und unbewusst – nehmen würde, durch mehrere Generationen von Lehrern und Schülern in aller Welt, konnte Mary Wigman nicht vorausahnen«.[13]

Anmerkungen

[1] Mary Wigman: *Die Sprache des Tanzes*. Stuttgart 1963, S. 7.
[2] Sylvie Guillem, zitiert nach Irene Sieben: »Sturz vom Spitzenschuh. Sylvie Guillem tanzt Mary Wigman«. In: *tanzdrama*, Nr. 41, 1998, S. 34.
[3] Wigman (1963), S. 18.
[4] Rudolf Bach: *Das Mary Wigman-Werk*. Dresden 1933, S. 22.
[5] Wigman (1963), S. 41.
[6] Ebd., S. 39.
[7] Marion Kant: »Annäherung und Kollaboration. Tanz und Welt-

anschauung im ›Dritten Reich‹«. In: *tanzjournal*, Nr. 3, 2003, S. 23.

[8] Ausführlich zum Thema Mary Wigman in der Zeit des Nationalsozialismus vgl. Gabriele Fritsch-Vivié: *Mary Wigman*. Reinbek bei Hamburg 1999, S, 91ff.

[9] Eine Kritik ohne Angaben im Tagebuch eingeklebt; zitiert nach Fritsch-Vivié (1999), S.126.

[10] Hellmut Gottschild: »Das Außen und das Innen im Flux«. In: *tanzjournal*, Nr. 5, 2003, S. 14.

[11] Wigman (1963), S. 9.

[12] Mary Wigman: Brief an Marie Freddi, 27.1.1958. Sammlung Heinemann.

[13] Irene Sieben: »Die Liebe der Gärtnerin«. In: *tanzjournal*, Nr. 5, 2003, S. 13.

Angela Rannow

Tanz ist Tanz: Palucca
(1902-1993)

»Wenn die Palucca zwei Takte vorbeiflitzt, applaudiert
der Saal mitten hinein. Ja, wenn sie nur die Nase zeigt,
sind die Leute ganz hin. Warum? Wenn sie mit ihrer Frische, Heiterkeit und Schmissigkeit ihre Rhythmen hin-
schmettert, pfeift man im höchsten Grade auf alle Theorien, Anschauungen, Schlagworte und Lehrsätze.« Mit
diesen Worten pries Pawel Barchan im Jahr 1923 die
21-jährige Palucca in der Novemberausgabe des mondänen Modejournals *Die Dame*.

Doch teilten zu dieser Zeit bei weitem nicht alle Kritiker seinen Enthusiasmus. Denn Margarethe Paluka, die
seit 1921 mit Verzicht auf die mädchenhafte Anmutung
ihres Vornamens unter dem abstrakt gehaltenen Künstlernamen Palucca auftrat, erprobte gerade eine neue Art
des Tanzes. Dabei hatte noch eben der Ausdruckstanz
als revolutionär, modern und innovativ gegolten. Ausdruckstanz – das bedeutete Tanz jenseits der über-
kommenen Balletttradition einschließlich seines ko-
difizierten Formenkanons und seiner Affinität zu
literarischen Strukturen. Ausdruckstänzerinnen und
-tänzer gaben ihrem subjektiven Erleben, ihren Ge-
fühlen und Stimmungen tänzerische Gestalt. Das konnte durchaus den Verzicht auf die lineare Entfaltung
einer Geschichte und die Konzentration auf ein Thema,
eine Impression, eine Assoziation bedeuten.

Individuellem Weltempfinden tanzend nachzuspü-
ren, hatte auch Gret Paluka versucht. Verantwortlich
dafür war ihre Begegnung mit Mary Wigman, die Gret

Paluka am 7. November 1918 im Großen Saal der Kaufmannschaft in Dresden tanzen sah. Mary Wigmans Dresdner Gastspiel sollte nicht nur zu einem folgenreichen Ereignis für die Tänzerin, sondern auch ein Schlüsselerlebnis für Palucca werden. »Es war etwas so unerhört Neues, etwas so Elementares, dass mir sofort klar wurde: Entweder lerne ich bei ihr tanzen, oder ich lerne es nie! Hier war der neue Tanz, der meinem Ideal entsprach – hier war der Mensch und Führer, den ich brauchte.«[1]

Gret Paluka und sieben weitere Schülerinnen und Schüler begannen ihre Tanzausbildung bei Mary Wigman am 1. September 1920 in der Dresdner Schillerstraße 17. Ihr Einstand bei Mary Wigman war durchaus eindrucksvoll: »Die zweite Schülerin (Palucca) schmiss infolge Handstands mit den Füßen den Kronleuchter kaputt. (...) Gretel allein brauchte den ganzen Raum für einen Sprung!«[2]

Mary Wigman hatte zu dieser Zeit noch kein eigenes pädagogisches System entwickelt. Ihre Ausbildung war eher abenteuerlich und improvisiert. Jedoch folgte sie ihrer Überzeugung, einzigartige, eigenwillige Tänzerpersönlichkeiten erziehen zu wollen. Im Mittelpunkt stand die Freiheit des Einzelnen, die Hilfe zur Selbsthilfe, die Balance körperlicher Bewegung, seelischer Bewegtheit und geistiger Beweglichkeit.[3]

Ab 1921 gehörte Palucca neben Berthe Trümpy und Lena Hanke zur *Kammertanzgruppe Mary Wigman*, die in Dresden und deutschlandweit Vorstellungen gab. Auf dem Programm, mit dem die *Kammertanzgruppe Mary Wigman* am 14. Januar 1921 in Begleitung des Philharmonischen Orchesters im Dresdner Konzertsaal ihr Debüt gab, standen ein *Totentanz* für eine kleine Gruppe, eine *Danse macabre* zur Musik von Camille Saint-Saëns, Solotänze von Mary Wigman und eine *Farandole* zur Musik von Georges Bizet. Für einen Auftritt im Frankfurter Opernhaus am 14. Dezember 1921 choreografierte Mary Wigman ihr erstes Gruppenwerk, *Die sieben Tänze des Lebens*, zur Musik von Heinz Pringsheim. 1922 folgten das erste *Schwertlied*, *Zamacueca*, *Klage* und *Tänze des Schweigens*; »Tänze von kämpferischer, selbst- und kraftbewusster Natur neben Tänzen würdevoller, stiller Hingabe an den Glauben von der Transzendenz des Physischen«.[4] Es ging also weniger frisch, heiter und schmissig zu.

In Mary Wigman erlebte Palucca eine charismatische Frau, die als Schöpferin und Interpretin ihrer Solotänze, Choreografin und Leiterin ihrer Tanzgruppe sowie Leiterin ihrer Schule selbstbestimmt arbeitete, lebte, sich als Tanz-Künstlerin verwirklichte. Durch ihre Meisterin lernte Palucca die neuen Kunstströmungen der Zeit kennen. Schon früh regte Mary Wigman ihre Schülerinnen zu eigenen Choreografien an. Während einer Vorstellung der Wigman-Schule am 4. Juli 1921 im Dresdner Vereinshaus zeigte Palucca ihren *Tanz zur Trommel* und *Gollivog's Cakewalk* zur Musik von Claude Debussy. Darüber hinaus tanzte sie in einem Trio von Berthe Bartholomé und Max Pfister mit dem Titel *Burleske*. Der Kritik galt sie zum einen als talentierteste Schülerin Mary Wigmans, die über eine vollendete Technik verfüge, während sie zum anderen als zu akrobatisch-clownesk, das Tänzerische sprengend, kritisiert wurde.[5]

Im selben Jahr tanzte Palucca in einer Inszenierung des Shakespeare'schen *Sommernachtstraums* von Berthold Viertel am Dresdner Schauspielhaus, wofür ihr die Presse Unbefangenheit, Spontaneität, Unvoreingenommenheit, Frische und Originalität bescheinigte.[6] Auch in den folgenden Jahren provozierte insbesondere die

Wigman-Schülerin Palucca in der Presse neben lobenden Bemerkungen nach wie vor mahnende Äußerungen: Sie neige »zu einer Übersteigerung des Gefühls, das ins Groteske, ja sogar in das rein Akrobatische sich überschlägt. Es wäre bedauerlich, wenn Gret Palucca ihre reiche Begabung, wie sie der *Tanz zur Trommel* offenbarte, nicht pflegte, sondern sich ganz der technischen Virtuosität des *Cakewalk* oder der *Burleske* zuwendete.«[7]

Am 8. Oktober 1923 traten die Wigman-Meisterschülerinnen Gret Palucca und Yvonne Georgi erstmals als Solotänzerinnen im Blüthner-Saal in Berlin auf.

Paluccas erster Solotanzabend fand am 1. Februar 1924 im Dresdner Vereinshaus statt. In den *Dresdner Nachrichten* hieß es dazu: »Es hat immer einen besonderen Reiz, zu beobachten, wie der Schüler sich vom Meister löst und eigene Wege zu wandern beginnt. Nun hat ja Gret Palucca, die gestern zum ersten Mal ganz allein einen Tanzabend gab, von Anfang ihr starkpersönliches Gepräge gezeigt, und Mary Wigman hat vor allem diese Seiten ihrer Meisterschülerin entfaltet. Sie hat den kraftvollen Körper zu höchster Schnell- und Sprungkraft gestählt, die großen Augen, die entsetzt und drollig blicken können, in den Dienst von geheimnisvollen oder übermütigen Gebilden gestellt und Groteske und Clownerie im Wesen der Schülerin entwickelt. Von diesen letzten Dingen war diesmal wenig zu spüren. Es war, als möchte das Entlein ein Schwan, der Kobold eine Elfe, das Naturkind ein Denker werden.«[8]

Paluccas nächster Tanzabend im Berliner Blüthner-Saal am 26. März 1924 trug den Titel *Eigene Tänze Gret Palucca.* Auf dem Programm standen neue Tänze, für deren Titel sie die italienischen Tempobezeichnungen der ausgewählten Musikstücke benutzte, und Tänze, die sie bereits bei Mary Wigman erarbeitet hatte, wie *Tief-tanz, Tanz zur Trommel* und *Tanzabstraktion.*

Worum es ihr ging, wird aus Paluccas eigener Beschreibung dieses Tanzes deutlich. Schon der Titel *Tanzabstraktion* verweist auf eine Qualität, mit der sie sich wesentlich von ihrer Meisterin unterscheiden soll-te. Palucca interessierte sich vor allem für Bewegung. Ihr Tanz war frei von außertänzerischen Themen, und er war absichtlich abstrakt. Entsprechend lapidar und technisch wirkt ihr Text.

Tanzabstraktion
Musik: Will Götze
Schlagzeug und große Trommel
Gearbeitet: November 1923
Anfangsstellung: hinten in der Mitte, rechtes Knie an linkes, rechter Fuß einwärts, Körper aufrecht, Gesicht geradeaus sehend, Hände über dem Kopf, Hand-flächen nach innen rechte Hand über linke. Gesicht bleibt ganzen Tanz unberührt. Anfang: rechtes Knie raus, rechten Arm raus, rechtes Knie herein, rechter Arm herein. Dies wiederholen. Dann rechten Fuß anfangen 8 Schritte auf Spitzen rechts halb vor gehen. In folgender Stellung ankommen: linkes Knie an rechtes Bein. Die Anfangsbewegung jetzt links wiederholen. Alles weich nachgebend. 2x! Dann 4 Schritte auf Spitze links halb vor gehen und 4 Schrit-te rechts halb vor. Angekommen in Anfangsstellung. Von rechts nach links gehen, Gesicht, Körper bleibt vorn, linker Fuß am Platz während rechts, nach vorne auswärts nach hinten einwärts, dabei rechte Hand mechanisch raus und rein, Schlussstellung die-ser Schritte, Arme sich auflösen, Kopf nach oben, Körper fast nach hinten gekehrt. Jetzt Trommel dazu, langsame Schritte rückwärts. Schlangenlinie kleine

Ausbiegungen. Arme bleiben nach oben gerichtet. Hinten ein Moment Pause, dann dasselbe zurück und kleinen Halbkreis nach vorne, so dass Körper wieder vorwärts ist. Jetzt stark betonte Mittelstelle: In Knie kommen, Knie auseinander Füße überkreuzt, hinsetzen, Knie hochziehen, Füße anziehen, Knie rechts seitwärts auf Boden, Hände kreuzen, langsam erheben, sehr langsam. Bis in Stellung links halb vor, Arme gestreckt. Jetzt vollkommen gleichmäßige Kreise laufen bis Thema zu Ende, dann von hinten nach vorne, Arme seitwärts, immer in Wellenbewegung vorwärts und rückwärts, steigern und wieder abschwächen; Stellung im Profil enden, Kopf ohne Musik nach vorne drehen, im Profil rückwärts gehen, stehen bleiben (Pause). Gesicht nach vorne auf der rechten Seite rückwärts unregelmäßig vor und zurückschwanken, am Schluss noch ohne Musik hin und her schwanken, Arme bleiben über dem Kopf. (Den ganzen Tanz ›tranceartig‹ tanzen, Gesichtsausdruck vollkommen gleichmäßig, möglichst nicht starr. Überlegen und sehr ruhig.)[9]

Paluccas Tanz war technisch, aber keinesfalls emotionslos. Sie verkörperte Leidenschaft durch die Konzentration auf Bewegung. Er war zugleich höchst individuell: Palucca verlieh ihrer Persönlichkeit durch tanztechnische Präzision, Virtuosität und Raffinesse in choreografischer Klarheit Ausdruck.

Dabei konnte sie auf das bei Mary Wigman Erlernte und Erlebte, aber auch auf eigene tänzerische und persönliche Erfahrungen zurückgreifen.

Margarethe Paluka wurde am 8. Januar 1902 in München als Kind von Max und Rosa Paluka geboren. 1906 siedelte die Familie nach Kalifornien über. Nach der

Scheidung der Eltern kehrte die Mutter mit Margarethe und ihrem Bruder Hans nach Deutschland zurück. Von 1910 bis 1914 besuchte Margarethe die fortschrittliche Lehr- und Erziehungsanstalt für Mädchen höherer Stände von Margarete Balsat in Dresden, die junge Mädchen auf ihre Rolle als Ehefrau und Mutter, aber auch ›frauentypische‹ Berufe vorbereitete. Palucca war also schon durch ihre Schulbildung nicht ausschließlich auf ein traditionelles feminines Rollenbild fixiert. Von 1912 bis 1914 erhielt sie Ballettunterricht bei Heinrich Kröller in Dresden. Nachdem ihre Mutter erneut geheiratet hatte, zog die Familie nach Plauen. Hier besuchte Margarethe bis 1917 wiederum eine Höhere Mädchenschule. Am 2. Dezember 1917 gab sie ihr tänzerisches Debüt mit einem Lanner-Walzer in einem Wohltätigkeitsprogramm der Schule.

Margarethes Schulzeit wurde nicht nur vom Ersten Weltkrieg, sondern auch vom Tod des Vaters (1915) und des Bruders (1916) überschattet. Von 1917 bis 1918 lebte sie wieder in Dresden und besuchte erneut Margarete Balsats Lehr- und Erziehungsanstalt. Danach setzte sie ihre Ballettausbildung am Hof- und Nationaltheater in München fort. Ihr Lehrer Heinrich Kröller war jedoch der Auffassung, dass sie für eine Laufbahn als Balletttänzerin ungeeignet sei.

Dennoch war es vermutlich gerade die Ausbildung im klassischen Tanz, aufgrund derer sich Palucca von anderen modernen Tänzerinnen – einschließlich Mary Wigman – unterscheiden sollte. Was da zum Markenzeichen *Tanz Palucca* avancierte, gründete sich nicht zuletzt auf eine fulminante Sprungtechnik.

In der Zeit von 1924 bis 1928 gelang es Palucca, sich als Solotänzerin zu etablieren. Nachdem sie in der Presse immer wieder extrem gegensätzlich bewertet worden war, sicherte sie sich am 5. November 1929 mit ihrem

Palucca: Freie Improvisation (30er Jahre)
Foto: Siegfried Enkelmann

Programm im Berliner Bachsaal den einhelligen Beifall
der Kritik. Hatte man ihr wiederholt Unbedarftheit,
Inhaltsleere und mangelnde Fantasie attestiert, war es
ihr nun offenbar gelungen, Ausdruck und Technik über-
zeugend zu vereinigen. Der Berliner Lokal-Anzeiger
schwärmte: »Der Traum des tanzenden, beseelten,
stumm-tönenden Körpers ist Erfüllung geworden, ob sie
(im Bachsaal) in einem *Plötzlichen Ausbruch* oder

einem grandiosen, leidenschaftlichen *Tango* ihre herrliche, junge Kraft in mächtigen, wilden Sprüngen und
tollen, endlosen Wirbeln austobt, austanzt, ob sie in
einem *Verklingend* und einer *Melodie* mit sparsamen,
ganz zarten Armbewegungen ein erschütternd schönes
Lied des Körpers schafft. Jeder Tanz ist eine Vision, ein
Erlebnis.«[10]

Dennoch blieben die Reaktionen auf ihr ›Drauflos-
tanzen‹, auf ihre Improvisationen geteilt, die sie zunächst aus Verlegenheit, später aus Prinzip auf der
Bühne präsentierte, da die Improvisation ein entschei-
dendes, wenn nicht *das* entscheidende Handlungsmus-
ter Paluccas war. Gleichzeitig profilierte sich Palucca als
Pädagogin: 1925 eröffnete sie die *Palucca Schule Dresden*, der 1928 eine Zweigstelle in Berlin und 1931 eine
Zweigstelle in Stuttgart folgten. Auch hier sollte die
Improvisation ein prägendes Prinzip bleiben. In den
nächsten Jahren entstanden Tänze, in denen Palucca die
Eigengesetzlichkeit tänzerischer Bewegung und Drama-
turgie konsequent weiter erkundete. Die Konzentration
auf tänzerische Themen zeigte sich schon in der Wahl
der Titel. Paluccas Tänze hießen: *Tanzlied*, *Walzer*,
Trommeltanz, *Technische Improvisationen*, *Sprungtanz*,
Spanischer Walzer, *Zwei Tangos*, *Tanzrhythmen*, *Bole-
ro*, *Marsch*, *Pavane*, *Drei kleine Tänze*, *Tanzrhapsodie*,
Drehtanz, *Rondo*, *Tänzerische Melodien*, *Sarabande*,
Reigen oder *Siciliana*. In Tänzen wie *Heftig*, *Betont*,
Leicht, *Schwunghaft*, *Lebhaft*, *Gehalten*, *Beherrscht*,
Verhalten oder *Wechselndes Temperament* gestaltete sie
unterschiedliche Qualitäten von Bewegung. Themati-
sche Konkretisierungen, die an literarische Inhalte erinnern, bildeten eher eine Ausnahme, wie etwa ihre *Tänze
der Zeit*, die in *Die Qual*, *Zwiespalt* und *Der Wahn*
gegliedert waren, die Tanzfolge *Herbstgesänge* oder ihre
Fantasien um Carmen.

Zugleich verwiesen die Titel ihrer Tänze auf die Musik, von der sie begleitet wurden, wobei es Palucca nicht um eine ›Übersetzung‹ musikalischer Strukturen, sondern eine ›Zwei-Einheit‹ ging.[11] Palucca vertanzte Werke von Komponisten vergangener Jahrhunderte, traditionelle Musik und Werke zeitgenössischer Komponisten, darunter Will Goetze, Felix Petyrek, Walter Schönberg und Herbert Trantow.

Mit der Konzentration auf tanzeigene Qualitäten und der Entdeckung der Selbstreferentialität des Tanzes wandte sich Palucca bewusst vom Ausdruckstanz ab. Als ersten Text ihres Werbeprospekts *Tanz Palucca* von 1927 wählte sie eine Besprechung von F. R. Behrens aus, der die besondere Qualität ihrer Art zu tanzen so beschrieb, wie sie offenbar selbst gesehen werden wollte:

Warum ist die Palucca heute die bedeutendste Tänzerin Deutschlands, ja, Europas, ja, der Welt? – Weil sie das stärkste Erleben mit vollendeter Technik absolut gestaltet. – Der absolute Tanz, dem Erleben durch sachinhaltlose Bewegungen, ohne den »Umweg« über ein bestimmtes, dargestelltes Objekt, die Gefühle unmittelbar zu vermitteln, ist außer der Palucca nur einigen Negern geglückt. Alle bisherige »absolute« Tanzerei ergab viel zu dünne Resultate, die Wirkungsmöglichkeiten waren allzusehr beschränkt. Die Palucca tanzte *Bewegt, Kraftvoll, Geführt, Gesteigert, Zwingend, Glanzvoll, Gebunden, Fließend, Mit Schwung, Mächtig,* so lauten die Nummern ihres Programms. – Es war Tanz in seiner reinsten Form. – Nun ist der Beweis geführt, dass Tanz nicht Erotik ist, wie 99 Prozent aller Menschen glauben. – Tanz ist keine Philosophie und keine Religion. – Tanz hat weder Probleme zu stellen noch zu lösen. – Tanz ist Tanz. – Sieg der Körperfreude, des Reinen, des Unbedingten. – Der Palucca Tanz braucht keiner Inhalte von außen, er ist frei von mystischen, symbolischen und illustrativen Nebenmotiven. Der Palucca Körper ist nur Echo seiner selbst. Keine deutsche Tänzerin hat ihren Körper so in der Gewalt, beherrscht so wundervoll ihre Glieder, keine andere Tänzerin besitzt einen solchen Reichtum im Wechsel des Ausdrucks von der zartesten traumhaften Hingabe bis zum kühnsten stählernen Sprung. – Die Palucca steht heute auf dem Gipfel ihrer Entwicklung. Sie ist die Vollendung. Bei ihr ist der Tanz elementarer Urgrund in sich selbst. Nichts ist verwischt, jede Bewegung durchsichtig und klar, alle Zuschauer im Saal sind magisch gebannt und geraten in Ekstase. Das ist die höchste Wirkung der Kunst. Sie ist direkt. Niemand braucht sich erst einzufühlen, einzudenken. Man wird fortgerissen und ergriffen.[12]

Während der nationalsozialistischen Herrschaft erfuhr die deutsche Tanzszene eine bis dahin ungekannte staatliche Unterstützung, aber auch eine extreme ideologische Gleichschaltung. Palucca gehörte zunächst zur hofierten Tanzprominenz. Sie beteiligte sich u.a. an den Tanzfestspielen von 1934, 1935 und 1936. Im Eröffnungsprogramm der Olympischen Spiele 1936 im Berliner Olympiastadion trat sie als Solistin auf.

Doch schon im November 1936 erhob die nationalsozialistische Presse den Vorwurf, sie zeige zu viel Individualismus und zu wenig Gemeinschaftssinn. Im Dezember 1936 erhielt Palucca eine Sondergenehmigung für eine Berufsausübung mit Einschränkung, da sie als »Halbjüdin« bzw. »Mischling ersten Grades« galt. Damit konnte sie weiterhin als Tänzerin auftreten, nicht aber bei Veranstaltungen einer Dienststelle der NSDAP, des Staats oder kommunaler Behörden. Dem Verbot jeder Kunstkritik vom November 1936 folgte 1937 die Anweisung, »jüdische Mischlinge« nicht mehr in der Presse zu nennen. Im Jahre 1939 musste Palucca ihre Unterrichtstätigkeit wegen ihrer jüdischen Abstammung beenden.[13] Dennoch blieb sie weiterhin als Tänzerin mit deutschlandweiten Auftritten präsent, auch wenn sie in der Presse nur geringe Erwähnung fand.[14] In der Spielzeit 1942/43 bestritt sie die verblüffende Anzahl von 99 Gastspielen,[15] bevor die Endphase des Zweiten Weltkriegs aller Kunstausübung in Deutschland ein Ende bereitete.

Nach 1945 setzte Palucca ihre künstlerische und pädagogische Arbeit in Dresden mit ungebrochener Leidenschaft für den Tanz fort. Ihre letzte Tournee endete 1949 mit Auftritten in List und Klappholttal auf Sylt. An der *Palucca Schule Dresden*, die 1949 von der Regierung der Deutschen Demokratischen Republik verstaatlicht wurde, lehrte sie bis 1990. Mit ihrer unverwechselbaren Persönlichkeit und dem nunmehr Neuer Künstlerischer Tanz genannten Tanz- und Pädagogikkonzept prägte sie Generationen von Tänzerinnen und Tänzern, aus deren Kreis auch viele erfolgreiche Choreografinnen und Choreografen hervorgingen. Die DDR ehrte sie mit höchsten Auszeichnungen, darunter zwei Nationalpreisen. Von 1965 bis 1970 war Palucca Vizepräsidentin der Deutschen Akademie der Künste. 1983 erhielt sie den 1. Deutschen Tanzpreis des Deutschen Berufsverbands für Tanzpädagogik e.V., 1992 folgte das Große Verdienstkreuz mit Stern und Schulterband der Bundesrepublik Deutschland.

Paluccas erfolgreiches künstlerisches und pädagogisches Schaffen und ihre öffentliche Lobpreisung in so unterschiedlichen politischen Systemen mag Fragen nach politischem Opportunismus oder gar Systemkonformismus provozieren, wie auch Paluccas Zurückhaltung hinsichtlich ihres Privatlebens immer wieder Anlass zu allerlei fantasievollen Spekulationen bot. Eine schlüssige Beantwortung, wenn es sie aus der Sicht der Nachgeborenen denn geben könnte, bedarf vor allem weiterer Recherchen – einschließlich der Sichtung ihrer Privatkorrespondenz. Vielleicht das treffendste Beispiel dafür, wie sehr Palucca das Improvisieren und Mäandern verinnerlicht hatte, ist ihr eigenes, sprichwörtliches ›Erklärungsmuster‹: »So sind die Dinge ...«

Palucca starb am 22. März 1993. Ihr Grab befindet sich auf dem Inselfriedhof in Kloster auf Hiddensee.

Schon 1930 beschrieb sie, was offenbar für ihr ganzes Leben galt: »Es gibt eine innere Notwendigkeit zu tanzen, woher sie kommt, wissen wir nicht. Ist sie vorhanden, so bleibt uns nichts anderes übrig, als dem Zwang zu folgen.«[16]

Anmerkungen

[1] Palucca, 1930; zitiert nach *Palucca. Zum Fünfundachtzigsten. Glückwünsche, Selbstzeugnisse, Äußerungen.* Hg. Akademie der Künste der DDR. Redaktion Regine Herrmann. Berlin 1987, S. 6.

[2] Zitiert nach Hedwig Müller: *Mary Wigman. Leben und Werk der großen Tänzerin.* Weinheim, Berlin 1986, S. 74.

[3] Vgl. ebd., S. 78.

[4] Ebd., S. 103.

[5] Vgl. Ralf Stabel: *Tanz, Palucca. Die Verkörperung einer Leidenschaft.* Berlin 2001, S. 32.

[6] Vgl. Ralf Stabel: *Vorwärts, Rückwärts, Seitwärts. Mit und ohne Frontveränderung. Zur Geschichte der Palucca Schule Dresden.* 2. Band der Reihe *Beiträge zur Tanzkultur.* Wilhelmshaven 2001a), S. 34.

[7] Zitiert nach Stabel (2001), S. 32.

[8] Zitiert nach ebd., S. 38.

[9] Palucca, 1923; zitiert nach Katja Erdmann-Rajski: *Gret Palucca. Tanz und Zeiterfahrung in Deutschland im 20. Jahrhundert: Weimarer Republik, Nationalsozialismus, Deutsche Demokratische Republik.* Hg. Deutsches Tanzarchiv Köln. Hildesheim, Zürich, New York 2000, S. 151f.

[10] Zitiert nach Stabel (2001), S. 57.

[11] Vgl. ebd., S. 41.

[12] *Tanz Palucca. Bilder, Besprechungen, Auszüge aus Kritiken von Solo- und Gruppentanzaufführungen 1926/27.* Werbeprospekt IV 1926/27, S. 5f.

[13] Vgl. Stabel (2001a)), S. 51.

[14] Vgl. ebd., S. 52.

[15] Vgl. Stabel (2001), S. 124.

[16] Palucca: »Gedanken und Erfahrungen«. In: Rudolf von Laban/Mary Wigman u.a.: *Die tänzerische Situation unserer Zeit. Ein Querschnitt.* Dresden 1936, S. 10.

Jürgen Trimborn

Tänze der Erotik und Ekstase: Anita Berber (1899–1928)

Kaum eine andere Tänzerin verkörperte das brodelnde, avantgardistische Berlin der 20er Jahre so idealtypisch wie Anita Berber, die mit ihren gewagten Choreografien, ihren legendären Nackttänzen und ihrem skandalumwitterten Privatleben für Furore und für manche Aufregung sorgte – insbesondere bei denen, die für die Aufrechterhaltung der bürgerlichen Moral kämpften. Zum Symbol für die als golden apostrophierten Roaring Twenties ist Anita Berber nicht erst nach ihrem Tod aufgestiegen. Bereits zu Lebzeiten hatte es das Enfant terrible verstanden, zur mythenumrankten Legende zu werden: Die Gerüchte, die über sie kursierten, waren mindestens ebenso wichtig wie das, was sie auf der Bühne darbot.

Berühmt wurde sie bezeichnenderweise am Ende des Ersten Weltkriegs und in der Frühzeit der Weimarer Republik, als der Mief des Kaiserreichs abgestreift und die bürgerlichen Moralvorstellungen radikal in Frage gestellt wurden. Ihre kurze, kometenhafte Karriere währte nur rund zehn Jahre, Skandale und Tumulte begleiteten die meisten ihrer Auftritte. Klaus Mann, der Berber als 18-Jähriger tanzen sah, erinnerte sich zwei Jahre nach ihrem Tod: »Sie war sehr mutig und brauchte den Skandal wie ihr tägliches Brot.« Tatsächlich war ihre ganze Karriere ein einziger Verstoß gegen das, was zuvor gesellschaftlich als ›schicklich‹ gegolten hatte. Wenn sie vollkommen nackt auf der Bühne stand, wenn sich ihr zunehmend in die Öffentlichkeit gezerrtes Privatleben in immer neuen Ausschweifungen, in Alkohol-

und Drogenmissbrauch und einer exzessiv ausgelebten Sexualität erging, fühlte sich das um Sittsamkeit bemühte Bürgertum vor den Kopf gestoßen und in seinen Grundfesten erschüttert. Von der feinen Gesellschaft Berlins wurde sie verbannt, der Bund für Mutterschutz machte Front gegen sie, in bürgerlichen Kreisen war Anita Berber schnell zur Persona non grata geworden.

Die so Geächtete stieg zur Königin der Berliner Subkultur auf. Aber letztlich war sie zweifellos mehr als das: Sie war zugleich die Repräsentantin einer ganzen Generation, die sich mutig über die bestehenden Konventionen hinwegsetzte, zudem aber auch eine Tänzerin, der es darum ging, den Tanz nachhaltig in neue Bahnen zu lenken. Tänzerisch war sie sicherlich nicht so einflussreich wie Mary Wigman und Gret Palucca oder Isadora Duncan und Josephine Baker, und dennoch ist eine Darstellung des modernen, avantgardistischen Tanzes der 20er Jahre unvollständig, wenn man dabei über Anita Berber hinweggeht.

1899, am Vorabend des neuen Jahrhunderts, wurde sie in Leipzig geboren. Im Gegensatz zu vielen anderen ihrer Generation, deren Eltern die Bühne oder den Film als Halbwelt verachteten, war Anita Berber der Weg ins Rampenlicht aufgrund ihrer familiären ›Vorbelastung‹ nicht verstellt. Ihre Mutter Lucie Thiem war eine damals bekannte Schauspielerin, Sängerin und Kabarettistin, ihr Vater Felix Berber Erster Geiger im Leipziger Gewandhausorchester. Anita, die zunächst eine Schule für höhere Töchter absolviert hatte, durfte schon in ihrer Jugend Tanz- und Schauspielunterricht nehmen und nebenbei auch als Fotomodell arbeiten. Im Tanzen wurde sie von Rita Sacchetto, der großen Tänzerin des Impressionismus, unterrichtet. 1916, mitten im Ersten

Weltkrieg, hatte sie im Rahmen eines Gastspiels der *Sacchetto-Schule* ihren ersten öffentlichen Auftritt als Tänzerin, im damals äußerst renommierten Berliner Blüthner-Saal, in dem sieben Jahre später auch Leni Riefenstahl den ersten Auftritt ihrer kurzen Tanzkarriere absolvierte.

Schon als 17-Jährige tourte sie mit Rita Sacchettos Kompanie quer durch Deutschland, Österreich, die Schweiz und Ungarn. 1917 dann, gerade mal 18-jährig, machte sie sich nach einem Zerwürfnis mit der Sacchetto selbstständig und organisierte ihre ersten Auftritte als Solotänzerin, wobei ihre eigenen Choreografien gänzlich unbeeinflusst vom ballettartigen Stil ihrer Lehrerin blieben. Die *Vossische Zeitung* schrieb am 10. Mai 1917 über ihr erstes eigenes Programm: »Sie hat Musik und Rhythmus in ihrem jungen, erzogenen, zum schönsten und echtesten Ausdruck ausgestatteten Körper; sie hat nicht nur das Gefühl für Stil, sondern auch die unfehlbare Sicherheit. Ihr Tanz bleibt in erster Linie Tanz, hat aber doch so viel bewusste schauspielerische Deutlichkeit, dass er zum fesselnden, mimischen Monolog wird.« Bald schon wurde die schöne junge Frau vom Berliner Apollo-Theater und vom legendären Wintergarten in der Friedrichstraße engagiert und zog schnell die Aufmerksamkeit der Rezensenten und des Publikums auf sich. Ihr vollkommen neuer Tanzstil atmete expressionistische Ausdruckskraft.

Den großen Durchbruch, auch hinsichtlich ihrer späteren Bühnenkarriere, brachte jedoch das Kino, das sie auch weit über die Grenzen Berlins und Deutschlands hinaus bekannt machte. Nachdem sie in der Schauspielschule von Maria Moissi die Grundlagen der Schauspielkunst erlernt hatte, wirkte sie an einer ganzen Reihe von Filmen mit und stand neben den damaligen Größen der Kinematografie vor der Kamera:

Conrad Veidt und Werner Krauss, Heinrich George und Paul Wegener, Emil Jannings und Hans Albers waren ihre Filmpartner. Ihren wichtigsten Regisseur fand sie in Richard Oswald, der sie in seinen Aufsehen erregenden und kommerziell höchst erfolgreichen Streifen wie *Das Tagebuch einer Verlorenen* (1918), *Peer Gynt* (1918) und *Die Reise um die Erde in achtzig Tagen* (1919) einsetzte. Die wichtigste Zusammenarbeit von Oswald und Berber stellte jedoch *Anders als die anderen* (1919) dar, ein skandalträchtiger Aufklärungsfilm über Homosexualität, der schließlich der Weimarer Zensur zum Opfer fiel. In den insgesamt 26 Filmen, die sie zwischen 1918 und 1925 drehte, hatte sie meist Prostituierte oder »gefallene Mädchen« zu verkörpern. Nicht zuletzt, weil Anita Berber immer weniger gewillt war, sich in die strengen Arbeitsabläufe der Filmindustrie zu fügen und schnell als höchst unzuverlässig galt, verlagerte sich ihre Karriere dann Mitte der 20er Jahre wieder ganz auf die Bühne.

Ihr Programm, mit dem sie ab 1922 in zahlreichen Städten des In- und Auslands gastierte, in Wien und Berlin ebenso wie in Paris und Budapest, setzte ganz auf erotisierte, sexualisierte Körperlichkeit und auf Tabuverletzungen. Effektvoll annoncierte sie es als *Tänze des Lasters, des Grauens und der Ekstase*, ihr zweites Programm, mit dem sie ab 1926 gastierte, hieß ebenso werbewirksam *Tänze der Erotik und Ekstase*. Die Titel gebende Lasterhaftigkeit sollte provozieren und zog das Publikum auch tatsächlich magnetisch an. Auch ihre einzelnen Tänze versprachen laszive Frivolität und einen Rausch der Sinne, so etwa der *Byzanthinische Peitschentanz, Die Nacht der Borgia* oder die asiatische Fantasie *Lotusland*. Zeitgenössische Kritiker sahen in diesen Choreografien die Erotik in Tanzschritten ver-

Anita Berber: Tänze des Lasters, des Grauens und der Ekstase
Foto: Dora Kallmus (1922)

dolmetscht. *Die Bühne* urteilte 1925: »Wenn Anita Berber mit ihrem Partner tanzt, ist es ein ungeschminkter Akt erotischer Faszination.«

Neben den unmittelbar erotischen Tänzen setzte das Programm der Berber auf außergewöhnliche Themen, so etwa im Fall von *Selbstmord, Haus der Irren, Die Nonne und der Gehängte* oder *Die Leiche am Seziertisch*. Berbers Anspruch war es, in diesen Choreografien Menschen von der Straße zu zeigen – allerdings meinte sie die Menschen, die auf den sündigen Flaniermeilen der Großstädte zu Hause waren. Dass die Tänze die Grenzen bürgerlicher Vorstellung sprengten, war einkalkuliert; sie sollten Menschen aufrütteln, Emotionen hervorrufen: »Ich will, dass meine Arbeit die Leute schockiert.« Des Preises, den sie dafür zahlen musste, war sie sich durchaus bewusst: »Ich habe das Gefühl, dass mich alle Welt verachtet und voller Hass über mich redet.«

Viele dieser Tänze hatte sie gemeinsam mit ihren männlichen Tanzpartnern entwickelt, drei Choreografien jedoch stammen ganz von ihr selbst und sind ihre wichtigsten und zugleich zweifellos auch persönlichsten Tanzschöpfungen: *Cocain, Morphium* und *Salomé*. In *Cocain*, ihrem Lieblingstanz, trat Berber vollkommen nackt auf, mit kalkweiß geschminktem Gesicht und dunklen Schatten um die Augen. In morbider Atmosphäre stellte sie eine Frau im Drogenrausch, im Delirium dar, die zu Beginn nackt auf dem Boden liegt und mit konvulsivischen Zuckungen versucht, ihren Körper langsam wieder unter Kontrolle zu bringen. Bei ihrem pantomimischen Tanz *Morphium* spielte sie, dieses Mal in ein enges schwarzes Kleid gewandet, eine Frau, die sich Morphium spritzt und danach die durch die Droge ausgelösten Visionen tanzt. Bei beiden Choreografien stellte die selbst drogenabhängige Berber völlig ohne Absicht und Kalkül das dar, was sie tatsächlich lebte und fühlte, was ihr Leben auch in Wirklichkeit ausmachte. Ebenso symbolisch für das rauschhafte Leben der Berber war ihre schockierende Choreografie der *Salomé*, der von dunklen Instinkten beherrschten Frau schlechthin, bei der sich die nackte Berber mit Blut übergoss.

In all diesen Fällen ging es Anita Berber darum, die Grenzen tänzerischer Ausdrucksfähigkeit zu erforschen und radikal zu erweitern. Tatsächlich hat die »tanzende Erlebnissucherin« den Tanz revolutioniert, indem sie Themen als Grundlagen für ihre Choreografien wählte, die zuvor noch keine andere Tänzerin auf die Bühne gebracht hatte. Dass sie teilweise ihre exotischen Fantasiekostüme und schleierartigen Gewänder ablegte und nackt tanzte, sorgte für zusätzliches Aufsehen, auch wenn ihr selbst die lüsternen Blicke aus dem Publikum nichts ausmachten. Ihr Körper war für alle da, er stellte kein Geheimnis dar. Voller Eitelkeit bekannte sie: »Wenn jeder einen Körper hätte wie ich, würden alle nackt herumlaufen.« Zwar gab es zu dieser Zeit bereits Nackttänzer und ganze »Freikörperballette«, dennoch ging Berber als erste Nackttänzerin in die Geschichte ein.

Aber in den impulsiven, orgiastischen Nackttänzen auf der Bühne erschöpfte sich das Skandalon Anita Berber noch lange nicht. Es war keineswegs so, dass sie mit dem Laster nur kokettierte, dass die Laszivität und Frivolität nur Posen waren. Auch im Privaten setzte Berber ganz auf das rauschhafte Erleben. Als sie einmal in Wien gastierte und städtische Beamte sich weigerten, die Auftritte der nackten Berber zu besuchen, bekannte sie: »Wenn sie ahnten, was hinter der Bühne geschieht, würden sie sich an ihrer Sachertorte verschlucken.«

Doch da die Zeitungen freimütig über die Skandale und Exzesse der Berber berichteten, ahnten viele Menschen, wie es um ihr Privatleben und speziell ihr Liebesleben bestellt war. Schon ihre drei Ehen sorgten für Aufsehen. Nach der wenig spektakulären Ehe mit einem

Antiquitätenhändler stürzte sie sich in eine zweite Ehe mit dem offen schwul lebenden Tänzer und genialen Hochstapler Sebastian Droste, der gleichzeitig auch ihr Bühnenpartner war. Nicht lange nach der Trauung setzte sich der kokainabhängige Droste mit Anitas Schmuck nach Amerika ab. Auch die kurz danach geschlossene dritte Ehe Berbers mit dem ebenfalls schwulen amerikanischen Tänzer Henri Châtin-Hofmann sorgte für großes Aufsehen und lieferte genügend Stoff für die damalige Skandalpresse.

Neben ihren Ehen hatte Anita Berber unzählige Affären mit schönen Frauen und Männern, aus ihrer Bisexualität – die in der damaligen Zeit freilich als äußerst ›schick‹ galt – machte Berber nie einen Hehl. So lebte sie längere Zeit mit Susi Wanowsky zusammen, die in Berlin eine stadtbekannte Lesben-Bar führte. Häufig war Berber Gast in den mondänen Lesbenklubs in Berlin, gerne trat sie hier in Herrenkleidung auf, im Smoking und mit Monokel im Auge. Damit kreierte sie eine neue Mode, auch Marlene Dietrich kopierte den Stil der Berber. Dennoch ließ sie sich nicht als Vorreiterin der Lesbenbewegung instrumentalisieren; ebenso wahllos wie mit Frauen verkehrte sie auch mit Männern und verweigerte es, sich in eine Schublade einordnen zu lassen. Dieses Changieren zwischen Homo- und Heterosexualität war äußerst modern in einer Zeit, in der Androgynität als avantgardistisch galt und das Spiel mit den Geschlechtern und den bürgerlichen Rollenklischees auf den Kopf gestellt wurde. Ihr Lebensmotto lautete: »Sex ist meine Religion«. Letztlich gehörte sie wohl nichts und niemandem – nur sich selbst.

Mit ihrer Selbstbestimmtheit wurde Berber durchaus zu einer Symbolfigur des feministischen Aufbruchs in der Weimarer Republik. In einer Zeit, in der sich die Frau neu definierte, in der sich die Vorstellungen von weib-

Anita Berber und Sebastian Droste in Tänze des Lasters,
des Grauens und der Ekstase (Märtyrer)
Foto: Dora Kallmus (1922)

licher Körperlichkeit von Korsett und gesellschaftlicher Bevormundung befreiten, stellte sie völlige sexuelle Selbstbestimmung an die Stelle selbstloser Verfügbarkeit und Unterordnung unter männliche Wünsche und Fantasien. Das, was vorher als männliche Libertinage angesehen wurde, reklamierte sie nun auch für das weibliche Geschlecht. Eine Entwicklung, die in den 20er Jahren bereits weit fortgeschritten war, bis die Nationalsozialisten sie nach ihrem Machtantritt stoppten und großteils wieder rückgängig machten und die Frau zur gebärfreudigen Ehegattin und aufopferungsvollen Mutter stilisierten.

Aber nicht nur die hemmungslos ausgelebte Sexualität machte Berber zu einem typischen Kind der 20er Jahre; ebenso war ihr exzessiver Drogenkonsum ein weit verbreitetes Phänomen in den Künstlerkreisen Berlins. Neben Morphium handelte es sich vor allem um Kokain, *die* Modedroge der Zeit, der Anita Berber verfallen war und die ihr zum todbringenden Lebenselixier wurde. Auch mit Alkohol betäubte sie sich, zur Not mit Brennspiritus, bevorzugt aber trank sie Champagner, und die abendliche Flasche Cognac vor ihren Auftritten ließ sie sich gar vertraglich zusichern. Der Luxus, mit dem sie sich in ihrer unkontrollierten Verschwendungssucht umgab, war teuer, so dass sie oft am Rand des Ruins lebte. Aber sie hatte ihren Körper, den viele begehrten, und schreckte nicht davor zurück, sich zu prostituieren, um ihren aufwändigen Lebensstil zu finanzieren: 200 Reichsmark kostete eine Nacht mit der Frau, von der damals die halbe Welt sprach.

Auf der Bühne wie im Leben gab sie alles, verausgabte sich im Rausch des Augenblicks wie eine Besessene, verhielt sich wie eine Ikone der Selbstzerstörung. Berber war die berühmte Kerze, die von zwei

Seiten her abbrennt, eine Frau, die zeitlebens mit dem Feuer spielte und schließlich allzu früh von den Flammen verschlungen wurde. Ihr kurzes, exzessives Leben erscheint wie eine Stichflamme, wie ein einziger Rausch des Sich-Verschwendens. In einem Gedicht schrieb sie selbst:

Ich
Wachs schimmerndes Wachs
Ein Kopf – ein Brokatmantel
Wachs
Rot – wie Kupfer so rot und lebende Haare
Funkelnde Haare wie heilige Schlangen und Flammen
Tot
Millionenmal tot
Verwest
Und schön – so schön
Blut wie fließendes Blut
Ein Mund stumm
Nacht ohne Sterne und Mond
Die Lider – so schwer
Schnee wie kalter wärmender Schnee
Ein Hals – und fünf Finger wie Blut
Wachs wie Kerzen
Ein Opfer von ihm.

Ihren Körper, der für sie als Tänzerin das Maß aller Dinge hätte sein müssen, schonte sie nie. Ein Jahr lang bereiste sie den Nahen Osten, trat umjubelt in Kairo und in Bagdad, in Damaskus und in Beirut auf, bis sie – nach einer radikalen Entziehungskur – im Juli 1928 bei einem Auftritt in Damaskus auf offener Bühne zusammenbrach. Die Diagnose lautete Lungentuberkulose, und die schwer kranke, vom Alkohol- und Drogenmissbrauch gezeichnete, zum Skelett abgemagerte und völlig apathische Berber musste zurück nach Berlin gebracht werden – der qualvolle Rücktransport verschlang ihr letztes Geld. Von ihrem kurzen Leben tödlich erschöpft, starb sie am 10. November 1928 im Alter von nur 29 Jahren einsam im Bethanien-Hospital in Berlin-Kreuzberg.

Als die Königin der Skandale zu Grabe getragen wurde, war dies eine der letzten großen Manifestationen des Berlins der Goldenen Zwanziger. Während sich das brave, moralinsaure Bürgertum bestätigt zurücklehnte, weil der liederliche Lebenswandel zu einem unschönen Ende geführt hatte, avancierte Anita Berbers Beerdigung zum größten und letzten Defilee des schrillen, exzentrischen Berlins der 20er Jahre, das nur vier Jahre später endgültig dem Untergang geweiht war. Drogendealer und Huren, Strichjungen und Revuetänzerinnen, Ballettschüler und Nachtklubsängerinnen, Hermaphroditen und Transvestiten im Anita-Berber-Outfit mit kupferroter Perücke und weiß geschminktem Gesicht – sie alle erwiesen ihr die letzte Ehre. Die Berber war die Repräsentantin dieser viel beschworenen, fieberhaften und getriebenen Zeit, aber auch deren vielleicht prominentestes und tragischstes Opfer. Königin und Gestrandete zugleich.

Ihr früher Tod trug zunächst noch einmal zu ihrer Popularität bei. Hatte Otto Dix Anita Berber bereits zu Lebzeiten in seinem 1925 entstandenen Bild *Rote Dame vor rotem Grund* als Vamp verewigt, so boomte nun nach ihrem Tod der Kult um die legendäre Nackttänzerin. Unzählige Nachrufe erschienen, die Firma Rosenthal stellte Porzellan-Miniaturen nach ihrem Ebenbild her, und ein Jahr nach ihrem Tod erschien Leo Lanias biografischer Anita-Berber-Roman *Der Tanz ins Dunkel*. Doch letztlich handelte es sich nur um ein kurzes

Aufflackern, bald schon geriet Anita Berber zunehmend in Vergessenheit. In der Folgezeit waren es zumeist diejenigen, die sich selbst auch ganz bewusst an den Rand der bürgerlichen Gesellschaft stellten, die versuchten, an Anita Berber zu erinnern. So hatte etwa Rainer Werner Fassbinder vor, Berbers Leben zum Gegenstand eines seiner Filme zu machen, das Projekt blieb jedoch unrealisiert. 1988 widmete sich dann der Filmemacher Rosa von Praunheim der berühmten Nackttänzerin. Sein Film *Anita – Tänze des Lasters*, in dem Lotti Huber eine alte, schrille Frau spielt, die behauptet, die Berber zu sein, und sich an ihr bewegtes Leben und ihre großen Erfolge zurückerinnert, ist eine ebenso liebevoll-ironische wie bizarre Hommage an Anita Berber. Praunheims Film brachte Berber tatsächlich wieder ins Gespräch, ebenso aber auch eine bereits vier Jahre zuvor in Berlin veranstaltete erste Ausstellung über sie von Lothar Fischer, der der Tänzerin auch die Monografie *Tanz zwischen Rausch und Tod. Anita Berber 1918-1928* widmete.

Nur der Senat von Berlin tut sich nach wie vor schwer mit der berühmten Nackttänzerin. Das Grab Anita Berbers auf dem St. Thomas-Friedhof in Berlin-Neukölln ist schon vor Jahren eingeebnet worden, kein Gedenkstein erinnert heute mehr an sie. Gerade für eine Stadt wie Berlin, die an den Glanz vergangener Tage und die Weltoffenheit des Berlins der 20er Jahre anzuknüpfen versucht, ist es an der Zeit, Anita Berber, die einst ein höchst populäres, wenn auch vielleicht nicht immer bequemes Aushängeschild dieser Stadt war und zudem ein wichtiges Stück Kulturgeschichte Berlins repräsentiert, ein Ehrengrab zu widmen.

Auch wenn Berber als Tänzerin bis zum heutigen Tag keine direkte Nachfolgerin fand und insofern anders als etwa Mary Wigman keine Begründerin einer »Schule«

war, so ist ihre Biografie doch durchaus von aktueller Bedeutung, gerade wenn man die Parallele zur modernen Medienwelt zieht. Anita Berber kann als die deutsche Urmutter von so skandalträchtigen Stars wie Elizabeth Taylor, Zsa Zsa Gabor und Madonna gelten. Wie sie, so galt auch Berber in ihrer Zeit als Inbegriff des öffentlichen Exzesses, ihr Aufsehen erregendes und ausschweifendes Privatleben war mindestens ebenso wichtig wie ihre innovativen künstlerischen Leistungen. Heutzutage, wo Skandale längst ein wesentlicher Bestandteil von Prominenz und nicht mehr nur auf die Pop- und Rockkultur beschränkt sind, ist man jedoch bereits schon wieder einen Schritt weiter: Oftmals reicht nun der Skandal alleine aus, um Berühmtheit zu erlangen und sich einen Namen zu machen. In den Zeiten Anita Berbers war dies noch anders: Sie konnte sich ihre unzähligen Skandale erst leisten, nachdem sie sich einen Namen gemacht hatte.

Anja Hellhammer

Fremdartig wie der ferne Osten: Tatjana Barbakoff (1899-1944)

Berlin im Oktober 1925. Unter dem Künstlernamen Tatjana Barbakoff gab die aus Lettland stammende Jüdin Cilly Edelberg ihren ersten eigenen Tanzabend: Dies war ihr Durchbruch, nicht allein in der Kulturmetropole der Weimarer Republik. Fortan zählte die Tochter eines Russen und einer Chinesin zu den nachhaltig beachteten und inspirierenden Kräften auf dem Gebiet der Tanzkunst. Schon ab Beginn ihrer tänzerischen Karriere zu Anfang der 1920er Jahre beflügelte sie mit ihrem ungewöhnlichen malerisch-plastischen Stil zahlreiche bildende Künstler des Expressionismus und wirkte als Muse im Frankfurter Raum, im Umkreis der Düsseldorfer Akademie, der dortigen *Rheingruppe* und der Gruppe *Das Junge Rheinland* um Johanna Ey.[1] Doch nun hatte sich Tatjana Barbakoff auch das Fundament für eine autonome und originäre tänzerische Position geschaffen. Die Aufmerksamkeit zeitgenössischer Fotografen weckten neben den kostbaren exotischen Kostümkreationen vor allem ihre ebenmäßigen, asiatisch anmutenden Gesichtszüge. Die Machtergreifung der Nationalsozialisten setzte ihrer blühenden Karriere in Deutschland ein abruptes Ende. In der Pariser Emigration konnte Tatjana Barbakoff nicht mehr an den einstigen Erfolg anknüpfen. Sie kam 1940 aus dem berüchtigten französischen Internierungslager Gurs frei,[2] Anfang 1944 wurde sie in Nizza von der Gestapo aufgegriffen, nach Auschwitz deportiert und dort ermordet.

Barbakoffs Tanzästhetik und die Entstehung der Tanzfotografie

Mitte der 20er Jahre etablierte sich Barbakoff mit exotischem Aussehen und russischer Herkunft auf dem Gebiet der geradezu inflationär zunehmenden Tanzdarbietungen als eine Aufsehen erregende und bemerkenswerte Randerscheinung. Sie reüssierte an denselben Bühnen wie Mary Wigman, Palucca, Harald Kreutzberg; ihre stilistische Ausrichtung jedoch ist nicht zur innovativen Bewegung des Ausdruckstanzes zu zählen, sondern verfolgt einen gewissermaßen konträren Ansatz. In der Pose, dem Statuarischen, der Gestaltung des konzentrierten Augenblicks fand ihr Tanzstil einen ganz eigenen, unverkennbaren und charakteristischen Ausdruck, der in der Überhöhung durch das Dekorative zur Vollendung gelangte. Und so sind Barbakoffs »tänzerische Wahlverwandte« eher bei Außenseitern der modernen Tanzkunst zu suchen: Sent M'Ahesa, Pionierin des Tanzes noch vor dem Ersten Weltkrieg, die durch freie, dekorative Behandlung zumeist orientalischer Themen Bahn brechend wirkte; Clotilde von Derp, die ihre Tänze impressionistisch gestaltete und mit ihren dekorativen Kostümen Geist und Befindlichkeiten bestimmter Epochen visualisierte; und ihr Partner Alexander Sacharoff, ein von der bildenden Kunst kommender Tänzer, der seine Choreografien detailgetreu und in aufwändigen Masken- und Kostümarrangements als geschlossene Bildeinheiten gestaltete.

In dieser Tradition stehend, gelang es Barbakoff innerhalb nur weniger Jahre, mit Tänzen russischer Anmutung wie *Heimaterde*, mit asiatischer Motivik wie in *Majestas Asiatica* und ihren Parodien *Wege zur Kraft und Schönheit* oder *Zurück zur Natur* ein breites Publikum zu erobern. Kritiker führender Tageszeitungen brachten ihre Begeisterung in zahlreichen Würdigungen zum Ausdruck, und ihren künstlerischen Durchbruch besiegelten insbesondere die tonangebenden Kritikerstimmen in der Hauptstadt. »Was sie tanzte, war allerhöchste Kultur«[3], kommentierte die *Deutsche Zeitung* 1925 einen ihrer Berliner Auftritte, während das *8 Uhr Abendblatt* urteilte: »Der russische Volkstanz [*Heimaterde*] bildete den Höhepunkt des Abends, fand stürmischen Beifall und musste wiederholt werden.«[4]

Im zeitgenössischen Diskurs wurde dem russischen Einfluss auf die Kunst in Europa wesentliche Bedeutung attestiert. Man begegnete den kulturellen Eigenheiten mit beträchtlichem Interesse und versuchte, die nationale Identität der so genannten »Russen« zu typologisieren mit aus heutiger Sicht klischeehaften Vorstellungen von einer Fähigkeit zu primitiven Urgefühlen, elementarer Leidenschaft und tiefer Religiosität. Der Tanz galt allgemein als unmittelbarer Ausdruck der Seele des einzelnen Menschen, und demgemäß entdeckten die Kritiker, nicht selten angerührt von der Ursprünglichkeit und Natürlichkeit ihrer Choreografien, in der russisch anmutenden Wesenheit von Barbakoff auch den stärksten Ausdruck jener vermeintlich »russischen Seele«.

Der fortwährende Erfolg führte die Tänzerin auf Gastspieltourneen quer durch Deutschland, und ihren Ruf als internationale Künstlerin manifestierten zudem die Reisen in das angrenzende Ausland, wo sie ansässigen Künstlern häufig Modell saß. Künstler und Fotografen inspirierten ihre Choreografien »lebender Bilder«, deren exotische, kunstsinnige oder historische Inhalte Tatjana Barbakoff in harmonischem Einklang mit der perfektionistisch gestalteten Schönheit ihrer äußeren Erscheinung in Szene setzte. Ihr charakteristischer Sinn für die Ästhetik des Exotisch-Asiatischen traf den Nerv der Zeit: Vor allem auf dem Theater, im Tanz und im

Film schufen die interkulturellen Strömungen tief greifendes Interesse und einen andauernden Adaptionsprozess.[5] Die Fotografie fungierte für diese spezielle Ausformung der Tanzkunst als ideales Medium im traditionellen Sinne einer *echten und wahrhaftigen* Bewahrung »des Moments für die Ewigkeit«.

Die Hochphase der künstlerischen Karriere von Tatjana Barbakoff in den Jahren 1925 bis 1930 konvergierte mit einer komplexen Entwicklungsphase innerhalb der Fotografie. Bis Anfang der 20er Jahre war die Kunstfotografie als fotografische Stilepoche prägend gewesen, deren Vertreter sich seit Ende des 19. Jahrhunderts an den Stilformen und Kompositionsregeln der bildenden Kunst orientierten, um die Fotografie als ihr ebenbürtig zu etablieren. Die Kunstfotografen lehnten die massenhaft produzierten Atelierfotografien als ›plump‹ ab und strebten an, Stimmungen zu erzeugen sowie die Schönheit wahrzunehmen und dies in adäquat gestalteten Fotografien umzusetzen.

Einschneidende technische Erfindungen, die Entstehung neuer ästhetischer Stilkategorien, die rasante Expansion der Absatzmärkte in Form von illustrierten Magazinen, ihre Anwendung für die zeitgenössische Zerstreuungskultur veränderten die fotografischen Produktions- und Präsentationsbedingungen in den 20er Jahren maßgeblich – Fotografie war als Medium omnipräsent.

Das zeitcharakteristische Dokumentationsmedium für den Tanz war die Fotografie, wenngleich man das Flüchtige und Einmalige dieser darstellerischen Kunstform mit Hilfe der Kamera nicht adäquat festzuhalten vermochte. Zwar eröffnete sich eine Vielzahl neuer Gestaltungsmöglichkeiten durch fototechnische Neuerungen wie Kleinbildkamera, Vakuumblitz und Verbesserung des Filmmaterials, die z.B. Experimente mit der Belichtung von Bewegung erlaubten. In der Erkenntnis um die dennoch bestehenden Grenzen ihrer technischen Möglichkeiten haben vor allem in den 20er Jahren eine Reihe sehr divergent arbeitender Fotografen in ihrer Auseinandersetzung mit dem Tanz jeweils verschiedene Perspektiven, Stilkategorien und Formensprachen angewandt, überdies eigene entwickelt und damit zugleich ein eigenständiges fotografisches Genre herausgebildet, die Tanzfotografie. Die Fotografien dieses neuen Genres stellten nicht nur einen spezifisch fotografischen Perspektivekanon dar – sie fungieren darüber hinaus auch als tanzhistorische Quellen. Gerade dieses signifikante Potenzial als intermediale Schnittstelle begründet einen Blick-Richtungswechsel in Hinsicht auf ein tanzhistorisches Ausnahmeobjekt wie Tatjana Barbakoff.

Wie bei den meisten Tanzpersönlichkeiten ihrer Zeit wird das Fortleben von Barbakoffs künstlerischem Vermächtnis bestimmt durch das »fotografische Gedächtnis« ihrer Tanzkunst. Das maskenhafte Gesicht und die statuarische Gestalt Tatjana Barbakoffs waren prädestiniert für kontemplative Sitzungen im Fotoatelier, wie sie bis Mitte der 20er Jahre aufgrund der fototechnischen Gegebenheiten noch obligatorisch waren. Die physiognomischen Charakteristika bildeten die Essenz ihres tänzerischen Ausdrucksvermögens sowie ihrer Fotogenität und definierten als zentrale Elemente kontinuierlich ihr künstlerisches Selbstverständnis. Mit ihren zwischen schillerndem Oberflächenphänomen, bewegungsloser Skulpturhaftigkeit und Energie geladener Volkskunst changierenden Choreografien forderte sie namhafte zeitgenössische Fotografen heraus.

Die Rollen- und Porträtstudien von Alexander Binder, Minya Diez-Dührkoop, Nini und Carry Hess, Hans Robertson, Sasha Stone, Yva und Willy (Wilhelm) May-

Tatjana Barbakoff mit Spitzentuch (1921)
Foto: Martin Pietsch

wald spiegeln die singuläre Qualität Barbakoffs darstellerischer Fähigkeiten wider. Unabhängig von der jeweiligen fotografischen Bildsprache, ihrer heterogenen Autorschaft und dem konkreten tanzhistorischen Kontext formulieren die in dem Zeitraum 1920 bis ca. 1937 entstandenen Aufnahmen dennoch einen homogenen

Kanon. Obzwar sie ein polymorphes Bilderspektrum von der Tänzerin und Person Tatjana Barbakoff überliefern, schaffen sie ein Identität stiftendes, unverwechselbares und gleich bleibendes Image ihrer tänzerischen Bildschöpfungen und der Gestaltung ihrer äußeren Erscheinung. Die elementaren Komponenten ihrer Inszenierungen – Bildhaftigkeit, Schönheit, Exotik, Dekor – stehen zugleich im Zentrum der fotografischen Porträts.

So rückt in diesem Porträt der Blick der Fotografen auf die Tänzerin in den Mittelpunkt, denn in den überlieferten Bewegungsstudien und Rollenporträts lassen sich in exemplarischer Verschränkung sowohl Barbakoffs Ästhetik und origineller Stil in Tanz und Ausdruck ablesen als auch die Entwicklung der Fotografie von der Kunstfotografie zu neuen fotografischen Sehweisen und Techniken nachverfolgen.

Martin Pietsch und die klassische Porträtauffassung
Zu den ersten Fotografen, die Tatjana Barbakoffs hohes Maß an Fotogenität für ihr fotografisches Konzept auszuschöpfen wussten, zählte der Frankfurter Lichtbildner Martin Pietsch. Für den Inhaber eines anerkannten Fotoateliers, dessen handwerklich solide und mit künstlerischem Anspruch gestaltete Arbeiten seinen Ruf über die Stadtgrenzen hinaus konstituierten, war die außergewöhnlich aussehende Tänzerin ideales Modell zur Umsetzung seiner Porträtauffassung. Die zu Beginn der 20er Jahre entstandenen Aufnahmen sind noch deutlich beeinflusst von der Kunstfotografie.

Im Bildaufbau seines Brustporträts en face in majestätisch ruhender Haltung, aufgenommen aus leichter Untersicht, mit hell illuminierter Ovalfläche des exotisch-schönen Gesichts, dem unergründlichen und stolzen Blick aus halb geschlossenen Lidern und der Po-

sitionierung der Hände knüpft der Fotograf an traditionelle Kompositionsregeln der klassischen Porträtmalerei an. Einen spannungsreichen Kontrast zu dem
weich gezeichneten Antlitz bildet die scharf fotogra-
fierte filigrane Struktur des weißen Spitzentuchs vor
diffusem dunklem Hintergrund. Dies verstärkt nicht nur
die Wirkung der femininen Ausstrahlung, sondern zitiert geradewegs aus der Bildsprache berühmter Werke
der Porträtmalerei von Leonardo da Vinci bis Francisco
de Goya.

Die 1921 zum Zeitpunkt eines frühen Gastspielauf-
enthalts in Frankfurt entstandene halbfigurige Por-
trätaufnahme von Martin Pietsch nimmt bereits eine
wesentliche, nahezu allen künftigen Posen- und Bewegungsstudien immanente Bildaussage vorweg.

Nini und Carry Hess und die Konturierung des Körpers
Tatjana Barbakoffs ab 1925 wachsender Bekanntheitsgrad vermehrte nicht nur die Rezensentenstimmen, sondern lenkte auch das Augenmerk zahlreicher weiterer
Fotografen auf ihre extravagante Erscheinung. Im Rahmen ihres zweiten Gastspiels in Frankfurt – seinerzeit
einer der progressivsten Theaterstandorte des deutschsprachigen Raums[6] – entstanden Porträt- und Tanzstudien im Atelier von Nini und Carry Hess. Während der
20er Jahre zählten die Schwestern zu den bekanntesten
Lichtbildnerinnen Deutschlands. Sie fotografierten Persönlichkeiten aus Kunst, Kultur, Politik, Gesellschaft
und Sport und prägten mit ihren Künstlerinnenporträts
maßgeblich das Bild der Frau in der Weimarer Republik.
Vor allem die tanz- und theaterfotografischen Arbeiten
erweiterten ihr Renommee als erfolgreiche Berufsfoto-
grafinnen, die sich auf dem Gebiet des Porträtbildnis
längst eine eigenständige künstlerische Position geschaffen hatten.[7]

Tatjana Barbakoff

Tatjana Barbakoff (um 1926)
Foto: Nini und Carry Hess

Für alle ihre im Atelier nachgestellten Tanzstudien
ließen Nini und Carry Hess die Tänzer posieren, und sie
verblieben konstant beim rein statischen Stellungsbild.
Jedoch erreichten sie mit dieser fotografischen Interpretation des Tanzes weit mehr als die bloße Wiedergabe ihres auffällig kostümierten Modells in vermeintlich
lebloser Pose: Es gelang ihnen die Kombination aus
psychologischer Zeichnung der individuellen Tänzer-

Tatjana Barbakoff: Elegie (um 1932)
Foto: Hans Robertson

persönlichkeit sowie ein Festhalten des ausdrucksstärksten Höhepunkts.

In Tatjana Barbakoffs künstlerischem Konzept fanden sie das ideale Äquivalent für ihre fotografische Umsetzung des Tanzes. Nicht über das Fixieren des Ungezügelten, Hemmungslosen in der Dynamik der tänzerischen Aufführung definierten sie Bewegung im Raum, sondern in der ausgeprägten Konturierung des Körpers auf dem Zenit des Tanzes im Zusammenspiel mit dem Kostüm. Der Schwere und dem Monumentalen von Barbakoffs Tänzen, der Dramatik einzelner Gesten, den lang gehaltenen Stellungen, den dekorativen Momenten werden in den Bildkompositionen von Nini und Carry Hess Ausdruck verliehen. Ihre beiden bekannten Kopfstudien von Tatjana Barbakoff legen Zeugnis von der herausragenden Qualität ihrer Bildniskunst und der ausgeprägten Sensibilität für das Charakteristische ihres Modells ab.

Hans Robertson und die adäquate Wiedergabe russischer Tanzthemen

Der eigentlich für seine dynamischen Bewegungsstudien ausgewiesene Tanzfotograf Hans Robertson schuf in einigen seiner ausdrucksstärksten Aufnahmen von Tatjana Barbakoff ein kongeniales Abbild ihrer in zeitgenössischen Kritiken gerühmten Interpretation der »russischen Seele«. In seinen Studien der Choreografien *Elegie* und *Am Pranger* ist die Form gebende Nähe zu Skulpturen Ernst Barlachs unverkennbar, dem 1906 mit den Ergebnissen seiner Russlandreise der Durchbruch als bildender Künstler gelang. Die Reiseerlebnisse waren entscheidend für die zukünftige Ausprägung seines humanistischen Stils des expressiven Realismus, dessen volksnahe Formensprache sich ganz auf den Menschen konzentrierte. Anhand der Aufnahmen von Robertson wird augenfällig, dass der stilistische Ausdruck Barlachs nachgerade ideal mit der choreografischen Intention von Barbakoff übereinstimmte. Barbakoff ließ sich von Barlachs Werken inspirieren und versuchte, in ihren Tänzen die Posen von seinen Skulpturen nachzustellen und daraus ganze Bewegungsabläufe zu entwickeln. Seine Holzskulptur *Der Mann im Stock* regte sie an zu ihrer Choreografie *Am Pranger*: Nach tradiertem chinesischen Strafmaß gefesselt in einem Holzkragen, durchlebte sie hier einen zwischen Aufbegehren und Zusammenbruch schwankenden Leidensweg. Für die Figur in ihrem Tanz *Elegie* gestaltete sie das Schlussbild anhand der Plastiken *Russische Bettlerin II* und *Mutter Erde II*.[8] Als lebende Skulptur verkörperte Barbakoff die bekannten Arbeiten des expressionistischen Bildhauers, deren künstlerischen Formen- und Ideenkanon von der inneren Größe der menschlichen Gestalt und ihrer mythischen Dimension, vom Leiden des Menschen an der Zeit wiederum die Fotografien von Robertson transzendierten. In den Studiositzungen erarbeiteten sie fotografische Möglichkeiten einer adäquaten Wiedergabe der russischen Tanzthemen und orientierten sich dabei gemeinsam an Barlachs Ausbildungen plastischer Grundgesten und Körperphysiognomien, die der Bildhauer knapp und blockartig, teilweise massig und schwer, doch in wenigen Einzelformen in einem ruhigen und zugleich spannungsvollen Zusammenklang umsetzte.

Auffallend selten vermitteln die zeitgenössischen Fotografien von Tatjana Barbakoff Eindrücke von beinahe diametral entgegen gesetzten Facetten, die sich überraschenderweise ebenfalls in ihrem tänzerischen Werk finden. Vornehmlich ihre Verkörperungen russischer Volkslieder fanden, zeitgenössischen Kritikerstimmen folgend, den stürmischen Beifall des Saalpublikums, das offenbar vielmehr ihren spontanen und ungestümen Tänzen mit der »Fröhlichkeit der russischen Steppe« huldigte als den stillen Pantomimen und beseelten Andachtsstudien in prächtigen Kostümen, die gerade ihren Status als Künstlermuse begründeten. Des ungeachtet verlangten auch ihre populären Darbietungen, ihre unterhaltsamen Parodien und Grotesken fotografische Ausdrucksformen, so etwa Unschärfen, extreme Auf- und Untersichten und Bildausschnitte sowie perspektivische Verzerrungen. Unter Anwendung fototechnischer Neuerungen bannten einige wenige Aufnahmen von Hans Robertson diese signifikanten Momente des Flüchtigen, Rauschhaften und Ursprünglichen aus ihren Volkstänzen.

Sasha Stone und die Perspektiven des »Neuen Sehens«
Auch Robertsons Berliner Kollege Sasha Stone erschuf Bilder von der dynamischen Unberechenbarkeit in Tatjana Barbakoffs Tänzen. Er gilt als ein herausragender

Tatjana Barbakoff: Mongolischer Fahnentanz (um 1930)
Foto: Sasha Stone

Protagonist des »Neuen Sehens«, eine sich ab Mitte der 20er Jahre entwickelnde Bildsprache der Fotografie, die zum einen eine dokumentarische, sachliche Fotografieauffassung vertrat, aber auch künstlerische Ansätze aus dem Umfeld des Bauhauses oder des Surrealismus umfasste. Kennzeichnend für diese Bildsprache sind vor allem ungewöhnliche Einstellungen und Perspektiven, ungewohnte Sichten, Licht- und Schattenverläufe sowie extreme Schrägstellungen. In seinen Studien von Barbakoff folgte Stone der innovativen Bildsprache unter Anwendung angemessener elementarer Ausdrucksmittel und verknüpfte Momente festgehaltener, Energie geladener, spontaner Bewegungen mit der spezifisch fotokünstlerischen Inszenierung von Details ihrer Rollenkostüme.

Für seine Tanzstudie von Barbakoffs Interpretation einer mongolischen Fahnenträgerin wählte er eine für das »Neue Sehen« charakteristische Perspektive der diagonalen Aufsicht ohne Bildhorizont und fixierte damit eine für den Betrachter außergewöhnliche Ansicht des zentralen Schlussmoments der Choreografie. Es ist dies der dramatische Augenblick zwischen Leben und Tod, wenn die tödlich Getroffene in ihrer letzten Bewegung mit weit ausgebreiteten Armen und gegrätschen, entblößten Beinen innezuhalten scheint, bevor sie endlich erlöst rücklings auf die flammengleich gezackte Fahne sinkt.

Willy Maywalds Lichtinszenierung und die Vollendung des Ausdrucks

Während ihrer letzten Jahre in Berlin und der anschließenden Zeit in der Pariser Emigration rückte Tatjana Barbakoffs außergewöhnlich schönes Gesicht in das Zentrum des fotografischen Interesses. Auf der letzten Etappe ihrer künstlerischen Laufbahn wurde Barbakoff von dem arrivierten Mode- und Porträtfotograf Willy Maywald[9] begleitet, der ab 1934 mit einem eigenen Studio für Porträt, Reportage, Architektur und Mode in Paris ansässig war. Maywald kannte die Tänzerin vermutlich aus Berlin und traf sie jetzt in der Pariser Akademie von Raymond Duncan wieder, wo sie 1934 auftrat und danach weitere moderne Tanzabende mit bekannten Tanzkünstlerinnen wie Valeska Gert und

Tatjana Barbakoff mit Lilie (1934)
Foto: Willy Maywald

Barbakoffs Weggefährtin Julia Tardy-Marcus stattfan-
den.[10]

Das Wiedersehen mit der Tänzerin begründete eine
intensive Zusammenarbeit zwischen ihr und dem Fotografen, aus der zahlreiche Tanz- und Bewegungsstudien, Porträtaufnahmen und glamouröse Modeinsze-
nierungen erwuchsen. Maywald eröffnete mit seiner
zeittypischen Bildsprache aus der Welt der Werbe- und
Modefotografie exklusiver Hochglanzmagazine eine
neue ästhetische Perspektive auf ihre Tanzkunst und die
Gestaltungsmöglichkeiten ihres Erscheinungsbilds und
erweiterte damit gewissermaßen Yvas Interpretation
von Barbakoffs speziellem Potenzial. Die Berliner Foto-
grafin – eine der profiliertesten Vertreterinnen auf dem
Gebiet der deutschen Modefotografie bis zur Machtübernahme der Nationalsozialisten – hatte 1929 bemerkenswerte Porträts von hohem, eigenständigem
künstlerischem Rang gefertigt, die, teilweise mit stark
verzerrten Perspektiven operierend, ein eindringliches
Zeugnis von Barbakoffs faszinierender Ausstrahlung
und der zeitgenössischen Experimentalfotografie zugleich ablegen.[11]

Maywalds Atelieraufnahmen dagegen zeigen zentrale Posen von Barbakoffs wichtigsten Tanzschöpfungen
mit meisterlich eleganter Licht- und Linienführung und
erscheinen in diesem Entwurf einer Retrospektive auf
ihr Gesamtwerk wie eine Bild gewordene Hommage.
Obwohl ihr choreografisches Spektrum nachweislich
auch eine ganze Reihe lebhafter und bewegungsreicher
Tänze umfasste, fixierte Maywald wie seine zahlreichen
Kollegen zuvor vor allem die ausgeprägten und zwei-
felsohne fotogenen Aspekte des Geheimnisvollen, der
Unergründlichkeit ihrer Schönheit, der Harmonie und
der andachtsvollen Stille, indem er wiederholt Tatjana
Barbakoffs statuenhaften Habitus und die gleichmäßige

Tatjana Barbakoff

Fläche ihres Gesichts in den Mittelpunkt seiner Licht-inszenierungen setzte. Die stärksten Momente ihrer Kunst kristallisierten sich allem Anschein nach in den ruhigen Posen, gleichsam in einer Verinnerlichung der Lebendigkeit und der Intensität von Tanz, und reiften in der Symbiose mit ihrer Schönheit zur Vollendung des Ausdrucks.

Ähnlich den Filmstills und Glamourbildnissen des be-kannten Hollywoodporträtisten Clarence Sinclair Bull, der mit Rollenporträts von Greta Garbo als Mata Hari ihr Image als »die Göttliche« – unerreichbare und geheimnisvolle »Göttin des Films« – definierte, machten auch die letzten überlieferten Porträtaufnahmen von Willy Maywald Tatjana Barbakoff unsterblich: als eine absolute Ausnahmeerscheinung auf den Terrains der Tanzkunst und der weiblichen Schönheit.

Anmerkungen

[1] U.a. von Wilhelm Schmurr, Otto Pankok, Jupp Rübsam, Gert H. Woll-heim, Johann Baptist Hermann Hundt (Düsseldorf), Benno Elkan (Frankfurt/Main).

[2] Tatjana Barbakoff war von Ende Mai bis Anfang September 1940 in Gurs interniert.

[3] *Deutsche Zeitung* vom 17.10.1925.

[4] *8 Uhr Abendblatt* vom 24.10.1925.

[5] Dazu zählten u.a. die Inszenierungen von Stücken originär russischer oder asiatischer Autoren (Maxim Gorki, Sergei Tretjakow, Nikolai Gogol, Rabindranath Tagore, Shudraka), die Gastspiele berühmter Moskauer Bühnen (Kammertheater, Habima, Meyerhold-Theater), der Einfluss der russischen Avantgarde auf angewandte und bildende Kunst, zahlreiche Tanzgastspiele russischer, japanischer, indischer und javanischer Künstler, die Verbreitung des so genannten »Russen-films« (Sergei Eisenstein, Dsiga Wertow) und die Popularität exo-tischer Frauentypen auf der Bühne und im Film (z.B. Anna Mae Wong in *Shanghai Express*, Greta Garbo in der Titelrolle von *Mata Hari*).

[6] Frankfurt am Main entwickelte sich Anfang der 1920er Jahre zu

einem kulturellen Gegenpol Berlins. Die Regisseure Gustav Hartung und Richard Weichert prägten die Theateravantgarde in Form des so genannten »Frankfurter Expressionismus«. Das Frankfurter Neue Theater zählte mit seinen zahlreichen tanzkünstlerischen Gastspielen zwischen 1919 und 1925 zu den profiliertesten deutschen Bühnen.

[7] Vgl. Anja Hellhammer: »Potential der Provinz. Zum theaterfotografischen Werk von Nini & Carry Hess«. In: *Fotogeschichte*, 20. Jg., H. 75, März 2000, S. 45-58.

[8] Vgl. im Kontext Robertson/Barlach z.B. *Am Pranger: Der Mann im Stock*, 1918, Eichenholz, Kunsthalle Hamburg; *Elegie: Russische Bettlerin II*, 1907, Bronze, Ernst-Barlach-Museum Ratzeburg oder *Mutter Erde II*, 1920, Bronze, Ernst-Barlach-Haus Hamburg.

[9] Seine 1942 begonnene Porträtserie berühmter Persönlichkeiten aus der Welt des Theaters, der Literatur und der bildenden Kunst und seine Tätigkeit als Fotograf von Christian Dior ab 1946 manifestierten seine herausragende Position als international anerkannter Porträt- und Modefotograf. Vgl. Willy Maywald: *Die Splitter des Spiegels. Eine illustrierte Autobiographie.* München 1985.

[10] In Paris war es für die emigrierten Tänzerinnen und Tänzer schwierig, geeignete Auftrittsmöglichkeiten ausfindig zu machen. Barbakoff gelang dies im ersten Jahr ihrer Emigration mehrfach, zudem mit Beachtung der ansässigen Presse. Neben Auftritten in der Salle Adyar des Théâtre de la Place Denfert-Rochereau, in den Matinées du Vieux Colombier und in Les Archives Internationales de la Danse gab sie am 16. August 1934 noch ein Gastspiel im Teatro San Materno in Ascona.

[11] Vgl. Marion Beckers/Elisabeth Moortgat: *Yva. Photographien 1925-1938.* Hg. Das verborgene Museum e.V. Tübingen 2001.

Tatjana Barbakoff

Amelie Soyka

»Lauter zischende kleine Raketen«:
Valeska Gert
(1892-1978)

I Profession

»Von nun an wollte ich nur noch tanzen. Dieses Hin und Her zwischen Theater und Tanzabenden gefiel mir nicht mehr. Es war aber so, dass ich, wenn ich tanzte, Sehnsucht nach dem Spielen, und wenn ich spielte, Sehnsucht nach dem Tanzen hatte. Da erfand ich, um beides zusammen zu haben, schauspielerische Gestalten, die ich tanzte.«[1]

Ihre Entscheidung für das Tanzen beschreibt Valeska Gert rückblickend in ihrer ersten Autobiografie *Mein Weg.* Da hat sie mittlerweile schon die 20er Jahre hindurch Menschen in ganz Europa mit ihren Tanzprogrammen überrascht, begeistert, empört und berauscht. Zuvor, 1919, steht sie auch als Schauspielerin auf verschiedenen Theaterbühnen und hat drei vielseitig erprobte Jahre hinter sich.

Geboren 1892, ist Gertrud Valesca Samosch das Kind einer geradezu mustergültigen bürgerlichen Familie jüdischer Prägung in Berlin: Der Vater besitzt eine Blumen- und Schmuckfedernfabrik, die Mutter geht ihren Vorlieben wie Schneiderarbeiten oder Varietébesuchen nach. Für Haushalt und Betreuung von Gertrud und Bruder Hans gibt es Hauspersonal. Weil die Mutter das Tanzen liebt, kommt die Tochter schon siebenjährig in den Genuss von Tanzstunden. Als junge Frau sieht sie Anna Pawlowas Gastspiel in Berlin und tanzt an sechs Tagen in der Woche auf Bällen die Nacht durch.

Trotz aller Freiheiten, die das Elternhaus bietet, empfindet Valeska Gert auch die Beklemmung der Wilhelminischen Zeit, die sich ihr in der Dunkelheit der großen, überfrachteten Wohnung oder in der mehrschichtigen, eng geschnürten Kleidung der Frauen vermittelt. Die in dieser Staffage und Körperfeindlichkeit gefühlte Einsamkeit und ein früh entwickeltes Todesbewusstsein schüren in ihr das Verlangen, schnell, viel und alles ganz dicht zu erleben. Sie wird für Veränderungsprozesse empfänglich. Noch bevor Valeska Gert die Bühne betritt, lehnt sie sich gegen ihre Familie auf und irritiert das Passantenpublikum, indem sie – auffällig gekleidet, weiß gepudert, mit rot geschminkten Lippen – die Straßen Berlins entlang flaniert und die gestaltete Darstellung des Lasters übt.

Familiäre Gründe und der Erste Weltkrieg zwingen Valeska Gert, Geld zu verdienen. Doch weder als Bürokraft noch als Hilfskrankenschwester ist sie glücklich. Ihre Vorliebe für das Tanzen führt sie zu Arthur Kahane am Deutschen Theater. Sie tanzt vor, »und einige Minuten später fliegen schon krachend die Stühle um und donnernd der Tisch, denn sie ist wie eine Furie dazwischen, und sie tanzt und tanzt«.[2] Kahane empfiehlt ihr, eher Schauspielerin als Tänzerin zu werden, und schickt sie zu Maria Moissi zum Unterricht. Durch die Verkörperung verschiedener dramatischer Rollen befreit sich Gert von der Steifheit der Gründerzeit: Sie entdeckt das Lachen und ihre eigene Lebenskraft, dem fortdauernden Kriegsgeschehen zum Trotz. Bei einem Tanzabend mit Schülerinnen von Rita Sacchetto, bei dem auch Anita Berber dabei ist, gibt Valeska Gert 1916 ihr Debüt als Bühnentänzerin. Ihr *Tanz in orange* verursacht einen Skandal:

> Voll Übermut knallte ich wie eine Bombe aus der Kulisse. Und dieselben Bewegungen, die ich auf der Probe sanft und anmutig getanzt hatte, übertrieb ich jetzt wild. Mit Riesenschritten stürmte ich quer über

das Podium, die Arme schlenkerten wie ein großer Pendel, die Hände spreizten sich, das Gesicht verzerrte sich zu frechen Grimassen.

Dann tanzte ich süß. (...) Im nächsten Augenblick hatte das Publikum wieder eine Ohrfeige weg. Der Tanz war ein Funke im Pulverfass. Das Publikum explodierte, schrie, pfiff, jubelte. Ich zog, frech grinsend, ab.[3]

Schon bei diesem Auftritt entwickelt Gert wichtige Elemente ihres eigenen Ausdrucks: die Übertreibung der Bewegungen, die Abruptheit der Ausdruckswechsel, die Unvorsehbarkeit der Tanzerzählung. Sie trifft den Nerv der Zeit: »Und dadurch, dass ich unvermittelt süß nach frech, sanft nach hart setzte, gestaltete ich zum ersten Mal etwas für diese Zeit sehr Charakteristisches, die Unausgeglichenheit.«[4]

Ihrem einwöchigen Gastspiel in einem Berliner Kino im gleichen Jahr, wo sie zwischen zwei Filmvorführungen wieder den *Tanz in orange* zeigt, ist wohl die erste Kritik zu verdanken, erschienen in der Filmrubrik der *Vossischen Zeitung*: »Es ist in der Tat für den Laien nicht ganz leicht, aus den heftigen Bewegungen und Gesten den tieferen Sinn des Spiels zu erkennen. Vielen erschien die Darstellung als das Gegenteil weiblicher Anmut.«[5] Mit den Graziestunden ihrer Kindheit beim Ballettmeister des Königlichen Opernhauses hat Gerts Gebaren nichts mehr zu tun. Sie beginnt zu spüren, worauf es ihr ankommt: »[Für] mich war der Krach Lebenselement, ich wollte die Menschen in Bewegung bringen, je mehr sie brüllten, desto kühner wurde ich. Ich wollte über alle Grenzen hinaus, mein Gesicht verwandelte sich zu Masken, mein Rhythmus knallte, bis ich wie ein Motor stampfte.«[6]

Mit dieser Erfahrung legt Valeska Gert den Grundstein für ihre tänzerische Karriere. Dennoch geht sie für

Valeska Gert: Tanz in orange
Foto: Lise Lobe

die Spielzeit 1916/17 als jugendliche Charakterspielerin an die Münchner Kammerspiele. Die Enttäuschung über unbefriedigende Nebenrollen kann nur ihr erfolgreiches

Valeska Gert

Valeska Gert: Tanz in orange
Foto: Lise Lobe

Tanzgastspiel in der Bonbonnière ausgleichen. Fordern-
der gestaltet sich die Folgezeit in Berlin am Deutschen
Theater, wo Max Reinhardt in der Schlussphase des

Kriegs und in der Revolutions(spiel)zeit 1918/19 eine Experimentierbühne für zeitgenössisches Theater einrichtet.

Das Erlebnis der Revolution unmittelbar vor Ort rüttelt in Valeska Gert ihren eigenen Umgestaltungswillen wach. Später rekapituliert sie: »Für mich war der Anblick Feuer. Das ist die Revolution! Die alte Welt ist morsch, sie knackt in allen Fugen. Ich will helfen, sie kaputtzumachen. Ich glaube an das neue Leben! Ich will helfen, es aufzubauen.«[7] Beteiligt an skandalösen Inszenierungen wie Oskar Kokoschkas *Hiob* oder Ernst Tollers *Die Wandlung*, hat Gert Gelegenheit, ihre revolutionären Ambitionen auszuprobieren. Vor allem aber als Tänzerin findet sie ihren eigenen gesellschaftskritischen Ausdruck, der inhaltlich wie stilistisch wenig mit dem sich etablierenden Ausdruckstanz gemein hat.

II Programm

»Ich wollte nicht diese vagen Bewegungen tanzen, die nichts mit mir und meiner Zeit zu tun haben. Ich wollte Menschen darstellen und die vielen bunten Gesten und Bewegungen des täglichen Lebens.«[8]

Den Stoff, der Valeska Gert zum Tanzen inspiriert, bietet das Leben der pulsierenden Großstadt Berlin. An zeitgenössischen Themen orientiert, reichert sie ihre tänzerische Körpersprache mit Bewegungen des Alltags an – allerdings beschleunigt oder verlangsamt, verkrümmt oder gedehnt, übersteigert oder reduziert – oder: alles auf einmal, abrupt gebrochen, variiert, stark rhythmisiert, immer aber der Intensität und Unmittelbarkeit geschuldet. Sie tanzt nicht abstrakt, aber sie abstrahiert, inhaltlich wie gestisch, bis sie das Konzentrat eines Personentypus', einer Szene oder eines Gefühls geschaffen hat. Präsentiert werden diese »Nummern« im »Einminutentempo«[9], denn »nur Anlauf, tragischer oder komischer Höhepunkt, Entspannung [sind] wichtig, sonst nichts«.[10] Ihre Tanznummern heißen *Sport, Schritt* oder *Boxen, Zirkus* und *Varieté, Verkehr, Versammlung* oder *Kino, Amme* und *Girl, Demut, Trauer* oder *Tod.* Verdichtungen solcher Art entsprechen dem Zeitgeist der Weimarer Republik, der eine Vorliebe für Typologisierung hegt, und begegnen der geweckten Gier nach Visualisierung neuer Phänomene.[11] Den Vorzug gibt Valeska Gert jedoch anderen Gestalten: »Und weil ich den Bürger nicht liebte, tanzte ich die von ihm Verachteten, Dirnen, Kupplerinnen, Ausgeglitschte und Herabgekommene.«[12]

Den Tanz *Canaille* zeigt sie ihr Leben lang. »Herausfordernd wackle ich mit den Hüften, lüfte den schwarzen, sehr kurzen Rock, zeige weißes Schenkelfleisch über langen schwarzen Seidenstrümpfen und hochhackigen Schuhen. (...) Ich bin eine sensitive Hure, bewege mich sanft und wollüstig. (...) Ich sinke langsam in die Knie, öffne die Beine breit und versinke tief. In jähem Krampf, wie von der Tarantel gestochen, zucke ich in die Höhe. Ich schwinge auf und nieder. Dann entspannt sich der Körper, der Krampf löst sich, immer sanfter werden die Sprünge, immer weicher, die Abstände werden länger, die Erregung ebbt ab, noch eine letzte Zuckung, und ich bin wieder auf der Erde. Was hat man mir angetan? Man hat meinen Körper ausgenutzt, weil ich Geld haben muss. Miserable Welt!«[13]

Dieser Tanz ist eine Provokation, denn Valeska Gert überschreitet tänzerisch und moralisch die Grenzen des Schamgefühls. Sie zeigt die Frau als Berufstätige, die ihren Körper als Verdienstquelle begreift, und gleichzeitig die Frau als Objekt, das benutzt wird. Ihre Interpretation ist nicht kokettierend affirmativ, sondern eine sozialkritische Demonstration eines gesellschaftlichen Zustands und der Befindlichkeit des Menschen, der sich

Valeska Gert: Canaille (um 1925)
Foto: Suse Byk

prostituiert – unverschuldet und selbstbestimmt zugleich. Überdies tanzt Gert die Nummer nicht in einem Nachtclub, wo Begehren und die Käuflichkeit des Körpers erwünscht und geregelt sind, sondern auf der Bühne arrivierter Etablissements, als »Kunsttanz«, wo der weibliche, teils auch entblößte Körper entzücken darf, der damit verbundene Zwiespalt aber tabuisiert wird.

Die *Canaille* wühlt das Publikum auf und fordert die Kritiker zu Bekenntnissen heraus. Als Peter Panter schreibt Kurt Tucholsky 1921 in der *Weltbühne*:

> In den Lichtbogen schlurcht eine Schlampe in Schwarz, der rote Halsbesatz deckt den Kopf ab – einen verluderten, unfrisierten Kopf. Wer ist das? Was ist das für ein Gesicht? Die *Vorstadtdirne* von Toulouse-Lautrec ist eine Gräfin dagegen – gegen diese Nutte. Gleichgültig schieben sich die Schulterblätter hoch – gleichgültig schiebt sich das gemietete Stück Fleisch aus der Auslage durch die Straße. Und wird von einem Kerl ergriffen – und produziert das Frechste, was wohl je auf einer Bühne gemacht worden ist. (...) Wer sich je bei den ›berüchtigten berliner Nackttänzen‹ nach dem Laster gesehnt hat: hier ist es. Und noch nie habe ich so verstanden, wie Lust und Qual auf demselben Loch gepfiffen werden. Und dann haucht sie die letzte Lust aus, spuckt aus, ohne es zu tun – und versinkt. Diese *Canaille* ist eine wahrhaft geniale Leistung.

Dagegen befindet Fred Hildenbrandt, Valeska Gerts Biograf, »dass es nicht notwendig ist, das zu tanzen«. Aber seiner Schilderung mehrerer Versionen der *Canaille* ist es zu danken,[14] dass Gerts Aufführungspraxis transparent wird: Die Stimmungsvielfalt der Tänzerin durchdringt die im Grunde festgelegten Nummern jedes Mal mit einer anderen Nuance, und so wirken diese immer improvisiert.

Während viele vorrangig auf die inhaltliche Brisanz und die Schonungslosigkeit der Darbietung reagieren, reflektiert der Kritiker Oscar Bie auch den tänzerischen Stil: »Böse-Buben-Bewegungen, die aus einer jahrelangen Mischung von Schlauheit und Niedertracht stilisiert sind. Schauspielerin vollendeter Beherrschung. Tanz? Ein neu geschaffenes Mittelwesen aus Darstellung und

Rhythmus, blendender Blitz augenblicklicher Erraffung einer Gestalt, gemein zum Lachen, lächerlich zum Weinen.«[15]

Eine *Vorwärts*-Kritik von 1926 schließlich erfindet die Bezeichnung »Pornochoreographie«[16] – ein Höhepunkt der unzähligen Versuche, Gerts Tanzen begrifflich zu fassen. Da sie Schaffensvielfalt und Einzigartigkeit im zeitgenössischen Bühnengeschehen in einer Person vereint, vermag die Kritik keine eindeutige Einordnung von ihr vorzunehmen. Weil Gert mit ganzem Körpereinsatz einschließlich ihrer Mimik sehr ausdrucksstark tanzt, wird sie als expressionistisch wahrgenommen. Weil ihre Tänze niemals absehbar sind, werden sie dadaistisch genannt. Weil sie Gestalten »tanzspielt«[17], diese aber nicht sprechen lässt, wird ihr Tanz als Pantomime bezeichnet. Weil sie ihre Bewegungen verzerrt, ihren Körper verrenkt, weil ihre Posen krass sind und ihr Gesicht Grimassen schneidet, wird sie grotesk genannt. (Der Schriftsteller Karl Wolfskehl allerdings hält »groskett« für angebrachter.[18])

Dass sie sich selbst keinem der vielen »-ismen« verschreibt, eröffnet anderen die Möglichkeit, ihre Kunst im eigenen, teils programmatischen Interesse auszulegen: Der russische Theaterregisseur Wsewolod E. Meyerhold sieht in Gert eine biogenetische Tänzerin, Bertolt Brecht erlebt sie als Vollstreckerin seines epischen Theaters, Yvan Goll verteidigt ihren Tanz als surrealistisch – und gerät aus diesem Grund während ihrer Vorstellung in Paris 1924 in eine Prügelei mit André Breton.[19]

Wenn Gert sich selbst zur Schöpferin der modernen Tanzsatire ernennt, dann wegen Nummern wie *Ballett*, *Charleston* oder *Tango*, in denen sie jene titelstiftenden Tänze tänzerisch ironisiert. Andere wählen den Begriff Tanzsatire oder Tanzkarikatur als Beschreibung ihres gesamten Tanzschaffens, denn gleich, was sie darstellt, immer wohnt dem übertriebenen Ausdruck eine Form des pointierten Charakterisierens, des Kommentierens, des Entlarvens inne. Man versteht sie als »satirische Historiografin«[20], als »Gleichnis des Trubels«[21] oder als »Extrakt und Kritik alles Gegenwärtigen«[22]. »Aber hundertprozentig ist sie Salpetersäure für die bürgerliche Ideologie.«[23] – Einschätzungen, die genau Gerts Anliegen widerspiegeln: erstens mit ihren zeitthematischen Tänzen die Gesellschaft kritisch zu hinterfragen und zweitens durch ihren Tanzstil den künstlerischen Ausdruck zu erweitern.

III Polarisierung

»Ich habe meine Balance gefunden. Ich fühle mich so stark, dass ich mir keinen Maulkorb mehr umlegen muss. Ich gehe unbesorgt meinen Weg, der abwechselnd oben und unten liegt. Und ich fürchte auch nichts mehr, auch nicht die Liebe, den Tod und die Einsamkeit. Ich will noch sehr viel leben und arbeiten und genießen.«[24]

Zum Zeitpunkt dieses Resümees 1930 ist Valeska Gert mit ihrem Tanzprogramm durch ganz Deutschland und Europa gereist; sie ist unter anderem in Darmstadt und Danzig, in Amsterdam und Zürich, in Paris und Budapest, in Prag und Oslo, sogar in Leningrad und Moskau aufgetreten. Ihre Positionen zum zeitgenössischen Tanz- und Theatergeschehen hat sie in programmatischen Texten veröffentlicht. Vor allem in dem Artikel *Mary Wigman und Valeska Gert* polemisiert sie vehement gegen den Ausdruckstanz und sein bürgerliches Publikum und stellt sich selbst dagegen als Vorreiterin des zeitgemäßen modernen Tanzes dar. Sie ist mehrmals im Kabarett aufgetreten – in Berlin in der *Laterna Magica* oder in München bei Brechts Programm *Die Rote Zibebe*. Überdies hat sie in etlichen Filmen mitgewirkt, u.a. in *Die freudlose Gasse* (1925) und *Die Dreigroschen-oper* (1930), beide unter der Regie von Georg Pabst.

Aber die empfundene Reife und Sicherheit kollidieren mit der sich wandelnden politischen Situation, die Gert zunehmend beeinträchtigt. Schon vor dem Machtwechsel diffamiert, trifft sie 1933 ohne Aufschub das Auftrittsverbot: Die antibürgerliche jüdische Grotesktänzerin wird gerade aufgrund dieser drei Merkmale von den Nationalsozialisten als »entartete« Künstlerin gebrandmarkt.

Dieser tief greifende Einschnitt wirkt sich umfassend auf Gerts Leben aus. Unfähig, Berlin – Hauptwirkungsstätte und Lebensraum – zu verlassen, reist sie in den kommenden Jahren, von einer unproduktiven Unruhe ergriffen, mehrfach für Auftritte nach Paris, London, New York. Zum Schutz ihres Manns wird die Ehe gelöst, zum Schutz ihres Liebhabers gemeinsame Treffen vermieden. Zu ihrem eigenen Schutz heiratet sie 1936 einen britischen Verehrer und Förderer ihrer Kunst, so dass sie sich mit einem britischen Pass weiterhin in Berlin aufhalten kann.[25] Erst 1938 emigriert die Berlinerin endgültig und eröffnet, nach weiteren drei Jahren des Improvisierens, einen kuriosen und viel besuchten Nachtclub in New York. Mit der *Beggar Bar* stellt sie erneut ihren Erfindungsreichtum und ihre Zähigkeit unter Beweis; so bleibt sie sich selbst treu.

Als Valeska Gert 1949 endlich wieder in ihr geliebtes Berlin einreisen kann, ist sie 57 Jahre alt.

IV Prognose

»Mit Fünfzig will ich Regisseur werden, mit Sechzig Kritiker und mit Siebzig Ratgeber für unglückliche und verwirrte Menschen. Das Leben ist herrlich!«[26]

Zwar lässt sich diese Wunschplanung von 1930 nicht verwirklichen, doch Valeska Gerts Kreativität, Kampfbereitschaft und Unangepasstheit ändern sich zu keinem Zeitpunkt ihres Lebens. Obwohl sie mit ihren bissigen Balladen und der kabarettistischen Aufarbeitung des besiegten Regimes in Deutschland zunächst wenig Gehör und Zuspruch erhält, findet sie nach und nach wieder ein Publikum. Ihr dringender Wunsch ist es, ihre Ideen und Erfahrungen der nachrückenden Künstlergeneration weiterzugeben, den Prozess der künstlerischen Moderne weiter voranzutreiben. Da sie jedoch gegen Institutionalisierungen aller Art ist, gründet sie statt einer Schule verschiedene, teils kurzlebige Kabarett-Clubs. Im Kampener *Ziegenstall* auf Sylt (1951-1977) agiert sie in der Sommersaison nur noch als Veranstalterin und räumt kellnernden Nachwuchskünstlern Auftrittsmöglichkeiten ein – eine Vorgehensweise, die sie schon in der *Beggar Bar* verfolgt hat und die »junge Wilde« wie Tennessee Williams dort und Klaus Kinski hier auf den Plan ruft.

Wahrgenommen und in zeitgenössische künstlerische (Film-) Projekte integriert wird sie auch von anderen Erneuerern, wie beispielsweise von Federico Fellini oder verschiedenen deutschen Nachkriegsfilmemachern.[27] Volker Schlöndorff huldigt ihr in seiner Grabrede anlässlich ihres Todes im März 1978: »Von allen ›Alten‹ war sie diejenige, die uns am nächsten stand, wir hatten nie Verständigungsschwierigkeiten mit ihr. Ihre Auffassung von Kunst, Sprache, Ausdruck und dem existentiellen Einbringen der ganzen Persönlichkeit deckte sich völlig mit derjenigen unserer Generation. Deshalb war sie auch nie alt und bis zuletzt immer von jungen Leuten umgeben.«

Manche ihrer früheren Kritiker meinten, sie sei gar keine Tänzerin, andere, sie sei nicht mehr als »eine geistreiche Brettlnummer«[28], für dritte ist sie die einzig wahre moderne Tänzerin. Mit 80 Jahren veröffentlicht

Valeska Gert ihre letzte Autobiografie. Doch schon in der vorangegangenen hat sie ihr Erbe umrissen: »Ich erfand eine ganze Ballung, von der eine Strahlung die moderne Tanzpantomime war, eine andere Strahlung der abstrakte Tanz, andere Strahlungen waren satirische Tänze, Tontänze, expressionistische Tänze. Ich explodierte ein Bündel Anregungen in die Welt, aus jeder Strahlung machten Tänzer ein ganzes Programm, für mich waren es lauter zischende kleine Raketen, sie rasten um die Welt.«[29]

Anmerkungen

[1] Valeska Gert: *Mein Weg*. Leipzig 1931, S. 39.

[2] Fred Hildenbrandt: *Die Tänzerin Valeska Gert*. Stuttgart 1928, S. 21.

[3] Valeska Gert: Ich bin eine Hexe. Kaleidoskop meines Lebens. Reinbek bei Hamburg 1968, S. 32.

[4] Ebd., S. 32.

[5] *Vossische Zeitung*, 28.02.1916; zitiert nach Frank-Manuel Peter: *Valeska Gert. Tänzerin, Schauspielerin, Kabarettistin. Eine dokumentarische Biographie*. Berlin 1987, S. 32.

[6] Gert (1968), S. 32.

[7] Ebd., S. 38.

[8] Valeska Gert: *Die Bettlerbar von New York*. Berlin 1950, S. 82.

[9] Valeska Gert: »Mary Wigman und Valeska Gert«. In: *Der Querschnitt*, 6. Jg., H. 5, 1926; abgedruckt in *tanzdrama*, Nr. 19, 1992, S. 23.

[10] Gert (1968), S. 39.

[11] Vgl. dazu Claudia Schmölders/ Sander Gilman (Hg.): *Gesichter der Weimarer Republik. Eine physiognomische Kulturgeschichte*. Köln 2000.

[12] Gert (1931), S. 39.

[13] Gert (1968), S. 39f.

[14] Hildenbrandt (1928), S. 124-128.

[15] Oskar Bie, zitiert nach Pressespiegel *Valeska Gert tanzt, singt, spricht*, o.J., o.S., nachgewiesen in der Sammlung Valeska Gert der Theaterwissenschaftlichen Sammlung, Universität zu Köln.

[16] Zitiert nach Peter (1987), S. 39.

[17] Rudolf Frank: *Das moderne Theater*. Berlin 1927, S. 74.

[18] Gert (1968), S. 35.

[19] Gert (1968), S. 51. Auch Claire Goll berichtet in ihren Lebenserinnerungen von diesem skandalösen Tanzabend; Claire Goll: *Ich ver-*

zeihe keinem. Eine literarische Chronique scandaleuse unserer Zeit.
München 1995, S. 92f.

[20] Kasimir Edschmidt, *Wochenschau Essen,* zitiert nach Pressespiegel *Valeska Gert tanzt, singt, spricht,* o.J., o.S., nachgewiesen in der Sammlung Valeska Gert der Theaterwissenschaftlichen Sammlung, Universität zu Köln.

[21] Hildenbrandt (1928), S. 138.

[22] Frank (1927), S. 73.

[23] Sergei Eisenstein: »Im Weltmaßstab über Valeska Gert«; zitiert nach Peter (1987), S. 121.

[24] Gert (1931), S. 55.

[25] Schon 1918 hat Valeska Gert den Arzt und Philosophen Helmuth von Krause geheiratet, der sie sein Leben lang treu unterstützt und begleitet, auch während ihrer offen gelebten Beziehung zu dem Schauspieler Aribert Wäscher ab Mitte der 20er Jahre. Ihr englischer Verehrer war der Schriftsteller und Schauspieler Robin Hay Anderson, den sie 1936 heiratet.

[26] Gert (1931), S. 55.

[27] In Federico Fellinis *Julia und die Geister* (1965) verkörpert Valeska Gert das Medium Bhishma; außerdem wirkt sie in Teil III der fünfteiligen Fernsehserie *Acht Stunden sind kein Tag* (Rainer Werner Fassbinder, 1972), in *Die Betörung der blauen Matrosen* (Tabea Blumenschein/Ulrike Oettinger, 1975) und in *Der Fangschuss* (Volker Schlöndorff, 1976) mit. Außerdem wird 1977 Volker Schlöndorffs Filmporträt *Nur zum Spaß, nur zum Spiel - Kaleidoskop Valeska Gert* uraufgeführt.

[28] Willi Wolfradt: »Tanz: II./4. Valeska Gert«. In: *Freie Deutsche Bühne*, 1. Jg., H. 16, 1919/20, S. 381.

[29] Gert (1968), S. 39.

Yvonne Hardt

Eine politische Dichterin des Tanzes:
Jo Mihaly
(1902-1989)

Zu Weihnachten 1915 notiert ein 13-jähriges Mädchen
in ihrem Tagebuch: »Wenn ich die Schule hinter mir
habe, will ich Tänzerin werden. Dann will ich einen
Tanz tanzen, der *Der tote Soldat* heißt. Vielleicht heißt
er auch anders, ich weiß noch nicht. Da will ich auf der
Bühne diese Stiefel tragen.«[1] Die Stiefel hatte der Onkel
aus dem Krieg mitgebracht, und das junge Mädchen
hatte ihn gefragt, ob sie diese behalten dürfe. Der Onkel
hatte natürlich Erstaunen bekundet über die Antwort
seiner Nichte auf die Frage, was sie denn damit wolle,
und gab zu bedenken, dass Tanz doch nicht in schweren Stiefeln, sondern in Spitzenschuhen getanzt wird
und obendrein nicht solche Themen darstelle. Und doch
genau das wird die junge Frau unter ihrem Künstlernamen Jo Mihaly 15 Jahre später auf der Bühne umsetzen.
In diesen frühen Worten, die fast wie eine Anekdote
klingen, deuten sich bereits in markanter Weise jene
drei Dinge an, die Mihalys Leben in zentraler Weise prägen werden: Das ist zum einen eine Tanzform, die nichts
mit dem Ballett zu tun hat, modern ist, thematisch
dazu – der Ausdruckstanz, zum anderen ihre kritische
Auseinandersetzung mit dem Krieg und überdies die
Lust und das Talent zum Schreiben. Jo Mihaly transfor-
mierte ihre Erfahrung, tänzerisch oder sprachlich, in
kleine Geschichten; sie war eine Dichterin mit ihrem
Körper und ihrer Sprache.

Mihaly wird am 25. April 1902 als Elfriede Alice Kuhr in Schneidemühl in Posen geboren, einem Ort, der im Ersten Weltkrieg einen wichtigen Eisenbahnknotenpunkt auf dem Weg zur Ostfront darstellt. Während das junge Mädchen der Großmutter bei der Versorgung der verwundeten und halb verhungerten Soldaten hilft, erlebt sie die Schrecken des Kriegs aus nächster Nähe. Das hat einen prägenden Einfluss und macht Mihaly zeitlebens zu einer überzeugten Pazifistin. Nach dem Krieg bricht sie mit ihrem bürgerlichen Umfeld, zieht mit der Klampfe als Vagabundin durch die Lande und geht nach Berlin, um Gesangsunterricht zu nehmen und bei der Wigman-Schülerin Berthe Trümpy den modernen Tanz zu lernen.

Auch wenn sie ab und zu im Varieté und bei Ballettabenden auftritt, gehört Mihaly bald zu jenem Kreis junger Tänzerinnen in der Weimarer Republik, die mit einem neuen Bewegungsstil die Grenzen des klassischen Tanzes sprengen, barfuß tanzen und ihre eigenen körperlichen Bewegungsformen suchen. Aber Mihaly ist auch eine politische Tänzerin. Anders als viele ihrer Zeitgenossen glaubt sie, dass Tanz nicht frei von gesellschaftlichen Bezügen ist. Und bereits ihre frühen Soli, die sie im kleinen Dreistädtetheater in Beuthen zeigt, wo sie mit Lisa Ney und Lou Eggers als moderne Tänzerin engagiert ist, zeugen von dieser politischen Dimension. Eines der markantesten Bilder aus dieser Zeit zeigt sie in ihrem Tanz *Arbeiter* von 1926. Sie ist in einer kämpferischen Pose zu sehen: Die Beine gebeugt und weit auseinander gestemmt, steht sie in einer stabilen Position, den Kopf nach rechts gedreht, die Arme spannungsvoll von sich gestreckt und die Hände zu Fäusten geballt. Die Zeitgenossen wussten: Die symbolisch aufgeladene Geste konnte als Ausdruck des Arbeiterkampfs interpretiert werden.

Dass sich eine Frau eines solchen Themas auf der Bühne annimmt, ist durchaus ungewöhnlich. Die Presse dokumentiert diesen Umstand und verweist immer wieder auf die herbe, männliche Bewegungsform von Mihaly. Das kraftvolle Schreiten, die kämpferischen und spannungsgeladenen Posen widersprechen dem gängigen zeitgenössischen Bewegungsvokabular der Frau und vor allem dem Klischee der grazilen Tänzerin. Durch den körperlichen Vollzug stellt Mihaly nicht nur den kraftvollen Arbeiter dar, sondern sie wird selbst zu einem kämpfenden, universellen Subjekt und Bedeutungsträger. Das ist gerade auch im Kontext der Arbeiterbewegung und der politischen Linken bahnbrechend, für die sich Mihaly frühzeitig engagiert.[2] In ihrer Darstellung des Arbeiters bleibt sie kein Opfer, sondern sie sieht den Arbeiter, wie auch sich selbst, als aktiven Kämpfer. Mihaly durchbricht damit die gängige Vorstellung, die den kämpfenden Arbeiter meist als männlich begreift.

Doch Mihaly nutzt ihr Bewegungstalent nicht nur dazu, männliche Protagonisten zu verkörpern und die pathetischen Kampfgesten der Arbeiterschaft aufzunehmen, um sich politisch zu identifizieren. Vielmehr ist sie eine Tänzerin, die eine ganze Bandbreite von Leiden, Hoffnung, Angst und Kampf ihrer Mitmenschen in ihren kleinen pantomimischen Tänzen auf die Bühne bringt. Wenn der bekannte Tanzkritiker Fritz Böhme schreibt, dass sie »Menschenschicksale in Bewegungsgestalt« schildert, so fasst dies auch den Kern manch anderer Kritik zusammen, die Mihaly für ihre Tanzabende in Berlin erhält, wo sie sich 1927 wieder niederlässt.

Hier entdecken die Kritiker die Dichterin, die Pantomimin, die ausdrucksstarke Tänzerin Jo Mihaly. Dabei ist sie auf kein spezifisches Genre festgelegt und tanzt

Jo Mihaly: Der Arbeiter (1926)
Foto: Atelier Stone

für die Berliner Volksbühne, wo sie in der Rolle der Füh-
rerin der Elfen in William Shakespeares *Sommernachtstraum* auffällt. Zwischen 1930 und 1932 ist Mihaly auf
dem Zenit ihres eigenen tänzerischen Schaffens angelangt. Die Titel ihrer kurzen Choreografien wie *Vision
eines Krieges*, *Verfolgung des Juden*, *Legende vom toten
Soldaten*, *Fische fürs Volk*, *Mütter*, *Blume im Hinterhof*

und *Der Herr, der einen Acker bekam*, die alle in diesem Zeitraum entstehen, verdeutlichen, dass Mihaly einen politischen, zeitkritischen sowie inhaltlichen Stil bevorzugt. In der Zeit der Weltwirtschaftskrise und zunehmender politischer Radikalisierung der Weimarer Republik kreiert Mihaly Tänze, die sich mit den sozial Schwachen, mit Tyrannei, mit Mutterschaft, Verlust und Krieg auseinander setzen. Dass sie sowohl von der linken Presse als auch von Bürgerlichen, besonders von Fritz Böhme und Joseph Lewitan gepriesen wird, ist möglich, weil sie den Tanz nicht durch Agitation politisiert, sondern weil es ihr auf tänzerisch-bewegungs-ästhetische Weise gelingt, den Ausdruckstanz in eine stärker erzählende, pantomimische Richtung weiter zu entwickeln.

Dabei zeichnet sich Mihalys Tanzstil sowohl durch Sachlichkeit und Dichte als auch durch Interpretierbarkeit aus. Nicht alle beurteilen das so euphorisch wie Albin Zollinger in seiner Kritik: »Ich habe etwas so Dichterisches von Tanz bis dahin noch nie gesehen. Dichterisch auch im Sinne von dicht: die Tänze dauern alle vielleicht eine Minute oder zwei; aber das Motiv ist so genial und der Ausdruck so strahlend, dass etwas darüber hinaus nicht zu sagen bleibt.«

Diese Tänze zu vergegenwärtigen ist nicht leicht, denn sie haben nur Spuren hinterlassen. Diese Spuren sind weniger als der Tanz selbst und gleichzeitig auch mehr, erzählen sie doch etwas über die Weise der Wahrnehmung und die Techniken der Dokumentation. Da ist beispielsweise das Bild der Kritiker, in denen Mihaly wie ein Wunder wirkt. Allerdings berichten sie wenig über das Bühnengeschehen. »Da macht sie mit den Händen so und so« ist der gescheiterte Versuch dessen, was selten unternommen wird: die Beschreibung der Bewegungen selbst. Vielmehr geht es ihnen um den Ausdruck und die Person Mihaly, aber mehr noch um die Geschichte, die erzählt wird.

Tänze wie *Blume im Hinterhof* regen die Fantasie der Kritiker an, die plötzlich von ihren eigenen Erlebnissen in großer Ausführlichkeit erzählen:

Im leise anschwellenden Rhythmus der Musik lösen sich schmale Glieder. Mühsam, vorsichtig tastend, blühen sie auf. Süchtig-Sehnsüchtig sucht die kleine, blasse Blume nach einem Sonnenstrahl. Ganz dünn und weiß, armselig steht sie da. Ganz still und schüchtern die Bewegung (...) Die Bühne, der faltige Vorhang verschwinden, Häuser, hohe Mauern wachsen empor. Ein enger, dunkler Hof. Da steht die kleine Anna aus der Kellerwohnung. Wie oft bin ich an ihr vorbeigelaufen, eilig. Das alte Gesicht mit dem viel zu großen Kopf über dem dünn schwankenden Stengel des Halses (...) Eines Tages warst du nicht mehr unter dem Torbogen des Hofes (der doch wieder nur in einen anderen, ebenso dunklen Hof hineinführte). Dein Platz war leer, kleine Anna.[3]

Die Zeitgenossen kennen die dunklen Hinterhöfe, die schlechten Wohn- und Arbeitsbedingungen der Arbeiter nur zu gut. Sie ergänzen das Bewegungsbild in ihrer Wahrnehmung, werden selbst zu kleinen Dichtern, wenn sie das Geschehen beschreiben. Mihaly weckt Sympathie und Zuneigung, obwohl ihre Bewegungen und das Bühnengeschehen absolut reduziert sind. Was Mihaly inszeniert, ist eine Art »armes Theater«, dessen Reduktionismus sowohl Ausdruck einer klaren ästhetischen Modernität ist als auch eine Verdoppelung der Lebensumstände der armen Menschen bedeutet.

Ihre eigenen Aufzeichnungen zu *Blume im Hinterhof,* die sich heute mit dem Rest ihres Nachlasses im Deutschen Tanzarchiv Köln befinden, dokumentieren, dass die Kritiker thematisch genau das aufgriffen, was Mihaly mit ihren Bewegungen verkörpern wollte. Mihaly ordnet in ihren Notizen einzelnen Bewegungen eine symbolische Bedeutung zu und stellt klar, dass ihre Bewegungsabfolge entlang eines Inhalts strukturiert ist. Jede Bewegung hat ein kleines Thema, eine Geschichte zu erzählen. Mihaly überlässt ihre Bewegungen nicht dem Impuls oder einer inneren Stimmung wie zahlreiche andere moderne Tänzerinnen, sondern entwickelt einen Plot.

Trotz dieser Betonung auf eine erzählende Tanzdarbietung, die eher an das Handlungsballett als den durch Ekstase und Expressionismus geprägten modernen Tanz der Zeit erinnert, geht die Verbindung zu der modernen Ausdrucksform in ihren kleinen Choreografien nicht verloren, denn im Zentrum ihrer Arbeit steht die eigenständige Kommunikationsfähigkeit ihres Körpers. Grundlage ihrer Ausdrucks- und Aussagekraft sind ihre eigenen Körperbewegungen, die sie extra diesbezüglich schult. Ihre ausführlichen, handschriftlichen Trainingsaufzeichnungen halten die Nähe zwischen Ausdruckstanz (das Wort »Ausdruck« fällt sehr oft) und ihrer Tanzform fest, wie sie auch das mimische Element hervorheben. Im Vordergrund ihrer Körperschulung steht die Isolation der einzelnen Körperteile. Das Gesicht gewinnt dabei große Bedeutung. Sie lehnt den starren, nach innen gerichteten Ausdruck der Mimik ab, der für viele Protagonisten/innen des modernen Tanzes charakteristisch ist. Mihaly schult ihren Körper mit Übungen für die Augen, für den Mund, aber auch für die Arme und Hände.

Diese Konzentration auf die Hände und den Kopf lässt sich ebenfalls auf dem existierenden Film- und Fotomaterial entdecken. Mihalys Körper wirkt auf den

Filmaufnahmen zu *Blume im Hinterhof,* die den Tanz in voller Länge zeigen, fast unscheinbar, zerbrechlich. In einem weißen Kleid – ein Totenhemd – hockt da eine mädchenhafte Gestalt, die sich langsam aus einer kauernden Position nach oben aufrollt, immer den Fingern folgend. Die Kamera sieht nur diese Finger und die großen Augen, die – aus einer erhöhten Kameraperspektive gefilmt – den Eindruck verstärken, als schaue die Gestalt sehnsuchtsvoll nach oben. Nie wird der ganze Körper in diesen Aufnahmen sichtbar. Was zunächst wie eine mangelnde Aufnahmetechnik anmutet, ist jedoch eine gewollte Fokussierung. Es ist ein Tanz für die Kamera. Der Film kreiert die ästhetische Distanz, legt den Schwerpunkt auf die Hände und hebt das blasse Gesicht in seiner Schwarz-Weiß-Ästhetik hervor. Die Bewegungsmotive sind klar eingebunden in das mimetische Archiv der Zeit. Die Endposition des Tanzes mit einem ekstatisch offenen Mund, der einen stillen Schrei von sich zu geben scheint, erweckt Assoziationen zu Edvard Munchs expressionistischem Bild *Der Schrei* (1893).

Der Fokus und die Aussagekraft ihrer tänzerischen Inszenierung liegen also auf den einzelnen Körperteilen, die das Ekstatische des Tanzes mit Bild- und Zeichenhaftigkeit verbinden. Mit reiner Pantomime haben ihre Tänze wenig zu tun. Das wird besonders deutlich in ihrem Tanz *Mütter.*

Eine umfassende Fotoserie und Aufzeichnungen lassen das Geschehen nachvollziehbar werden: Mitten auf der Bühne steht Mihaly in einem dunklen, ärmlichen Kleid. Auffällig sind ihre großen Hände, die sie nach innen und außen dreht. Sie deutet an, dass sie ein Kind an der Hand führt. Einen Moment später rücken nur noch ihre ausgestreckten Arme ins Blickfeld. Jeglicher

Versuch, diesem imaginären Kind zu folgen, bleibt erfolglos, und über eine Diagonale kehrt die Tänzerin an ihren Ausgangspunkt zurück. Ihre Arme knicken von den Ellenbogen abwärts ein. Wie eine alternde Matrone setzt sie sich hin, zeigt ihre leeren Hände, dreht sie auswärts, überdreht sie mit aller Deutlichkeit.

Mihaly führt *Mütter* zum ersten Mal im Rahmen eines Tanzabends der *Arbeitsgemeinschaft Junger Tänzer* an der Berliner Volksbühne 1930 vor. Wie *Blume im Hinterhof* gehört diese kurze Choreografie zum Zyklus *Tänze unserer Zeit*, so dass die thematische und stilistische Ähnlichkeit der beiden Tänze nicht verwundert. Nicht nur die ärmliche Gestalt, eine Geschichte des Verlusts, sondern auch die Betonung der Hände weisen Übereinstimmungen auf und verdeutlichen das Charakteristische an Mihalys Arbeit, das sie vielseitig einsetzt: Auf der erwähnten Fotoserie zu *Mütter* wirken die Bewegungen einmal emotional-ekstatisch, ein andermal abstrakt und geometrisch und andere wiederum eher pantomimisch.

Auch wenn die Hände Alltagsbewegungen nachahmen, so sind sie mehr als Hände in jenen Bewegungen, denn sie werden mit übermäßiger Aufmerksamkeit zur sinnlichen Hauptattraktion der Choreografie. Kritiker, so wie jener vom *Berliner Tageblatt*, bemerken immer wieder diese Hände: »Wenn diese Gestalt – die für jedermann sogleich persönlich und überpersönlich Züge annimmt – eben noch mütterlich verzückt mit sorgenden *Händen*, und ganz in ihren *Händen* aufgehend und die von ihren *Händen* bestimmt und gezogen, den Weg des Kindes behütet, dann, erschreckt, enteilen fühlt, was unter diesen *Händen* war ... [Hervorhebungen der Autorin]«, dann wird klar, wie sehr Mihaly die Geschichte der Mutter mit den Händen erzählt. Die Hände stehen für das Mütterliche, den Schutz. Mihaly arbeitet sowohl mit

Jo Mihaly: Mütter

einem symbolischen Element als auch mit einem tänzerischen Stilmittel, das nicht in der Geschichte wurzelt,
nicht in dem Sinne pantomimisch ist, sondern ihrer
eigenen Ausdrucksform entspringt, der Art und Weise,

wie sie ihren eigenen Körper formiert und inszeniert. Die gestische Vergrößerung, die Betonungen von Kopf und Händen heben die tänzerischen und künstlerischen Qualitäten hervor und ermöglichen eine sinnliche Wahrnehmung von Mihalys Tänzen.

Das Vorbild für die künstlerische Stilisierung der Hände lässt sich in den Zeichnungen und Grafiken von Käthe Kollwitz finden. Kritiker, wie zum Beispiel Karl Gustav Grabe in der Zeitung *Der Jungdeutsche*, erwähnen die sozialkritische Künstlerin immer wieder in Bezug auf Mihaly: »Sie tanzt, in leidvolles Schwarz gehüllt, einen Tanz, den sie *Mütter* nennt. Gibt ein Bild von stärkster Anziehungskraft und Wahrhaftigkeit, ein Bild, dessen herbe, harte Konturen an die Meisterhand der großen Zeichnerin Käte Kollwitz gemahnen [sic]. Und doch innerhalb der aus der Härte tiefsten Menschenleides geborenen Form, welche Weichheit gleitender Arme und Hände!« Mihaly kreiert bewusst Bilder und Assoziationen, die an Kollwitz' Arbeiten erinnern, denn sie ist wie ihre Tänzerfreundin Dore Hoyer eine große Bewunderin der Künstlerin. Auch Fotos und Film lassen auf diese Verbindung schließen. In ähnlicher Weise springen vor allem die Hände aus den Zeichnungen von Käthe Kollwitz überdimensioniert hervor, bringen ihre Größe die harte Arbeit und Last des Lebens zum Ausdruck.

Dass sich Mihaly ikonografischer Vorbilder bediente, war nicht ungewöhnlich, sondern vielmehr ein prägendes Element in der Entwicklung des modernen Tanzes. So kreierte Isadora Duncan, die wegweisende Reformerin des modernen Bühnentanzes, ihre Tänze nach antiken Plastiken und Statuen. Ihr schwebte dabei ein idealisiertes, befreites Körperbild vor Augen. Diesem Bild des schönen, anmutigen Körpers verweigerte sich Mihaly allerdings durch die Aneignung von Bild- und Bewegungsmotiven einer Käthe Kollwitz. Dennoch bedingten sich diese beiden Darstellungsformen von Körpern gegenseitig, denn der ausgemergelte, entseelte Körper der Industriegesellschaft gab den Anlass für die Suche nach einem neuen, befreienden Körpererlebnis.

Neben der stilistischen Nähe zu Kollwitz fällt auch Mihalys thematische Interpretation von Mutterschaft ähnlich aus, insofern die Tragik sowie das schwere Los von Müttern hervorgehoben und Mutterschaft in einen größeren gesellschaftlichen Kontext platziert werden. Dass das Motiv der Mutter mit der Idee des überindividuellen Leids in Beziehung gesetzt wird, ist nicht ungewöhnlich für die Weimarer Republik. Auch in den Zeichnungen von Heinrich Zille, Otto Dix und Hannah Höch wird Mutterschaft mit Verlust, Armut und Tod in Verbindung gebracht. Mihaly nimmt sich mit der Darstellung von Mutterschaft zwar eines Themas an, das klassisch weiblich besetzt ist, doch agiert sie trotz der Zerbrechlichkeit nicht als leichte, schöne Tänzerin. Weder überhöht sie Mutterschaft noch markiert sie die Opferbereitschaft als zwangsläufig. Wie die bildenden Künstler/innen fordert sie in ihrem Tanz vielmehr ein Überdenken der gesellschaftlichen Dimensionen von Mutterschaft und Krieg: Es geht hier nicht nur um eine ›natürliche‹ Funktion der Frau, sondern das Private wird politisch begriffen.

Mihaly zeigt in Tänzen wie *Mütter* und *Blume im Hinterhof* Verletzbarkeit, den ›unschönen‹ Körper auf der Bühne. Sehnsucht und Verlust werden bei Mihaly nicht als schön oder edel dargestellt, vielmehr finden sie eine Entsprechung in der Qualität der Bewegung, die durch Distorsion, Spannung und Asymmetrie gekennzeichnet ist. Es ist dieser verletzliche, ›unschöne‹ Körper, der nach 1933 aus dem Tanz verschwindet.

Jo Mihaly   149

Mihalys tänzerische Karriere währte nicht lange, und sie musste Deutschland bereits 1933 verlassen, nachdem sie das Angebot eines nationalsozialistischen Funktionärs abgelehnt hatte, »Nationaltänzerin« zu werden. Zudem war sie als ›Rote‹ verschrien, denn sie hatte auch Tänze mit klarer Positionierung und tagespolitischer Schärfe präsentiert. In *Judith erschlägt den Holofernes* erkannten die Kritiker eindeutig die Erdolchung Hitlers. So folgte sie mit ihrer gerade geborenen Tochter Anja ihrem jüdischen Mann, dem Schauspieler und Regisseur Leonard Steckel, ins Schweizer Exil.

Für ihr linkspolitisches Engagement und ihre sozialkritischen Tanzstudien waren im nationalsozialistischen Deutschland kein Platz mehr. Als Tänzerin konnte sie nur sehr eingeschränkt in der Schweiz arbeiten. Kritiker wie Albin Zollinger bedauerten dies sehr: »In jeder anderen Zeit hätte ein solches Talent sich sieghaft Bahn gebrochen, aber heute stehen Henker am Tor unsrer Tempel, und ein begnadeter Mensch wie Jo Mihaly steht einstweilen als Blume im Hinterhof.« Doch Mihaly war eine Kämpferin, und sie engagierte sich für die Interessen der Exilierten, wurde kurze Zeit Mitglied der KPD und gründete die Agitpropgruppe *Neuer Chor*. Nach dem Zweiten Weltkrieg widmete sie sich verstärkt ihrer schriftstellerischen Tätigkeit. Für ihre Romane wurde sie mit mehreren literarischen Auszeichnungen geehrt, und für ihr politisches Engagement erhielt sie drei Mal den Ehrenpreis der Stadt Zürich. Als sie 1989 starb, waren ihre Tänze längst in Vergessenheit geraten. Sie verschwand aus der Erinnerungskultur des modernen Tanzes, auch weil man lange Zeit die politischen Dimensionen des Tanzes ausblendete.

Jo Mihaly

Anmerkungen

[1] Das Tagebuch publizierte Jo Mihaly unter dem Titel *... da gibt's ein Wiedersehn! Kriegstagebuch eines Mädchens 1914-1918*. Freiburg 1982. Der zitierte Abschnitt stammt von S. 201.

[2] Sie tut dies nicht nur auf der Bühne, sondern auch als Mitglied in Organisationen wie der *Roten Gewerkschafts-Opposition*, der *Internationalen Arbeiter Hilfe* und des *Freidenkerbundes*. Erst nach ihrer Emigration wird sie Mitglied der KPD.

[3] *Volksfreiheit*, Zürich, 22.12.1935.

Britta Jürgs

Charleston, Chansons und Clownerien:
Josephine Baker
(1906–1975)

Ob sie eine gute Tänzerin war, ist umstritten. Doch ihr
Name ist ein Markenzeichen. Josephine – Joséphine –
Baker und ihr Bananenröckchen stehen für die »wilden
20er Jahre« und für erotische Freizügigkeit, für Jazz,
Charleston und ein neues Lebensgefühl mit einer ge-
hörigen Portion Exotik. Die stilisierten Bananen des
Röckchens, das sie erstmals 1926 in der Revue *Folie du
jour* im Pariser Revuetheater Folies-Bergère trug und
mit denen sie später immer wieder in unterschiedlichs-
ten Varianten auftrat, hatten zuweilen mehr Ähnlichkeit
mit Tintenfischarmen als mit Südfrüchten und bekamen
irgendwann sogar Stacheln. Dennoch verfolgte das Bananenröckchen Josephine Baker ebenso ihr Leben lang
(und über dieses hinaus) wie die Künstlerin Meret
Oppenheim ihre in jungen Jahren kreierte Pelztasse. Zur
Festigung des Bildes von der Bananentänzerin Josephine Baker trug Baker jedoch im Gegensatz zu Oppenheim eifrig selbst bei. Sie verstand es, die Erwartungen
des Publikums zu erfüllen und aus den rassistischen
Stereotypen, die mit ihr als schwarzer bzw. dunkelhäu-
tiger Tänzerin assoziiert wurden, Kapital zu schlagen.
Ihre zur Schau gestellte Selbstdefinition als Tänzerin
mit dem Bananenröckchen und die von ihr verkörperten Posen als nacktes, wildes Tier spielten mit den Kli-
scheevorstellungen ihres zunächst vornehmlich weißen
Publikums, das eine schwarze Tänzerin – auch wenn
diese im amerikanischen Süden aufgewachsen war –

Josephine Baker

eher mit dem afrikanischen Urwald als mit einer mittelamerikanischen Stadt verbunden sah.

1906 in St. Louis/Missouri als uneheliche Tochter eines weißen Vaters und einer schwarzen Mutter geboren und in ärmlichen Verhältnissen aufgewachsen, heiratete Josephine McDonald 1921 in zweiter Ehe Willie Baker, mit dem sie zwar nur kurz zusammenlebte, dessen Namen sie jedoch ihr ganzes Leben beibehielt. Nach Entdeckung ihrer tänzerischen Begabung ging sie bald mit verschiedenen Ensembles in Amerika auf Tournee und trat schließlich 1922 als Chorusgirl in *Shuffle Along* auf, der ersten von Schwarzen komponierten Musical-Show. Dort soll sie vor allem durch ihre Grimassen aufgefallen und mit besonderem Applaus bedacht worden sein. Obwohl sie zuvor nie eine große Rolle innehatte, wurde sie 1924 von Caroline Dudley Reagan für die *Revue Nègre* engagiert, die 1925 in Paris aufgeführt werden sollte. Warum eine »Negerrevue«? Afrikanisches war in Mode; man legte sich Sammlungen afrikanischer Kunst zu. Aus der so genannten »primitiven« Kunst sollte Inspiration für eine erneuerte, »authentische« Kunst kommen.

Die amerikanische Gruppe begeisterte die Pariser Organisatoren zunächst keineswegs. Kleidung, Ausstattung und Tanzstil einer »Negerrevue« hatten sie sich anders vorgestellt. Also wurde als Choreograf Jacques Charles vom Casino de Paris verpflichtet, der das Ganze nach Pariser Geschmack aufpeppte und die fehlenden Zutaten lieferte: mehr Exotismus, Sex, Wildheit und Dschungelatmosphäre.

Zur Werbung der Veranstaltung engagierte man den Maler Paul Colin, der das berühmte Plakat *La Revue Nègre au Music-hall des Champs-Elysées* malte: Es zeigt eine hüftenschwingende, stilisierte Baker mit kurzen

Haaren und in die Seite gestemmten Armen hinter zwei schwarzen Männern mit dicken Lippen und roten, zum Teil breit grinsenden Mündern. Das Plakat zeichnet sich durch eine wirkungsvolle Komposition aus, gibt aber bereits einen Vorgeschmack auf die rassistischen Stereotypen, die in der Revue vorgeführt wurden und die die Erwartungen des Publikums nach ›wilder‹, exotischer Unterhaltung zu treffen schienen.

Am 2. Oktober 1925 fand die Premiere im Théâtre des Champs-Elysées statt, das damit erfolgreich vor dem Ruin gerettet werden konnte. Die *Revue Nègre* wurde zum gesellschaftlichen Ereignis wie Jahre davor die Aufführungen der *Ballets Russes* – und spaltete das Publikum ebenso wie diese. Hatten diese die umstrittene Musik von Igor Strawinsky präsentiert, so kam mit der *Revue Nègre* die Jazzmusik mit einem von Claude Hopkins geleiteten Jazzensemble auf die europäische Bühne. Frankreich wurde vom Jazz infiziert und Baker verkörperte das Jazz Age in Europa, während das Jazzensemble kaum Beachtung erfuhr.

Die Revue bot den weißen Zuschauern die Versatzstücke und Klischees, die sie mit dem Leben der Schwarzen assoziierten, und startete folgerichtig mit einer Mississippidampfer-Szene, *Mississippi Steam Boat Race*. Maud de Forrest sang, Louis Douglas steppte, und schließlich kam Josephine Baker – seit der *Revue Nègre* mit einem Akzent auf dem »e« –, in einen karierten Arbeitsanzug mit unterschiedlich lang abgeschnittenen Beinen gekleidet, auf allen Vieren auf die Bühne, verrenkte rhythmisch ihren Körper, rollte die Augen und tanzte Charleston ...

Es folgte das *Louisiana Camp Meeting*, in dem sich zwei Frauen, Maud de Forrest und Josephine Baker, um einen – trotz deren Disputes unbeeindruckt weitersteppenden – Mann, Louis Douglas, stritten. Danach erschien die Kulisse des modernen Manhattan, wo ein Liebespaar zu einem Blues tanzte, den der als Erdnussverkäufer kostümierte berühmte Jazzmusiker Sidney Bechet auf der Klarinette spielte.

Den Höhepunkt der Revue bot jedoch die *Danse sauvage* – eine Urwaldszene, die ursprünglich nicht auf dem für die Revue vorgesehenen Programm gestanden hatte und für die Jacques Charles als Partner für Baker den Martinikaner Joe Alex aus dem Künstlerlokal *Le Grand Duc* geholt hatte. Die barbusige Baker, die ein Federröckchen sowie Federn im Haar, um die Fußgelenke und um den Hals trug, vollführte zusammen mit Joe Alex äußerst erotisch anmutende Bewegungen auf der Bühne. Einen solch ›wilden Tanz‹ mit eindeutig sexueller Konnotation hatte das Pariser Publikum noch nicht erlebt. Die Pariser High Society, Künstler und Intellektuelle waren begeistert. Die *Revue Nègre* wurde ein voller Erfolg, Baker zur »schwarzen Venus« gekürt. Alexander Calder schuf Drahtplastiken und Mobiles von Baker, Henri Laurens, Georges Rouault und Marie Laurencin malten sie.

So unerträglich die dargestellten Szenen der *Revue Nègre* und der folgenden Shows für den heutigen, ›politisch korrekten‹ und, zumindest an der Oberfläche, rassismusfreien Geschmack sind, bewirkten gerade sie eine Öffnung für afroamerikanische Interpreten/innen und ermöglichten deren Aufführungen in Europa für ein weißes Publikum.

Furore machte vor allem die Hautfarbe der Tänzerin und des gesamten Ensembles, aber auch der ›wilde‹ Tanzstil und die ›wilde‹ Musik. Der Charleston eroberte Mitte der 20er Jahre Europa und wurde zum erfolgreichsten amerikanischen Modetanz unter einer ganzen Reihe von Tänzen der Swing-Ära: Mit rudernden Arm-

Josephine Baker in La Folie du jour *(1926)*
Foto: Stanislaus Julian Waléry

und Beinbewegungen, nach innen und dann wieder
nach außen gedrehten Knien, mit O- und X-Beinen,
beweglichen Hüften, Schenkeln und Hintern, mit quasi
sich unabhängig voneinander bewegenden Körperteilen
wurde er in einem ungeheuer schnellen Tempo getanzt.

Josephine Baker

Josephine Baker in La Folie du jour *(1926)*
Foto: Stanislaus Julian Waléry

Die Eroberung der europäischen Tanzbühnen durch den
Charleston führte eine Umstellung auch der Kleidermo-
de mit sich. Beispielsweise boten knielange, mit Perlen
und Pailletten verzierte und im Tanzrhythmus mit-
schwingende Kleider den modernen Frauen der 20er

Josephine Baker 157

Jahre die zum Charleston-Tanzen erforderliche Bewegungsfreiheit. Für Josephine Baker kreierte der berühmte französische Couturier Paul Poiret zahlreiche Kleidungsstücke, darunter auch einen Morgenrock, den er *Un Rien* – »Ein Nichts« – nannte.

Bakers Auftritte waren durch den Charleston geprägt, beschränkten sich jedoch nicht auf diesen. Mit den herkömmlichen Vorstellungen von Tanz hatten ihre Auftritte wenig zu tun – und gerade das macht sie im Kontext der Tänzerinnen der Moderne interessant. Natürlich tanzte sie Charleston, doch sie übertrieb die Schritte und erweiterte dessen Bewegungskanon. Hüpfend, robbend oder Liegestützen machend, den Kopf gockelartig vor und zurückbewegend, mit breiten Beinen und herausgestrecktem Hintern hin und her laufend, kriechend, watschelnd, dann wieder in einen lockeren Joggingschritt fallend und Figuren zwischen Rock 'n' Roll und Schuhplattler ausübend, bewegte sich Baker auf der Bühne: weniger Tänzerin als vielmehr eine Komikerin und Akrobatin voller Energie und Improvisationstalent, die ihr körperliches Potential ausnutzte, um eine einzigartige Mischung aus erotischem Revuetanz einerseits und Grotesktanz voller Grimassen und Clownerien andererseits vorzuführen.

Eine ihrer Biografinnen, Phyllis Rose, sieht Bakers Schielaugen – neben dem Bananenröckchen ein zweites, zuweilen etwas ins Hintertreffen geratenes Markenzeichen Josephine Bakers – als »magische Geste der Selbstverteidigung in einer spezifisch erotischen Arena«.[1] Die Schielaugen scheinen die ironische Distanz Bakers zu den von ihr dargestellten Klischeebildern zu verkörpern und ein schalkhaftes Lachen über die eindimensionalen Vorstellungen ihrer Bewunderer aufblitzen zu lassen, aus deren Fundus sie sich selbst so gerne bediente. Sie sind – zusammen mit den anderen Clownerien – das subversive Element in Bakers Auftritten, das allerdings nach und nach von der Bildfläche verschwand, um Federn und prachtvollen Roben Platz zu machen.

Die *Revue Nègre* wurde zweimal verlängert und lief anschließend noch bis Ende Dezember 1925 in einem kleineren Theater auf den Champs-Elysées. Das Angebot in der Tasche, Star der neuen Revue in den Folies-Bergère zu werden, die im Frühjahr 1926 Premiere haben sollte, begab sich Baker mit der *Revue Nègre* auf Tournee und besuchte Brüssel und Berlin. Im Januar 1926 sorgte Josephine Baker mit ihrem Auftritt auch im Berliner Nelson-Theater am Kurfürstendamm 217 für Sensation.

Die »Negerrevue bei Nelson« beschrieb der Schriftsteller, Diplomat und Mäzen Harry Graf Kessler, einer der wichtigsten Chronisten seiner Zeit, als »Mischung aus Urwald und Wolkenkratzer«, wie deren Musik, der Jazz, der zugleich ultramodern und ultraprimitiv sei.[2] Graf Kessler verdanken wir auch eine ausführliche Beschreibung von Bakers Auftreten in der intimeren Atmosphäre einer privaten Soirée bei dem Schriftsteller und Drehbuchautor Karl Vollmoeller im Februar 1926:

Um eins, nachdem gerade meine Gäste gegangen waren, rief Max Reinhardt an, er sei bei Vollmoeller, sie bäten mich beide, ob ich nicht noch hinkommen könne? Miss Baker sei da, und nun sollten noch fabelhafte Dinge gemacht werden. Ich fuhr also zu Vollmoeller in seinen Harem am Pariser Platz und fand dort außer Reinhardt und Huldschinsky zwischen einem halben Dutzend nackter Mädchen auch Miss Baker, ebenfalls bis auf einen rosa Mullschurz völlig nackt, und die kleine Landshoff (eine Nichte von Sammy Fischer)[3] als Junge im Smoking. Die

Baker tanzte mit äußerster Groteskkunst und Stilreinheit, wie eine ägyptische oder archaische Figur, die Akrobatik treibt, ohne je aus ihrem Stil herauszufallen. So müssen die Tänzerinnen Salomos und Tut-ench-Amuns getanzt haben. Sie tut das stundenlang scheinbar ohne Ermüdung, immer neue Figuren erfindend wie im Spiel, wie ein glückliches Kind. Sie wird dabei nicht einmal warm, sondern behält eine frische, kühle, trockene Haut. Ein bezauberndes Wesen, aber fast ganz unerotisch. Man denkt bei ihr an Erotik ebensowenig wie bei einem schönen Raubtier. Die nackten Mädchen lagen oder tänzelten zwischen den vier oder fünf Herren im Smoking herum, und die kleine Landshoff, die wirklich wie ein bildschöner Junge aussieht, tanzte mit der Baker moderne Jazztänze zum Grammophon.[4]

Während Kessler gerade das Fehlen von Erotik bei Bakers Tanz betonte, kam er doch nicht ohne einen Vergleich aus der Tierwelt aus, wie sie für die Charakterisierung Bakers durch ihre Zeitgenossen typisch war. Ein ganzer Zoo könnte zusammengestellt werden aus den – mal positiv, mal negativ konnotierten – animalischen Zuschreibungen Bakers. Folgerichtig posierte Baker nicht nur in Raubtierposen, sondern trieb auch in diesem Fall das Klischee auf die Spitze, legte sich einen Privatzoo zu und spazierte mit ihrem Geparden, den sie Chiquita nannte, durch Paris.

Aussagekräftiger als die Vergleiche Bakers mit Raubtieren oder die Betonung ihres kindlich wirkenden Spiels ist Kesslers Hervorhebung Bakers als Tänzerin der Groteske, die dieser nach einer kurz darauf erfolgten Einladung in seinem eigenen Haus notierte:

Dann machte sie einige Bewegungen, stark und ausdrucksvoll grotesk, vor der großen Maillol-Figur.

Offenbar setzte sie sich mit dieser auseinander; sah sie lange an, machte ihre Stellung nach, lehnte sich in grotesken Stellungen an sie an, sprach mit ihr, sichtbar beunruhigt von der ungeheuren Starre und Wucht des Ausdrucks, tanzte um sie in grotesk grandiosen Bewegungen herum wie eine kindlich spielende, über sich selbst und ihre Göttin sich lustig machende Priesterin. Man sah: der Maillol war für sie viel interessanter und lebendiger als die Menschen, als Max Reinhardt, Vollmoeller, Harden, ich. Genie (denn sie ist ein Genie der Grotesk-Bewegung) sprach zu Genie. Dann brach sie plötzlich ab und tanzte ihre Negertänze und Karikaturen von allerlei Bewegungen.[5]

Nach Paris kehrte Baker als Star der Folies-Bergère in der Revue *La Folie du jour* zurück. Hier erlebte die in der *Revue Nègre* so erfolgreiche *Danse sauvage* ihre Wiederaufnahme, diesmal mit dem zur Legende gewordenen Bananenröckchen. Dazu kamen jedoch bereits zahlreiche Glamour-Nummern mit Strass und Straußenfedern.

Zur selben Zeit lernte Baker den angeblichen italienischen Grafen Pepito Abatino kennen, der ihr Manager und Geliebter wurde. Nicht zuletzt dank Abatinos geschickter Werbestrategie erreichte Josephine Bakers Popularität Ende 1926 ungeheure Ausmaße. Nicht nur Josephine-Baker-Puppen waren inzwischen käuflich zu erwerben, sondern auch Baker-Parfum, Baker-Kleider – und natürlich das obligatorische Bakerfix für die glänzend schwarzen, eng an die Kopfhaut geschmiegten Haare mit der kecken Locke auf der Stirn. Im Dezember 1926 eröffnete Baker ihren ersten Nachtclub *Chez Joséphine* in Paris, dem viele andere – unter anderem auch in Berlin – folgen sollten.

Natürlich durfte ein Auftritt im Film, diesem höchst modernen und werbewirksamen Medium, nicht fehlen: Nachdem bereits Anfang 1927 die gesamte *Folie du jour* auf Zelluloid gebannt und als kolorierter Stummfilm gezeigt worden war (einige Ausschnitte sind davon noch erhalten), spielte Baker im selben Jahr in dem Spielfilm *La Sirène des tropiques* ein indisches Mädchen, das als blinder Passagier nach Paris fährt, ertappt und schließlich in der französischen Hauptstadt Berühmtheit erlangt.

Auf ihrer Europatournee 1928/29 wurde Baker zwar immer noch gefeiert, doch hagelte es schon Proteste von nationalsozialistischer Seite in Wien und in München das erste Auftrittsverbot.

Etwas später schrieb Klaus Mann über Josephine Bakers Auftritt 1932 in Stockholm, sie behexe allabendlich ihre Schweden mit ihren »girrenden Schreien, ihrem unheimlichen Vogelkopf und dem barbarischen Raffinement ihrer Urwalds-Koketterie«, während sie den Deutschen, die in Rassedingen empfindlicher seien, zu schwarz sei.[6]

In den 30er Jahren widmete sich Baker vor allem der Gesangskarriere. In der Revue *Paris qui remue,* die in der Saison 1930/31 im Casino de Paris lief und als eine Art Begleitprogramm zur Kolonialausstellung konzipiert war, sang Baker *J'ai deux amours / Mon pays et Paris* – das Lied, das zu ihrer Erkennungsmelodie wurde und die Zerrissenheit der Amerikanerin zwischen ihrem Herkunftsland und Paris auszudrücken scheint. Ursprünglich stand dieses Lied in einem anderen Kontext und handelte von einer Afrikanerin, die sich in einen französischen Kolonisten verliebt. Ihre Stammesgenossen billigen nicht, dass sie mit diesem nach Paris gehen will, woraufhin sie in den Konflikt zwischen zwei Identitäten gerät. Nicht sehr weit entfernt ist ein anderes bekanntes Lied aus derselben Revue, *La Petite Tonkinoise*, in der Baker von der vietnamesischen Geliebten eines französischen Kolonialisten singt. Der inszenierten Südstaatenromantik folgten also fragwürdige Kolonialistensongs ...

In dem Kinofilm *Zou-Zou* von Marc Allégret aus dem Jahre 1934, in dem Jean Gabin Bakers Filmpartner ist, spielte Baker eine kleine Wäscherin, die Vögel aus Käfigen befreit und schließlich der Star der von der Schließung bedrohten *Folies de Paris* wird. Berühmt ist die Szene, in der Zou-Zou, mit einigen wenigen Federn bedeckt, in einem riesigen Vogelkäfig sitzt und singt: eine weitere Variante zum Thema Baker und die Tierwelt Die Filme *Princesse Tam-Tam* von Edmond Gréville und *Fausse Alerte* von Michel Duran folgten 1935 und 1940. Bakers Versuch, ihren in Europa erlebten Erfolg nach Amerika zu exportieren, scheiterte jedoch. War gerade ihre Hautfarbe in Europa Anreiz und Sensation gewesen, so verhinderte diese aufgrund der immer noch herrschenden Rassentrennung den Erfolg in den USA – ihr Auftritt bei den berühmten Ziegfield Follies wurde ein Debakel.

1937 erhielt Baker durch die Heirat mit dem jüdischen Industriellen Jean Lion die französische Staatsbürgerschaft. Während der Besetzung Frankreichs arbeitete sie für das französische Rote Kreuz und engagierte sich in der Résistance, wofür sie mit der »Croix de Guerre« und der »Médaille de la Résistance« ausgezeichnet wurde. Nach der Scheidung von Lion heiratete Baker 1947 den französischen Orchesterleiter Jo Bouillon und gründete mit ihm zusammen die »Regenbogenfamilie« im Château Les Milandes in der Dordogne: Sie adoptierte zwölf Kinder unterschiedlicher ethnischer Herkunft und Religion. Nachdem sie sich 1951 bei ihrer

Amerikatournee geweigert hatte, vor nach Rasse getrenntem Publikum aufzutreten (1963 nahm sie an der Großdemonstration für die Rechte der Afroamerikaner in Washington teil und sprach an der Seite von Martin Luther King), führte sie mit den »Regenbogenkindern« ihr ganz persönliches Symbol des toleranten Miteinanders vor. So schön die Idee von der Regenbogenfamilie auch war –, der Rückzug ins Château Les Milandes war schwer zu bewältigen und die Ehe mit Bouillon ging in die Brüche. Schließlich konnte Baker das Leben im Schloss auch mit neuen Auftritten nicht mehr finanzieren, so dass das Château Les Milandes 1969 zwangsversteigert werden musste.

Josephine Baker starb 1975 kurz nach der umjubelten Premiere der Show *Joséphine* in Paris, die die Stationen ihres Lebens in tänzerischer Form Revue passieren ließ, ähnlich wie dies ihr persönliches Wachsfigurenkabinett, das »Jorama«, tat. Es zeigte die mythen- und legendenreiche öffentliche Biografie[7], die zuvor bereits mehrere Memoiren Bakers vermittelt hatten.

Die ersten Memoiren waren von dem französischen Schriftsteller Marcel Sauvage 1927 – Baker war 21 Jahre alt – unter dem Titel *Les Mémoires de Joséphine Baker* veröffentlicht worden. Es sollten in den Jahrzehnten danach noch zahlreiche weitere folgen – die letzten, *Joséphine*, nach ihrem Tod 1976 von Jo Bouillon herausgegeben. Unter welchem Titel wohl die deutschsprachige Ausgabe dieses Buches erschien? Natürlich unter *Ausgerechnet Bananen!* – dem Schlagertitel des in Auschwitz ermordeten jüdischen Komponisten Fritz Löhner-Beda alias Friedrich Löwy.

Anmerkungen

[1] Phyllis Rose: *Josephine Baker oder Wie eine Frau die Welt erobert. Biographie.* Aus dem Engl. von Liselotte Julius. München 1994, S. 158.

[2] Harry Graf Kessler: Tagebucheintrag vom 17.02.1926. In: Ders.: *Tagebücher 1918–1937.* Hg. Wolfgang Pfeiffer-Belli. Frankfurt/Main 1996, S. 482.

[3] Bei der »kleinen Landshoff« handelt es sich um Rut Landshoff (bzw. Ruth Landshoff-Yorck), 1904–1966, die Nichte des Verlegers Samuel Fischer, die 1930 ihren Debütroman *Die Vielen und der Eine* veröffentlichen sollte. Ihre ebenfalls vor 1933 verfassten, aber in Deutschland zu ihren Lebzeiten nicht mehr veröffentlichten Bücher *Roman einer Tänzerin* (über Lena Amsel) sowie *Die Schatzsucher von Venedig* wurden 2002 und 2004 erstmals im AvivA Verlag aus dem Nachlass veröffentlicht.

[4] Harry Graf Kessler: Tagebucheintrag vom 13.02.1926. Kessler (1996), S. 479.

[5] Harry Graf Kessler: Tagebucheintrag vom 24.02.1926. Kessler (1996), S. 485.

[6] Klaus Mann: »Nördlicher Sommer«. Zitiert nach: Ders.: *Die neuen Eltern. Aufsätze, Reden, Kritiken 1924–1933.* Hg. v. Uwe Naumann u. Michael Töteberg. Reinbek bei Hamburg 1992, S. 417.

[7] Zur Problematik der »öffentlichen Biografie« Bakers siehe vor allem Dieter Kühn: *Josephine. Aus der öffentlichen Biografie der Josephine Baker.* Frankfurt/Main 1976.

Ursula Pellaton

Unmissverständlicher Bewegungsausdruck: Trudi Schoop (1903-1999)

»Es sind Fabeln, die ich dem Leben entnommen habe, die ich mit eigenen Augen gesehen habe, und zwar nicht als Erzählung, sondern nur als Ausdruck, als Deutung der menschlichen Gebärde. Was ich höre, vergesse ich, was ich sehe, bleibt mir dauernd haften. Es fällt mir schwer, zuzuhören, den Sinn der Worte zu verstehen, und zwar deshalb, weil ich dauernd abgelenkt werde durch die Gebärde, mit der man mir erzählt, durch die Mimik eines Gesichts, durch die Haltung eines Körpers, durch die Farbigkeit, mit der ein Mensch in Erscheinung tritt«, erklärte Trudi Schoop 1943 in einem Vortrag über ihren eigenen *Tanz auf der Bühne.*[1] Sie besaß auffallend strahlende, tiefblaue Augen und einen besonderen Blick. Sie betrachtete nichts aus der Distanz und beobachtete kaum je bewusst. Denn sie machte das Gesehene nicht zum Gegenüber, durchschaute, analysierte und objektivierte nie. Ihr Gesichtssinn war innerlich wie bei anderen Menschen der Geruch oder das Gehör und direkt wie der Tastsinn. Was sie sah, erlebte sie körperlich mit. Bewegungen und Gesten ergriffen sie intensiv und bewirkten bei ihr ein unmittelbares Begreifen und Verstehen. Dieses außergewöhnliche Schauen eröffnete ihr den Zugang zur Umwelt. Sie erkannte sofort, was die Menschen bewegte und umtrieb, und konnte es sich als unmissverständlichen Bewegungsausdruck aneignen. Aus ihrer Jugendzeit beschrieb sie, wie sie in Zürich auf der Straße Unbekannten folgte, ihre Gangart und Haltung nachahmte und dadurch ihre Befindlichkeit erfühlen wollte. Aus derartigen Erlebnissen und Erfahrungen entstanden ihre Soli und Gruppenstücke. Und auch in ihrer späteren Bewegungsarbeit mit Patienten sah sie jeden durch seinen Körper fassbar in Erscheinung treten. In ihren Augen war der Körper die greifbare Wirklichkeit, der sichtbare Ausdruck des gesamten Menschen. Der ganz eigene Blick war die Basis ihrer persönlichen Körpersprache, ihres einzigartigen Kunstschaffens und ihrer spezifischen Tanztherapie.

Rein durch Bewegungsausdruck konnte sie sofort aufnehmen, erkennen, umsetzen und weitergeben. Kommunikation durch Schauen und Sich-Bewegen war ihr besonderes Talent. Verwehrt war ihr, gewöhnlich zu lernen, sich mit sprachlich vermittelten Inhalten auseinanderzusetzen und sich Dinge außerhalb des eigenen Gesichtskreises anzueignen. So quälte sie sich durch die Schule, lernte mit 15 Jahren, als sie noch Schauspielerin werden wollte, Monologe auswendig, ohne den Sinn der Worte erfasst zu haben, und las nach den ersten praktischen Erfolgen mit ihrer Tanztherapie Bücher von Sigmund Freud und C. G. Jung, um bald zum Schluss zu kommen, dass ihr die Theorien nichts brachten. Sie empfand die Psychoanalyse als Umweg und wollte und konnte weder abstrahieren noch systematisieren.

Sie war in allem Autodidaktin – genauer gesagt: Sie lernte gar nicht, was sie tat und vollbrachte. Mit 16 Jahren entschloss sie sich, Tänzerin zu werden, ohne je eine Aufführung mit zeitgenössischem Tanz oder eine einzige Unterrichtsstunde besucht zu haben, trat drei Monate später 1920 erstmals im Zürcher Pfauentheater auf und tanzte hinreißend, unverwechselbar, einzigartig. Nach einer neunmonatigen Ausbildung in Ballett und bei einer Duncan-Schülerin gründete sie als 18-Jährige eine Schule, verging in der ersten Stunde fast vor Furcht, aber begeisterte ihre zahlreichen Schülerinnen und gab ihnen Wichtiges mit. Intuitiv heilte sie einen Schizophrenen von seinen zwanghaften Bewegungen. Und 1932 stellte sie für den Internationalen Choreografie-Wettbewerb in Paris mit Laien in kurzer Zeit ihr erstes Gruppenstück *Fridolin en route* zusammen, das den vierten Rang gewann und ein Welterfolg wurde. Auch ins Tanzen mit psychisch Kranken am Camarillo State Hospital in Kalifornien stürzte sie sich unvorbereitet und erreichte Großes. Nichts, was sie vollbrachte, war also erarbeitet oder erworben. Sie tat es oder ließ es geschehen, war aber nicht fähig, etwas weiterzugeben – sei es eine Tanzrolle auf andere zu übertragen, einen pädagogischen Ansatz auszuformulieren oder gar eine therapeuthische Methode zu institutionalisieren. Als Tänzerin und Choreografin von 1920 bis nach dem Zweiten Weltkrieg und als Pionierin der Tanztherapie ab 1957 war und blieb Trudi Schoop eine geniale Einzelgängerin.

Deshalb lässt sie sich schwer einordnen und ist heute trotz ihrer langen internationalen Karriere fast vergessen. Ihr Tanzen als selbstbestimmte Lebenspraxis und eigengesetzliches Kunstschaffen stimmte zwar mit der großen Aufbruchsbewegung der Moderne überein. Wie der Ausdruckstanz machte sie – intuitiv und ohne vorformuliertes Konzept – das Individuum zum Maßstab der Kunst und das persönliche Erleben zum Grund und Thema ihrer Soli. Sie konnte nicht anders, als sich als Zentrum der Welt und das eigene Subjekt als nicht zu hinterfragende Instanz ihres Schaffens zu erleben. Und innere Bewegtheit in äußere Bewegung umzusetzen, gelang ihr instinktiv von Natur aus hervorragend. Doch mit den propagandistischen Programmen und Kämpfen,

mit den Ideologien von Ganzheitlichkeit und Ein-
schwingen ins Kosmische, mit den großen Reformideen
und Heilserwartungen und dem Pathos des Existentiellen und Tragischen hatte sie nichts zu tun. Sie ging
ihren eigenen Weg und ließ sich auch nicht beirren, als
sie unter den Grotesktanz eingereiht und mit Valeska
Gert verglichen wurde. Sie selbst war und blieb ohne
Zorn und Schärfe, klagte nicht an, kritisierte keine
Gesellschaft. Sie hatte mehr Gemeinsames mit Charles
Chaplin und Grock, mit dem sie 1931 in Berlin auftrat,
und unter den Tanzschaffenden ähnelte sie im Clow-
nesk-Pantomimisch-Tänzerischen Lotte Goslar und in
ihrer Ursprünglichkeit und Unbedingtheit der so ganz
anders gearteten Niddy Impekoven. Wie diese beiden
ließ sie sich nicht von der nationalsozialistischen Kul-
turpolitik vereinnahmen und ergriff nie Partei gegen
das von den übrigen Tanzschaffenden der Moderne so
verteufelte Ballett.

Im Gegenteil! Trudi Schoop verklärte in ihrer Erinnerung die Tanzauftritte, die sie als Kind neben Opern
und Lustspielen im Stadttheater sehen durfte und die
wohl keineswegs so häufig, gelungen und traditionell
ballettmäßig gewesen waren, wie sie in ihrem Gedächtnis weiterlebten. Jedenfalls wollte sie einer Ballerina
gleichen. Noch als sie mit ihrer komischen Begabung
Triumphe feierte, schrieb sie 1930 in einem Programmheft: »Ich wäre so gerne schön gewesen, harmonisch
und abgeklärt: Meine beiden Beine aber standen krumm
da, die Knie schielten sich beständig an, meine Knöchel
schlugen sich wund, der Körper war schwer und seine
Bewegungen voll verkrampfter Sehnsucht.« Mit 16
hatte sie noch ihren Babyspeck und wurde von der
Familie ausgelacht, als sie ihren Entschluss, Tänzerin zu
werden, kund tat. Die Mutter lobte immerhin, dass sie
wusste, was sie wollte; und der Vater unterstützte sie,

indem er Proberaum, Pianistin und Theatermiete bezahlte. Das Bühnendebüt war ein Riesenerfolg mit viel Applaus und Blumen, einigen da capo verlangten Stücken und sogar Kritikerlob für ihren wohltrainierten Körper! Sie tanzte eine *Lilie*, die im Morgenlicht aufblühte und abends wieder einschlief, *Kinderszenen* voll Glück, Trauer, Bosheit und Angst, den *Schällebueb* aus dem Schweizer Jasskartenspiel, eine wunderschöne Schlangenbeschwörerin und eine Krähe, die herumstolzierte und sich umständlich das Gefieder putzte. Wichtig waren ihr auch Tanzszenen, die wie *Grand Galop* Musik visualisierten, auch wenn sie mit Franz von Liszt nicht Schritt halten konnte und die schwierigsten Stellen der Komposition einfach strich. Und besonders stolz war sie auf ihren an beiden Händen gefesselten *Sklaven*, der sich auflehnte, wand und drehte, schließlich befreite und starb.

Beifall und Jubel von Publikum und Presse beeindruckten sie wenig. Denn es ging ihr nicht um das Ergebnis eines Kunstwollens, sondern um den Versuch, in einem schöpferischen Prozess ihre inneren Widersprüche zu gestalten und so in den Griff zu bekommen. Ihre Kunst wurzelte im Zwiespalt ihrer Kindheit.

Immer wieder erzählte Trudi Schoop von ihrer überglücklichen Jugend, vom grenzenlos freien Aufwachsen im Kreis ihrer ebenfalls künstlerisch hochbegabten Geschwister, vom antiautoritären Gewährenlassen durch ihren geliebten, kunstsinnigen Vater und von der Spontaneität, dem unersättlichen Freiheitsdrang und der Ablehnung aller gesellschaftlichen Regeln und religiösen Bevormundungen ihrer tief verehrten Mutter. »Es gab keine Strafe für zerrissene und beschmutzte Kleider, keine sentimentale Bemitleidung körperlicher Schmerzen, überhaupt keine Einmischung der Eltern in unsere kindlichen Freuden und Leiden«, berichtete sie 1930 darüber.[2] Und immer wieder erzählte sie auch von grauenhaften Ängsten, unüberwindlichen Schuldgefühlen und Zwangsvorstellungen, mit denen sie völlig allein war. Es schien ihr zeitlebens selbstverständlich, dass sie niemals Hilfe suchte und fand. Denn niemand in ihrer Umgebung merkte, dass sie nur dank einer zwanghaften Handlung daheim ins Haus gelangen konnte, weil sie zuerst 8x ›blind‹ und dann 1x richtig an der Haustür klingeln musste, da die 3 eben besonders schön und 3x3 das beste war und nur von 9x9 übertroffen wurde. Und niemand fragte, warum sie sich seit ihrem fünften Altersjahr regelmäßig in einem Zimmer einschloss, das Grammofon anstellte, harmonischer Musik lauschte und sich dazu bewegte. Sie blieb allein für sich und tanzte, ließ sich treiben, improvisierte frei, fühlte sich leicht, befreit und furchtlos und lernte langsam, bewusst auszuformen, das Furchterregende aus sich herauszustellen und ihm Gestalt zu geben. Sie verstand sich als psychotisches Kind und war überzeugt, dass sie sich durch die Strukturierung von Bewegung zur Musik selbst geheilt und gesund getanzt hatte. Der Vorgang des Gestaltens war ihrer Ansicht nach wesentlich. Noch 1989 im Gespräch über Körpertherapie mit Hadassa K. Moscovici erklärte sie: »Das Improvisieren bringt die Gefühle hoch, die in dir sind, Angst oder Traurigkeit oder Freude. Aber solange du improvisierst, bist du immer in diesem Zustand drin (...); erst, wenn du gestaltest, wenn du dich konzentrierst, geschieht etwas mit dir.«[3]

Schon ab 1920 galt Trudi Schoop als geniale Tänzerin. Aber die 17-Jährige selbst fand, dass sie nichts geleistet hatte, und ging ins Ausland, um Ballett zu studieren. In der kurzen Ausbildungszeit lernte sie zwar nicht, wie erhofft, auf den Spitzen zu gehen, leicht zu sein, das Bein zu schwingen und zu springen.[4] Aber sie eignete sich etwas Ordnung in den Bewegungen, eine klarere Orientierung im Raum und eine Bewusstheit für die eigene Körpermitte an. So zielgerichtet wie bei Karrierebeginn plante sie ihre Laufbahn als Tänzerin, Choreografin und Pädagogin jedoch in den 1920er Jahren nicht. Eher wie zufällig gründete sie in Zürich Schulen, erarbeitete neue Tänze, ging auf große Tourneen durchs In- und Ausland, begann eine Zusammenarbeit mit Suzanne Perrottet mit gemeinsamen Tanzabenden und Unterrichten, interpretierte den Puck in William Shakespeares *Sommernachtstraum* am Schauspielhaus, wirkte bei der Vereinigung für Kleinkunst *Krater* und im politischen Cabaret *Katakombe* in Berlin mit und choreografierte eine Operetteneinlage am Stadttheater. Nie ahmte sie ein Vorbild nach und ließ sich weder beeinflussen noch etwas vormachen.

In den Tanzstücken der zahlreichen Programme verfeinerte sie ihren individuellen Stil und formulierte ihre kleinen Geschichten des Alltags immer knapper und präziser. Treffsicher schuf sie Szenen mit Situationen, in denen sich eine Figur mit Eifer, Ernst und Interesse einer Sache widmet, die den ganzen Einsatz und Aufwand nicht wert ist und dadurch komisch wirkt. Ihre Kunst der Komik entstand daraus, dass etwas allzu wichtig genommen wurde, und erfüllte sich darin, dass gerade keine lustigen Themen aufgegriffen wurden und nichts vordergründig zum Lachen sein wollte. Trudi Schoop beobachtete alles mit Humor, akzeptierte die Unzulänglichkeit und Schlechtigkeit der Welt und machte das unangemessene Verhalten der Menschen teilnahmsvoll-schonungslos sichtbar. In ihren unzähligen Soli stilisierte sie Haltungen, Aktionen und alltägliche Gesten und verdichtete sie zu skurrilen Momentaufnahmen oder Kurzgeschichten. Sie beherrschte das witzig-listig-ironische Geschichten-Erzählen mit ihrem Körper perfekt. Dabei hatte sie nie Abstrakt-Allgemeines, sondern immer Individuell-Konkretes im Sinn.

In der 1930er Jahren bahnte sich ein Wechsel an. Es machte ihr keine Freude mehr, allein auf der Bühne zu agieren. Sie suchte den Dialog, wollte die Reaktionen der Menschen aufeinander und die Begegnungen mit Partnern und Gegnern in Szene setzen. Das Gemeinsame der Menschen, ihre Kommunikation untereinander, das gegenseitige Verstehen und das sich in nonverbaler Artikulation Verständlichmachen sollte zum Stoff der neuen Stücke werden. Die Idee, ihr ureigenes Bühnen-Ich mit anderen Typen zu konfrontieren, verwirklichte sie 1932. Denn genau zum richtigen Zeitpunkt erhielt sie die Einladung zur Mitwirkung am Internationalen Choreografie-Wettbewerb. Spontan sagte sie zu, die Schweiz in Paris zu vertreten, und stellte aus Laienschülerinnen eine Truppe zusammen. Sie choreografierte *Fridolin en route* zu Musik von Werner Kruse und Tibor Kasics, platzierte sich hinter Kurt Jooss, Rosalia Chladek und Maja Lex im vierten Rang und war plötzlich über den deutschsprachigen Raum hinaus berühmt.

Den Titelhelden tanzte Trudi Schoop selbst. In Fridolin komprimierte sie die erlittenen Kindheitserfahrungen und ihre Bewältigung. Sie zeigte die Angst des schüchternen, ungeschickten jungen Mannes, sein Wissen, kleiner und weniger schön und stark als die anderen zu sein, und die Heidenmühe, mit der er es in allen Situationen trotzdem besonders gut machen will. Sie verstrickte den unentwegten Pechvogel in eine abstruse Liebesgeschichte zur hochgewachsenen, wunderschönen, als Operettensängerin gefeierten Eulalia, die aber schon einen Gatten und einen Liebhaber hat, setz-

Trudi Schoop: Fridolin en route (1932)

te ihn der Gesellschaft von Turnern, Wanderpredigern und Boxern aus und schickte ihn in den Tanzunterricht und in die Unterwelt zu Freudenmädchen. Sie ließ ihn ständig verlieren und den Sieg am Schluss nicht auskosten.

Das erste längere Gruppenstück Trudi Schoops war eine Folge von recht selbstständigen, komischen Einzel-

Trudi Schoop: Fridolin en route (1932)

szenen, die durch eine zentrale Figur zusammengehalten wurde. Wesentlich war aber nicht der Inhalt, sondern wie eminent tänzerisch er erzählt und vermittelt wurde. Das Werk *Fridolin en route* war ein genuines Tanzwerk, galt zu Recht als zeitgenössisches Ballett. Denn Trudi Schoop setzte von der Bigotterie bis zum Boxkampf alles in Bewegungsausdruck um. Dabei be-

Trudi Schoop: Fridolin en route (1932)

nutzte sie zwar Schauspielerisches, Pantomimisches
und Parodistisches als Material, strukturierte es aber
durchgehend rhythmisch. Spezifische Tempi, pointierte
Akzentuierungen und ein unverkennbarer, das Ganze
zusammenfassender, komplex komponierter Aufbau
und Ablauf der Zeit machten ihre Menschendarstellung

Trudi Schoop: Fridolin en route (1932)

zum Tanz und die komische Handlung zur formalen
Kunst. Rhythmus bildete die Einheit im Heterogenen.
Rhythmus erfüllte die Menschen als Ganzes – die Tan-
zenden, die sich von ihm erfüllt als einheitlich erlebten,
und die Zuschauenden, die mitfühlend, mitspürend am
Bewegungsgeschehen unmittelbar teilhatten.

Auf den Triumph in Paris erfolgte eine Professionalisierung der Tanztruppe, wobei Trudi Schoop nicht nur die ehemalige Tänzerin des Stadttheaters Zürich Edith Carola und den Dänen Niels Björn Larsen engagierte, sondern auch Schauspieler und Akrobaten. Schon 1934 gastierte sie in Deutschland, Italien, Frankreich, England, Holland, Belgien, Skandinavien und Spanien und unternahm dann auf Einladung von Sol Hurok von 1936 bis 1939 zusätzlich zu den zahlreichen Auftritten in Europa und der Schweiz vier große Amerika-Tourneen. Nach den Kurzstücken *Zur Annoncenaufgabe*, *Ringelreihen 1933* und *Fridolin zu Hause* choreografierte sie abendfüllende Werke wie *Blonde Marie* (1936) und *Alles aus Liebe* (1937). Nach dem Muster von *Fridolin en route* wählte Trudi Schoop für den Aufbau stets die offene, revuehafte Form, reihte einzelne komische Episoden aneinander und bezog alle auf einen Anti-Helden im Mittelpunkt. Sie verwarf also ein traditionelles, dramatisch spannungsvolles narratives Vorgehen und probierte ein modernes aus, das ihren Themen völlig entsprach. Auch in der Dramaturgie ihrer längeren Stücke tat sie, was sie für richtig hielt.

Bei Kriegsausbruch löste Trudi Schoop die Truppe auf und kehrte nach Zürich zurück. In ihrem Beruf unterwegs sein konnte sie nicht mehr. Aber auf den ruhigen Fixpunkt im Privatleben, die Ehe mit dem *Tagesanzeiger*-Redaktor Dr. Hans Wickihalder, war Verlass. 1941 schloss sie sich dem politischen Kabarett *Cornichon* an. Sie tanzte, spielte, sang, choreografierte, führte Regie und genoss die Zusammenarbeit mit den anderen Bühnenkünstlern. Sie bereicherte das Programm mit doppelbödigen, von der Zensur kaum fassbaren Pantomimen und begeisterte zum Beispiel mit Zarli Carigiet in einem schmissigen *Swiss-Schiss-Foxtrott*, mit dem sie gemeinsam das ängstliche Verhalten der eigenen Landsleute kritisierten. Im Engagement gegen die totalitären Nachbarstaaten geriet ein anderes Duo hart an die Grenze des Möglichen: *Max und Moritz*, in dem Trudi Schoop mit Voli Geiler Hitler und Mussolini als prahlerische, nichtsnutzige Schüler persiflierte. Verboten nach einer einzigen Aufführung wurde ihr *Sterbender Schwan* als Hitler im schwarzen Uniform-Tutu und mit Schnurrbart. In der Karrikatur des getanzten Sterbens überlagerten sich Flügelschlag und Hitlergruß.

Nach dem Krieg stellte Trudi Schoop nochmals eine hochkarätige Truppe zusammen, schuf ihr letztes abendfüllendes Werk *Barbara* und knüpfte auf ihrer Amerika-Tournee sofort wieder an die Vorkriegs-Triumphe an. Da erhielt sie die Nachricht vom Tod ihres Mannes und brach ihre Karriere als Tänzerin, Choreografin und Truppenleiterin abrupt ab. Sie suchte eine neue Heimat und zog nach Kalifornien. Als Tanztherapie-Pionierin setzte sie nun ihren besonderen Blick und ihre Genialität in körpersprachlicher Kommunikation im Umgang mit Patienten ein. Und dank ihres Buchs *... komm und tanz mit mir!* sowie ihres inspirierenden Unterrichtens bis ins hohe Alter bleibt sie wenigstens im therapeutischen Bereich unvergessen.

Anmerkungen

[1] Trudi Schoop im Vortrag *Tanz auf der Bühne*, Sommer 1943 gehalten an der Stiftung Lucerna.

[2] Trudi Schoop in einem Programmheft von 1930.

[3] Trudi Schoop in Hadassa K. Moscovici: *Vor Freude tanzen, vor Jammer in Stücke gehen. Pionierinnen der Körpertherapie.* Frankfurt/Main 1989, S. 170.

[4] Ebd., S. 161.

Gunhild Oberzaucher-Schüller

Von noblem Pathos: Rosalia Chladek
(1905-1995)

Der verweigerte Blick

Sofort nach dem so genannten »Anschluss« Österreichs an Deutschland im März 1938 begann die »Evaluierung« von Institutionen und Personen durch die Nationalsozialisten. Hielt man diesem Evaluierungsprozess nicht stand, war man nicht nur in seiner beruflichen, sondern auch in seiner privaten Existenz bedroht. Eine Evaluierungskommission solcher Art, ein ganzer Trupp »brauner Herren«, wie man sie im Volksmund nannte, fand sich bald in Laxenburg bei Wien ein.

Hier, in der ehemaligen Habsburgerresidenz, befand sich eine der bekanntesten Ausbildungsstätten für modernen Tanz im gesamten deutschsprachigen Raum, und schon 1930 hatte Rosalia Chladek nicht nur die künstlerische Leitung der *Tanzgruppe Hellerau-Laxenburg*, sondern auch die Leitung der gymnastischen und tänzerischen Ausbildung der Schule übernommen. Die nunmehr 33-Jährige konnte auf eine mehr als zehnjährige glanzvolle Tänzerkarriere zurückblicken, die sie an die Seite solcher Namen wie Mary Wigman oder Gret Palucca stellte.

Sie hatte bis zu diesem Zeitpunkt in ganz Deutschland, in der Tschechoslowakei, in Österreich, in der Schweiz, in den Niederlanden, in Ungarn, Frankreich, Italien, Polen, Schweden und im Baltikum Tanzabende gegeben. Zusammen mit der *Tanzgruppe Hellerau-Laxenburg* hatte sie in dem Choreografenwettbewerb in Paris 1932 mit dem Werk *Les Contrastes* den zweiten Preis, beim Internationalen Solotanz-Wettbewerb in

Warschau 1933 mit den Solo-Gestaltungen *Alcina-Suite, Tanz mit dem Stab* und *Slawischer Tanz* wiederum den zweiten Preis zuerkannt bekommen. Überdies aber hatte Chladek, ebenfalls schon seit geraumer Zeit, und dies nun zum Unterschied zu ihren deutschen Kolleginnen, an einem allumfassenden Bewegungskonzept gearbeitet, das, von den natürlichen Möglichkeiten des menschlichen Körpers ausgehend, auf dessen mechanischen Funktionen aufbaute. Seit einiger Zeit war das System bereits zur technischen Basis des Laxenburger Unterrichts geworden.

Auf dem Höhepunkt ihrer Karriere war Rosalia Chladek nun, 1938, gezwungen, der nationalsozialistischen Evaluierungskommission vorzutanzen.

Sie gefiel nicht. Ihr Lächeln, wenn überhaupt vorhanden, galt nicht den zuschauenden Herren, sondern war Teil des Stimmungsgehalts des Tanzes. Ihre Kleidung gab bestenfalls ihren jünglingshaft schlanken, den »begnadeten Tänzer-Körper« frei, den, davon ist auszugehen, die Herren aber nicht goutierten. Der Tanz an sich war keineswegs gefällig, sondern hatte eine formale Aufgabe oder eine ganz bestimmte Problematik zum Inhalt. Auch dies entsprach nicht den Forderungen des Prüfungskomitees: Ebendiese hatte Joseph Goebbels, dem als Propagandaminister die Reichstheaterkammer unterstand und der auch für die neue nationalsozialistische Ästhetik zuständig war, mit verblüffender Offenheit dargelegt: »Tanz muss beschwingt sein und schöne Frauenkörper zeigen.« Mit dieser Ästhetik war das alte, über Jahrhunderte lang gültig gewesene, mit dem Ausdruckstanz als überwunden geglaubte Gefüge wiederhergestellt: Oben, auf der Bühne, hatte sich die Darstellerin zu präsentieren, unten, im Zuschauerraum, taxierte der Mann und traf seine Wahl. Damit wurden von vornherein der Kunstgattung selbst wie den Ausführenden der Status von Kunst und Künstler abgesprochen.

Rosalia Chladek kam der neuen alten Forderung nicht nach, sie verweigerte den gewünschten Blick. Sie zog die Konsequenzen und legte ihre Ämter nieder. Im Jahr darauf wurde *Hellerau-Laxenburg* geschlossen. Was immer Chladek später, nach dem Zweiten Weltkrieg, in pädagogischer Sicht begann, ist als Versuch zu verstehen, ein Institut wie *Hellerau-Laxenburg*, das sie wesentlich mitgeformt hatte, wieder aufleben zu lassen.

Der gespiegelte Tanz

In der Erinnerung trug Rosalia Chladek diesen »verweigerten Blick« immer mit sich, er war auch noch im hohen Alter präsent als Begebenheit, die sie aus ihrem Gedächtnis nicht hatte löschen können. Sie kam allerdings weniger zur Sprache als ein Vorkommnis, das am Beginn von Chladeks Karriere stand und ihre Wesensart noch nachhaltiger charakterisiert. Als die 1905 in Brünn Geborene an der Hand ihrer Lehrerin Margarete Kallab 1920 nach Hellerau kam, bat man sie, vorzutanzen. Man hatte diesem Ereignis im Tagesablauf der Schule keinen besonderen Platz eingeräumt, sondern sie einfach gebeten, zu zeigen, was sie konnte. Dass man ihr dabei – vermeintlich – wenig Beachtung schenkte, empfand Rosalia Chladek zum damaligen Zeitpunkt als Erleichterung, nur so konnte sich die offenbar Hochbegabte wirklich frei bewegen. Die Pianistin – es war Valeria Kratina, die die *Neue Schule Hellerau* mitbegründet hatte, diese zusammen mit anderen Pädagogen leitete und nun die 15-Jährige begutachtete – schien von ihr keine Notiz zu nehmen. Ihre plötzlich geäußerten, anerkennenden Worte verwunderten Chladek, bis sie herausfand, dass Kratina sie die ganze Zeit über die Spiegelung im Klavier beobachtet hatte. Rosalia Chladek fühlte sich bespitzelt und hintergangen – Empfindungen, die immer wieder in ihr aufkommen sollten. Dem Gefühl, nicht genügend gewürdigt, zu wenig beachtet, und vor allem: nicht genügend geliebt zu werden, begegnete Rosalia Chladek fortan und mit zunehmendem Bekanntheitsgrad mit reservierter Kühle, die die Autorität, die Teil ihrer Aura war, noch stärker spüren ließ. Kühle, gezügelte Leidenschaft, Intellekt, unbeirrtes Streben nach einem einmal gesetzten Ziel ließen Chladek, die seit 1921 in der ästhetischen Ordnung Hellerau ihre künstlerische Heimat gefunden hatte, schnell weiterentwickeln. Noch als Schülerin debütierte sie 1924 als Solotänzerin in Dresden. Der Erfolg, den sie damit feiern konnte, veränderte sie ebenso wenig wie die Anstellung, die die noch nicht 20-Jährige in Hellerau erhielt. Der verheerenden wirtschaftlichen Situation der 1920er Jahre und auch dem eigenen reservierten Wesen zum Trotz: Die Aussichten auf eine Tänzerkarriere von Chladek waren ebenso glänzend wie die der pädagogischen Laufbahn.

Ökonomische Gründe, aber auch die Nähe zur florierenden *Wigman-Schule* in Dresden erzwangen einen Ortswechsel: 1925 siedelte das Nachfolgeinstitut der *Neuen Schule Hellerau* von seinem ursprünglichen Standort in Hellerau bei Dresden ins alte Schloss nach Laxenburg über und nannte sich fortan *Hellerau-Laxenburg.* Hier, in der Nähe Wiens, konnte man sich endgültig etablieren und seine künstlerischen Anliegen ebenso realisieren wie seine pädagogischen. Von Émile Jaques-Dalcroze und seiner Rhythmus-Idee ausgehend, musikalische Ausbildung mittels des Körpers zu geben, sah sich *Hellerau-Laxenburg* als Schule, die nicht nur Rhythmiker, sondern auch Tänzer ausbilden wollte, darüber hinaus aber in einem erweiterten Sinne »Bewegungskultur« vermittelte, die alle Bereiche der menschlichen Existenz im Auge hatte. Hunderte Schüler hatten die – und dies war nun neu im Schulangebot – unterschiedlichen Studiengänge (Gymnastik, Rhythmische Erziehung und Tanz) bereits absolviert, Tausende die jährlichen Sommerkurse besucht. Spätestens 1930 war Rosalia Chladek zur zentralen künstlerischen Persönlichkeit Laxenburgs, gleichzeitig zu der führenden Vertreterin des Ausdruckstanzes österreichischer Spielart geworden.

Rückwärts gewandte Blicke

»Den Blick der dunklen Augen nach innen gekehrt, konzentriert, sich raffend, sich sammelnd für jenen ersten Atemzug, der die Gebärde des Tanzes aus dem Körper entlässt und in den Raum entsendet.« Wenige der ganzen Reihe hochrangiger Kritiker und Feuilletonisten fanden Worte, die den zitierten der sprachgewaltigen Mary Wigman gleichkamen. Aus Anlass von Rosalia Chladeks 60. Geburtstag formuliert, ließ die Protagonistin des deutschen Ausdruckstanzes rückblickend das Werk ihrer österreichischen Kollegin noch einmal Gestalt werden und gab damit (indirekt) kund, dass sie, Mary Wigman, die Karriere der Rosalia Chladek aufmerksam verfolgt hatte. (Dasselbe gilt für Chladek, die in Wigman ihrer Kompromisslosigkeit wegen immer eine Art von Idol sah.) Mary Wigman identifizierte in ihrer Grußadresse sofort das Unverwechselbare an Chladek: der »durchtrainierte« Körper, »schmal und schlank«, »in strenger Schönheit« aufgerichtet. Wigman war es auch, die für Chladek eine mittlerweile wiederholt zitierte Charakterisierung fand: »Aristokratin des Tanzes«. Dann sprach Mary Wigman von Rosalia Chladeks Tanz und bestätigte dabei (wiederum indirekt), dass sie Chladeks Repertoire genau kannte. Und auch hier filterte sie sofort das Singuläre heraus: »Klarheit« und »großlinige Gebärden« herrschten vor in allem, was auf die Bühne gekommen war, im Heroischen ebenso wie im Lyrischen, im Pathetischen wie im Spielerischen, womit Wigman wohl auch das rein Formale verstand. Instrument – der eigene Körper – und Sprache – das Bewegungsvokabular – seien dabei immer eine absolute Einheit gewesen.

Wie bei Wigman selbst hatte bei Chladek am Beginn des Schaffensprozesses immer der thematische Einfall gestanden, der mit »unabwendbarer Folgerichtigkeit« entwickelt wurde, nie das »Gewebe der Gesamtform« außer Acht lassend. Wigman resümierte, Chladek habe sich bei der Realisierung eines »innerlich geschauten Themas« weder pantomimischer Mittel bedient noch sei dieses Thema »realistisch gewertet«, sondern als eine Art von »Gleichnis« überhöht worden. Technische Brillanz wie feinfühligste Musikalität haben – so Wigman – dieses Gleichnis umso überzeugender wirken lassen. Sie erinnerte an Teile der *Erzengel-Suite*, die, ebenso wie die großen dramatischen Sologestaltungen *Marienleben* oder *Jeanne d'Arc*, in den 30er Jahren entstanden. Aber auch die *Sarabande* aus der *Höfischen Suite* wurde ins Gedächtnis gerufen und auf den souveränen Umgang mit dekorativen Mitteln hingewiesen: »Bei jeder feierlichen Umdrehung des Körpers rundete sich der um die Füße gelegte Stoffkreis bis zur Vollendung und schien die Tanzgestalt über sich selbst hinauf und hinaus zu tragen.« Und Wigman bewunderte schließlich einen Weg Chladeks, auf dem ihr niemand folgen wollte: In der nach dem Zweiten Weltkrieg entstandenen *Afroamerikanischen Lyrik* spricht Chladek, mit »lyrischer Anmut« das eigene Tanzgeschehen gleichsam musikalisch untermalend.

Der resignierende Ton, mit dem Mary Wigman ihre Laudatio auf Chladek abschloss, bezeugte die Seelen-

Rosalia Chladek: Erzengel-Suite (Luzifer) (1938)
Foto: Siegfried Enkelmann

verwandtschaft der beiden Künstlerinnen. Wie Chladek
fand sich auch Wigman in den 60er Jahren in der Position einer Rückschauenden, deren Werk vergangen war.
Sie alle, die Vertreter der Bewegung des Ausdruckstanzes, urteilte Wigman jetzt, hätten erkennen müssen,
dass das Werk des Tänzers eben an sein künstlerisches
Instrument, seinen Körper, gebunden ist. Und doch:

Rosalia Chladek

»Alles Gelebte und aus dem Erleben gestaltete erhält und erfüllt seinen Sinn. Es lebt und wirkt weiter, unter der Haut, unter der Oberfläche gewissermaßen, andere Menschen anregend und befruchtend.«[1]

Während es Mary Wigman nicht mehr vergönnt war, die von ihr angeregten Früchte zu ernten, begann Rosalia Chladek nach einem langen und offenbar schmerzlich empfundenen Ablösungsprozess, ihre Tänze »in Gestalt Anderer« auf die Bühne zu bringen.

Die Magie der *Gläsernen Suite*

Der nunmehr schon legendär gewordene *Grand Concours International de Chorégraphie*, der im Juli 1932 im Pariser Théâtre des Champs-Elysées über die Bühne ging, ist rückblickend ein sonderbares Ereignis. Der Wettbewerb war von einem Vertreter der internationalen Tanz-Avantgarde, dem schwedischen Mäzen Rolf de Maré, ins Leben gerufen worden. Wie so oft trat er selbst weniger in Erscheinung, die von ihm gegründeten Les Archives Internationales de la Danse fungierten als Veranstalter. De Maré hatte den Concours auch mit dem Anspruch ins Leben gerufen, Choreografie als gleichberechtigten Teil im Gefüge der Künste zu festigen. Tatsächlich aber entwickelte der Wettbewerb eine eigene Dynamik. Die ursprüngliche Absicht nämlich, eine Art Leistungsschau von international Aktuellem zu präsentieren, geriet zu einer machtvollen Demonstration eines einzigen Tanzstils: des zeitgenössischen deutschen Tanzes. Mehr als die Hälfte der insgesamt 20 Gruppen vertraten die vielen Facetten, zu dem der Ausdruckstanz in den nur wenigen Jahren seit seiner Etablierung gefunden hatte.

Während Kurt Jooss in seiner »danse macabre« *Der grüne Tisch* das Genre des dramatischen Ensemblewerks vertrat, stellte ihm Rosalia Chladek mit ihrer Choreografie, die sie für sich selbst und eine Gruppe von zwölf Tänzerinnen entworfen hatte, im wahrsten Sinne des Wortes einen Kontrast entgegen. Die Anlage ihrer Kreation verriet den Ansatz für ihr choreografisches Schaffen: das Schöpfen »aus« der Musik heraus. In einer übergreifenden zweiteiligen Anlage, die sie *Les Contrastes* nannte, stellte sie Musik von Georg Friedrich Händel solcher von Sergei Prokofjew gegenüber. Der erste Teil, *Festliche Suite*, war eine strenge und klare Bewegungskomposition einer Händel'schen Suite, der zweite Teil, *Gläserne Suite*, hatte die aus der Musik heraus entwickelte Form zum Inhalt. Wiewohl es Stimmungsandeutungen gab, stand der Mensch beziehungsweise die Gruppe der Tänzerinnen als körperlich-bewegte Raum-Plastik im Mittelpunkt des Geschehens, wobei bei dem kontrapunktischen Gegeneinanderführen zweier Gruppen nicht expressiver Ausdruck, sondern »kurvige Konzentrik« vorherrschte. Den Eindruck impressionistischer Transparenz unterstützten die außergewöhnlichen Kostüme, denn die durchsichtigen Folien, die über den Kostümen getragen wurden, erzeugten eine glasig spiegelnde Oberfläche, auf der die bewegten Lichtbündel blitzende Reflexe hervorriefen. Die blaumetallisch glänzenden Tanzstäbe steigerten diese Effekte zusätzlich.

Die preisgekrönte Choreografie, eine Bewegungsarchitektur, die auf den Rhythmen der Musik aufbaute, wurde als Manifestation dessen angesehen, was *Hellerau-Laxenburg* und Rosalia Chladek ästhetisch verkörperten, als – wie Chladek-Biograf Axel Buschbeck dies formulierte – »restlose Ausschöpfung aller Möglichkeiten, die der Körper unter dem Gesetz tänzerischer Mechanik bei gedanklichem Eindringen in den Gehalt der Musik an Bewegungskunst und Rhythmik hergeben kann«.[2]

Rosalia Chladek

Rosalia Chladek: Gläserne Suite (1932)
Foto: M. Karl Baer

Verschworene Gemeinschaften

Der Erfolg, den die *Tanzgruppe Hellerau-Laxenburg* in
Paris erzielt hatte, war auch im Ausland nachhaltig.
Doch die französische Kritik reagierte auf die ›Invasion‹
des mitteleuropäischen Ausdruckstanzes unterschiedlich. Während die einen die Arbeit bewunderten und
diese fortan zum Maßstab für eine Tanzmoderne mach-

ten, wandten sich maßgebliche Kritiker dagegen. Den Tanz der Chladek fand man zu wenig charmant, vor allem gänzlich unerotisch. Mehr noch: einer der Kritiker fügte hinzu, er könne »Nonnentänzerinnen« wie etwa Rosalia Chladek nicht ertragen. Dieses Urteil verrät zunächst die Ästhetik des Kritikers, die sich völlig von jener unterschied, die die modernen Österreicher und Deutschen vorlebten. Hier war der Geschmack des 19. Jahrhunderts zu finden, den die Nationalsozialisten wieder etablierten. Genauer besehen aber enthält dieses ursprünglich vernichtend gemeinte Urteil – freilich völlig unbeabsichtigt – gerade im Hinblick auf die »Familien des Ausdruckstanzes« viel Wahrheit. Denn um die Protagonisten des Ausdruckstanzes, Persönlichkeiten wie Rudolf von Laban, Mary Wigman und eben auch Rosalia Chladek, waren eingeschworene Gemeinschaften entstanden, die eindeutig klösterliche Züge trugen.

Chladek hatte zunächst als einfaches Mitglied einer solchen Gemeinschaft angehört. Kraft ihrer Begabung, ihrer künstlerischen Fantasie und ihres Intellekts rückte Chladek jedoch bald selbst an die Spitze einer Gemeinschaft, eine Position, die sie über den Tod hinaus auch heute noch innehat. Chladek selbst fühlte sich zwar da geistig völlig verankert, sah sich aber keineswegs mit den Anderen als gleichgestellt an. Die »Anderen« waren Frauen, Gleichgesinnte, Strebende, Schwärmende, Bewunderinnen, die »die Ihren« waren, die ihr, in welcher Form auch immer, zu Diensten waren. Der Lohn für die Dienste war allein die Gewissheit, ihr, Chladek, gemeinschaftlich anzugehören. Die Distanz zwischen ihr und ihrer Gemeinschaft war stets gegeben und wurde durch Chladeks kühlen Intellekt und ihre Gabe, das Wesen und die Taten ihres Gegenübers kritisch zu hinterfragen, gewährleistet. Die Fähigkeit der kritischen Analyse machte vor ihr selbst nicht Halt. Der selbstkritische, zuweilen sogar selbstzerstörerische Zug, war mit einer der Gründe, warum Chladek keine noch größere Karriere gelang.

Im Spiegel amerikanischer Kritik

Hellerau-Laxenburg stand nun gleichrangig an der Seite von Kurt Jooss, der bis zu einem gewissen Grad den für den Ausdruckstanz wesentlichen Rudolf von Laban vertrat. Gerade dieser Aspekt musste wiederum die Amerikaner interessieren. Diese hatten, mit Martha Graham und Doris Humphrey an ihrer Spitze, ihrerseits eine Tanzrichtung kreiert, deren amerikanische Unverwechselbarkeit es nun zu überprüfen galt. Um dies zu tun, hatte die *New York Times*, die als einzige Zeitung in der Welt zu dieser Zeit einen Tanzkritiker hatte, jenen tatsächlich nach Europa geschickt. Als eminenter Kenner des Modernen Tanzes hatte John Martin den Pariser Wettbewerb rezensiert und danach getrachtet, die preisgekrönten Werke und ihre Schöpfer kennen zu lernen. Aus diesem Grund reiste er auch nach Laxenburg und stieß dort auf Rosalia Chladek. Für beide Persönlichkeiten war dieses Treffen von besonderem Interesse: Für den einflussreichen Martin, der sich selbst zum Sprecher der amerikanischen Tanzmoderne gemacht hatte, war Chladek eine weitere Vertreterin der mitteleuropäischen Spielart des zeitgenössischen Tanzes – für Chladek wiederum mussten Äußerungen dieses Kenners der Szene auf internationalem Niveau überaus wertvoll erscheinen.

Martin war, wie er in seiner in der *New York Times* am 25. September 1932 erschienenen Kritik schrieb, zunächst von Chladeks Technik überwältigt und überzeugt, diese könne allein auf einem Studium des klassischen Balletts gründen – eine Annahme, die sich als falsch erwies. Ideale körperliche Voraussetzungen sowie das von ihr entwickelte System der körperlichen Schulung bildeten allein die technischen Grundlagen von Chladeks tanztechnischem Können. Neben der Technik war das außerordentlich ausgeprägte Gefühl für Form das auffälligste Merkmal von Chladeks Tanz. Hier verberge sich keine dramatische Aussage, sondern Form an sich, konstatierte Martin. Die Klarheit der musikalischen Form mit all ihren subtilen Kontrapunkten finde ihre Entsprechung in einer ebensolchen Klarheit in der choreografischen Form. Jetzt, in Laxenburg, wo Chladek ihm die verschiedenen Themen der *Gläsernen Suite* noch einmal selbst vor Augen führte, wurde ihm dies noch einsichtiger.

In seiner Kritik geht Martin dann auf Chladek als Soloperformerin ein und vergleicht sie mit Harald Kreutzberg, der zu den wenigen deutschen Tänzern gehört, die mit größtem Erfolg in Amerika gastierten. Sie sei, so Martin, in vieler Hinsicht ein weiblicher Kreutzberg, sie hätte seine kraftvolle Eindringlichkeit, seine elektrische Dynamik. Wenn man etwa ihren *Slawischen Tanz* sieht – eine Kreation aus dem Jahr 1923 –, meint Martin jene Stürme der Begeisterung des Publikums zu hören, die nach manchen Kreutzberg-Tänzen aufbranden. Und wie kein anderer kritischer Betrachter befasst sich Martin schließlich mit Chladeks herausragendster Gabe, ihrer Musikalität, und versteht klar die Subtilität ihrer choreografischen Kompositionsweise: »Obwohl sie ganz und gar musikalisch in ihrem Ansatz ist, ist sie dies nicht ausschließlich. Wenn sie, wie etwa in der Suite *Elemente*, die Erde ohne Musik verkörpert, ist das Solo auch ohne Musik konzipiert und nicht nur ohne Musik getanzt. Was immer sie aber macht, sie macht es mit Klarheit, Präzision und Vollendung.«

Die glänzende internationale Karriere, die John Martin Rosalia Chladek prophezeit, fand nicht mehr statt, die Zeitläufte verhinderten dies. Die Ästhetik der Nationalsozialisten griff Platz, breitete sich zuerst in Deutschland und dann in Österreich aus. Und Chladek wusste, dass sie nun nicht mehr gefiel.

Der Blick nach innen

Mehr noch als bisher kehrte Rosalia Chladek nun den Blick ins Innere. Nach dem Zweiten Weltkrieg schien es, als gelänge es, an den Vorkriegsstatus anzuschließen. Das eigene System war etabliert und wurde zunächst am Konservatorium der Stadt Wien, später an der Hochschule für Musik und Darstellende Kunst mit Rosalia Chladek als Leiterin einer Ausbildung unterrichtet. Eine neue eigene Gruppe formierte sich, für die mehrere bedeutende Arbeiten entstanden. Ein Studienaufenthalt in Amerika brachte neue Eindrücke. Die kritische Auseinandersetzung mit sich selbst wurde in Solowerken weitergeführt. Angesichts der sich nun völlig verändernden Tanzszene begann der resignative Zug um die Persönlichkeit Rosalia Chladek immer größer zu werden. Auch das erfolgreiche pädagogische Wirken, das Wissen um die Bedeutung ihres Systems, das immer mehr Verbreitung fand, die Gewissheit überhaupt, dass es ihr als einziger der großen Vertreterinnen des Ausdruckstanzes gelungen war, ein System solcher Art zu entwickeln, änderte daran nichts. Chladeks künstlerisches Selbst schien zu sterben. Plötzlich, in den 1980er Jahren, erkannte sie, dass, was das solistische Werk betrifft, dieses zwar an ihren eigenen Körper gebunden war, dass dieses Solowerk aber, an junge Tänzer weitergegeben, durchaus Bestand haben konnte. Sie ging in den Saal zurück. Vor den eigenen Augen nahm das verloren Geglaubte wieder Gestalt an.

Gerade über 80 geworden, stand sie da: hoch aufgerichtet, nie alte Dame, schon gar nicht Greisin, die Aura

Rosalia Chladek 193

der absoluten Autorität stets um sich, keinen Widerspruch duldend. Bis zu ihrem Tod 1995 gelang es, ganze Programme mit Chladek-Werken auf die Bühne zu bringen. Was weder Mary Wigman noch einer anderen Tänzerin des Ausdruckstanzes widerfuhr, dessen wurde Rosalia Chladek gewärtig: Sie durfte sich der Ernte ihres tänzerischen Schaffens erfreuen.

Anmerkungen

[1] Mary Wigmans Grußadresse an Rosalia Chladek zum 60. Geburtstag ist nachzulesen bei Gerda Alexander/Hans Groll: *Tänzerin. Choreographin. Pädogogin. Rosalia Chladek.* Wien 1965, o.S.
[2] Axel C. Buschbeck: *Rosalia Chladek. Eine Monographie.* Dissertation. Wien 1973, S. 133.

Sabine Huschka

Die Weite der Landschaft
und die Macht des Körpers:
Martha Graham (1894-1991)
und Doris Humphrey (1895-1958)

»I love the idea of life pulsing through people – blood and movement.«[1]

(Martha Graham, *Blood Memory*, 1991)

So unterschiedlich ihrer beider Laufbahn, ja ihre Karriere und vor allem das ästhetische Profil ihrer je individuell geprägten Tanzkunst für Amerika auch gewesen sein mag: Martha Graham und Doris Humphrey verband die bisweilen kämpferische Überzeugung, dem amerikanischen Pioniergeist auch tänzerisch einen angemessenen Ausdruck zu geben. Beide Choreografinnen und Tänzerinnen stritten für eine im Kern vitale, aus den inneren Notwendigkeiten des Menschen forcierte Tanzkunst, getragen von existenziellen Erfahrungen, Affekten und Utopien. Sowohl Humphreys als auch Grahams Arbeit nährten der Glaube und das Vertrauen in die Kreativität des tanzenden Körpers, ein Vertrauen in seine expressiven Kräfte und sein gestalterisches Potenzial.

Martha Graham

In einer Zeit der wirtschaftlichen und sozialen Depression in Amerika, ausgelöst durch den Börsensturz von 1929, entstand mit dem politischen Willen nach sozialer Gerechtigkeit und humanistischen Werten ein nahezu euphorischer Bezug zum Körper. Überzeugt von der Ausdrucksstärke des Körpers kultivierten insbesondere linke Arbeiterbewegungen einen radikalen Aktionismus, der sich des Körpers als kritisches und expressiv wertvolles Streikinstrumentarium bemeisterte. Begeistert entdeckte man den Tanz als revolutionäre Kulturäußerung, als Form einer frei bestimmten Arbeit. Tanz wurde in seinen sozialen und ästhetischen Bedeutungen zur wichtigen kulturellen Praktik.

Das 20. Jahrhundert sollte für Amerika das Zeitalter des Aufbruchs und des Aufschwungs eines Neuen Kontinents werden. Der politische und wirtschaftliche Gestaltungswille bündelte sich in dem Gedanken, den Kontinent effektiv zu kolonialisieren. Dies geschah stets unter der Flagge einer freien und demokratischen Gesellschaftsordnung. Politische und gesellschaftliche Strömungen suchten ihren ideellen Corpus mittels eines Kanons von emotionalen Expressivitäten zu vermitteln. Besonders Erfolg versprechend wurde dies, wenn der Körper als Medium einer (scheinbar) unmittelbaren Kommunikation eingesetzt wurde. Der Körper avancierte zum Ausdrucksträger urwüchsiger Kräfte und dynamischer Veränderungsmöglichkeiten. In seinen Bewegungen verkörperte sich der Glaube an den Fortschritt und die kreatürliche Kraft des Menschen. »Wir leben«, schrieb Martha Graham 1937 begeistert, »in einem Übergang des 18. zum 20. Jahrhundert. Eine neue Vitalität erfasst uns. (...) Keine Kunst kann von dieser vitalen Periode, die wir jetzt erleben, unberührt bleiben. Der Mensch entdeckt sich selbst als Welt.«[2]

Ästhetisch und sozial wurde ein emotional aufgeladener Körper bedeutsam, dessen Funktion es war, direkt und unmittelbar Momente des Vitalen zu kommunizieren. Entsprechend dieser Idee von Vitalität führte Graham ein Jahr zuvor aus:

Martha Graham/Doris Humphrey

To the American dancer I say »Know your country«. When its vitality, its freshness, its exuberance, its overabundance of youth and vigor, its contrast of plentitude and barrenness are made manifest in movement on the stage, we begin to see the American dance.[3]

Obwohl diese Äußerungen insbesondere den Beginn von Grahams choreografischer Laufbahn prägen, spielen sie bis zu deren Ende in ihre Arbeit hinein und bilden den ästhetischen Grundakkord. Die Choreografien bleiben thematisch und ideell mit der Geschichte Amerikas und seinem vom Pioniergeist durchwehten Land, seinen Mythen, Legenden, Ritualen und Atmosphären verbunden. Graham war beeindruckt von den weiten Landschaften Amerikas, seinen (Ur-) Einwohnern, den religiösen und gesellschaftspolitischen Manifestationen und deren psychodynamischem Potenzial.

Besonders deutlich wird dies in Grahams amerikanischem Werkzyklus (1933-1944), dessen Sujets auf indianische Rituale und Kulte Mexikos Bezug nehmen. Aber auch Grahams erste Werkphase (1926-1933) setzt sich vor allem bewegungsästhetisch mit ihrem Land und seinen charakteristischen Dynamiken und Stimmungen auseinander. Graham sucht hierbei dynamische, ja libidinöse Kräfte im Körper zu entfesseln, Energien, die in ihm eingegraben liegen und – einmal gezielt aktiviert – aus ihm hervorstoßen und ihn mit Macht und Gestaltungskompetenz betrauen. In dieser als »long–woolen« charakterisierten Phase (Graham tritt stets, z.B. in *Lamentation* (1930), mit langen, eng anliegenden, den Körper umspannenden Woll- und Kleiderstoffen auf) dominiert ein schwerer materialistischer Bewegungsduktus, der den Körper im Spannungsfeld seiner Energien und muskulären Mächtigkeit choreografiert. Stücke wie *Revolt* (1927), *Immigrant: Steerage, Strike*

(1928), *Heretic* (1929) oder *Steps in the Street* (1936, Teil von *Chronicle*) thematisieren, ohne narrativ eindeutig zu sein, physisch-psychische Konfliktherde und Prozesse in ihren sozialkritischen Kontexten.

Jedoch war Martha Graham keine agitatorische Choreografin. Trotz Sympathie für linksliberale Ideen und eine Nähe zur linksliberalen Arbeiterbewegung tragen ihre Stücke eine deutliche Distanz zur Kunstauffassung des radikalpolitischen Flügels, der sich in Organisationen wie der *Workers Dance League* formierte.[4] In Tänzen wie *Lamentation, Two Primitive Canticles* (1931), *Primitive Mysteries* (1931), *Bacchanale* (1931) und *Ekstasis* (1933) herrschte ein choreografischer und bewegungstechnischer Stil, der rhythmisch, dynamisch, kinästhetisch und formalsprachlich den Körper in absoluter Weise die Macht zur Gestaltung zuerkannte. Seine berstenden und perkussiven Kräfte, seine energetischen Spannungen und geformten Ausbuchtungen sind es, die den Veränderungswillen eines wirtschaftlich wie geografisch expandierenden Lands Ausdruck geben wollen. Graham erläutert dies mit den Worten: »An American dance is not a series of steps. It's infinitely more. It is a characteristic time beat, a different speed, an accent, sharp, clear, staccato.«[5]

Dass Graham diese gesellschaftspolitische Aufgabe ästhetisch in einer so wuchtigen wie kompromisslos strengen Formensprache bündelte, wurde von der linksliberalen Presse äußerst kritisch bewertet.[6] Denn ihre formalistisch durchdrungenen, ja beinahe asketischen Bewegungen suchten den Tanz nicht primär als plakativ kommunikative Kunst zu setzen. Stattdessen galt für Graham: »Dance is an absolute. It is not knowledge about something, but it is knowledge itself.«[7] Kritikerinnen wie Edna Ocko griffen Grahams derart materialistische Ästhetik scharf wegen ihrer Hermetik und Unverständlichkeit an.[8] Ihre als zu abstrakt empfundenen Stücke widersprachen jener agitativ abbildenden Kunstauffassung, wonach (Tanz-) Kunst sozialkritische Themen in symbolischer und erzählender Weise vermitteln sollte. Eine abstrakte Formensprache indessen verfehlte diesen sozialkritisch-kommunikativen Auftrag der Kunst.

Das Solo *Lamentation*, zur Klaviermusik von Zoltán Kodály, ist eines dieser umstrittenen Tanzwerke. Choreografiert ist eine plastisch anmutende Körperformation – der Körper umspannt mit einer sackähnlichen, dehnbaren Stoffbahn –, die von der Wucht jener in den Stoff schlagenden, sich in ihm windenden Körperglieder zeugt. Die Tänzerin Graham taumelt, wiegt und windet sich in ihrer dunklen Stoffhülle, aus der nur das geschminkte Gesicht hervorlugt, und formt verwrungene und bizarre Gestalten, ohne sich im Raum fortzubewegen. Meist auf einem Stuhl sitzend und nur zeitweise stehend, verbreitet Grahams Tanz die energetische Wucht eines gestaltenden Körpers. Unentrinnbar verhüllt, kippt dieser Körper immer wieder weg, fällt zu allen Seiten, schert aus und weist in all dem auf seine Wandlungsfähigkeit. Eingehüllt und umspannt führt der Körper einen plastischen Formenkanon seiner Bewegungspotenz vor. Schwankend und doch eindringlich in massiver Kraft präsent, zeigt dieser Tanz einen machtvollen Körper, der Materielles zu formen versteht. Die Choreografie gliedert ein präzises Timing von dramatisiert gesetzten, abrupten Stopps. In diesen Momenten frieren die stets gespannt gehaltenen Bewegungen zu bildhaften Posen ein. *Lamentation* hinterlässt den Eindruck eines klagenden, unter Spannung stehenden Körpers. In seiner Formensprache abstrakt, trägt der Tanz eine affektiv-emotionale Eindringlichkeit, deren Expressivität indessen mehrdeutig bleibt.

Martha Graham: Lamentation
Foto: Herta Moselsio (um 1937)

Für ihre Arbeiten prägend blieb Grahams Interesse an
dem ›fremden‹ Amerika mit seinen primitiven und ver-
drängten Kulturen, wie jene der Indianer und den Völ-
kern Mexikos. Und so reiste sie – wie 1932 – begeistert
durch das Land und schrieb in Erinnerung an
   die Eisenbahn, die mich vor vielen Jahren aus dem
   Osten des Landes in den Westen gebracht hatte. Ich

Martha Graham/Doris Humphrey

Martha Graham: Lamentation
Foto: Herta Moselsio (um 1937)

erinnere mich, wie ich im hinteren Ende des Zuges
stand, im Schaffnerabteil, und über das Land hin-
wegblickte, das wir gerade hinter uns gelassen hatten. Diese Reise hat mir immer etwas bedeutet. Der
Mensch strebt immer voran, schreitet auf einer fremden, einsamen Straße. Aber es ist der Impuls der
Maschine, die dich voranbringt, und du erreichst

dein Ziel trotz der unermesslichen Weiten des Landes, in das du hineingeboren bist. Das ist für mich Leben. Leben bedeutet nicht Aufgabe, sondern stetiges Voranschreiten.[9]

Die beiden Choreografinnen als Antipodinnen

Während Graham vor allem als Performerin mit einem starken, dramatisch expressiven Gestus geschätzt und bekannt wurde,[10] lässt sich Doris Humphrey als eine versierte und engagierte Choreografin bezeichnen, deren kompositorische Begabung stets von dem Interesse begleitet war, den entstehenden modernen Tanz Amerikas systematisch, schulisch und notationell zu verankern. Humphrey schuf im Gegensatz zu Grahams theatralischer, expressiv aufgeladener Ästhetik, bei der das Gestaltungspotenzial des Körpers im Mittelpunkt stand, einen kompositorisch durchdachten, nach Harmonie strebenden Stil, in dem der Körper zuallererst choreografiertes Medium ist. Sie bündelte den performativen Gestus ihres revolutionären Tanzes in einer Formensprache, die nicht die Performerin als Subjekt hervorkehrt – wie bei Graham der Fall –, sondern das Subjekt als gemeinschaftsverbundene Existenz entwirft. Diese bis zum Ende ihrer beider Laufbahnen herrschende Diskrepanz erhält in Grahams 1991 kurz vor ihrem Tod erschienener Autobiografie *Blood Memory* (dt. *Der Tanz – mein Leben*) eine vielsagende Kommentierung. Graham schreibt rückblickend über ihre Mitstreiterin für eine moderne Tanzkunst, mit der sie zeitgleich einige Jahre in der *Denishawn Company* engagiert war[11]:

> Ich glaube, wir waren in gewisser Hinsicht Rivalinnen. (...) Ich nahm nicht allzu große Notiz von ihr, sieht man einmal davon ab, dass ich mir immer gewünscht habe, eine so untadelige Choreografin wie sie zu sein. Denn in *Denishawn* war Martha diejenige,

die tanzte, und Doris war diejenige, die Tänze für die Bühne choreografierte. (...)

Doris und ich hatten gänzlich verschiedene Ansichten über Choreografie, ein Wort, dessen Bedeutung ich erst in New York lernte. In *Denishawn* stellten wir einfach nur die Tänze zusammen. Doris aber war der Ansicht, dass man alles nach Regeln und Schemata lehren könne. Ich bin immer der Meinung gewesen, dass Tanz ein wenig tiefer liegen und verinnerlicht werden müsse.[12]

Tatsächlich lässt sich Doris Humphrey als Aufklärerin des Modern Dance qualifizieren, die in zahlreichen Schriften und Vorträgen für die Belange einer zeitgemäßen und in seinen choreografischen Prinzipien verständlichen Ästhetik eintrat. Humphrey suchte – getragen von der Idee, im Tanz eine harmonische Gesellschaftsordnung zu schaffen – die kommunikative und auch besinnliche Funktion der Tanzkunst zu stärken. Nahezu kämpferisch wandte sie sich gegen ein mystifiziertes und mystifizierendes Künstlertum und gegen jeglichen Geniegedanken als Grundkategorie künstlerischer Arbeit. Dies geschah, wie ihr von Seiten ihrer Biografinnen Selma Jeanne Cohen und Marcia Siegel vorgehalten wurde,[13] meist mit allzu großem Ernst und einem belehrenden, ja nahezu dogmatischen Tonfall. Trifft dies vor allem für ihre Vorträge und Aufsätze zu, so wurde ihr 1952 veröffentlichtes Hauptwerk *The Art of Making Dances* (dt. *Die Kunst, Tänze zu machen*) mit großer Bewunderung aufgenommen. Ihre darin vorgestellte Lehre fokussiert kompositorische und choreografische Maximen moderner Tanzkunst und behandelt den tanzenden Körper in seinen dynamischen Konstellationen zum Raum und zu den anderen Tänzern innerhalb zeitlicher Strukturen. Die Aussagekraft des Tänzers erwächst nach Humphrey aus seiner formalen und strukturellen Positionierung innerhalb des choreografischen Geflechts. Und auch hier gibt Graham einen vielsagenden Hinweis auf die Differenzen ihrer beider ästhetischen Überzeugungen:

> Doris' Buch *The Art of Making Dances* wurde ein großer Erfolg, und ich freute mich für sie, fühlte mich aber ein wenig abgestoßen von einigen ihrer Thesen. Das Kapitel, das mir total gegen den Strich ging, trug den Titel *Der Mittelpunkt der Bühne*. Für Doris war er nur eine geografische Angabe inmitten des Tanzgeschehens. Als ich es las, dachte ich: »Aber der Mittelpunkt der Bühne befindet sich doch dort, wo ich bin.« Zugestanden, Doris beleuchtete den Mittelpunkt der Bühne, wo immer seine Lage war, so klar, wie nur wenige Künstler es vermocht hatten.[14]

Graham arbeitete aus dem Glauben und der Erregung heraus, die Vergänglichkeit des Kunstmediums Tanz auf der Bühne in theatraler Weise überbieten zu können. Durch Dramatisierung im Moment einer ›inneren‹ Verwandlung schien sie dem Augenblicks-Charakter des Tanzens die Stirn bieten zu können und mit bewegungstechnischer Perfektion formal zu umschließen. Dramatisiert zur Figur geformt, suchte sie sich im Tanz als transpersonalisiertes Wesen zu inszenieren. Für ihre spätere theatrale Werkphase wird dieses Tanzverständnis zentral.

Während Graham die Topografie eines neuen Tanzes in ihrer Person verankerte und sich selbst und ihre Physis als Zentrum und Quelle einer neuen Ästhetik erklärte, stellte Doris Humphrey die dynamischen Qualitäten ›amerikanisch‹ tanzender Körper in einer Systematik zusammen, die eine neue harmonische Gesellschaftsordnung zu verwirklichen suchte. Mit dieser ästhetischen Konzeption opponierte Humphrey sowohl gegen hierarchische Organisationsstrukturen, die im Bühnentanz – vor allem im klassischen Ballett – stets eine Scheidung von Corps de Ballet und herausragender Solistinnen bedingen, als auch gegen eine romantische Verklärung des Körpers, wie sie der klassische Tanz in der dekadenten Technik des Spitzenschuhs manifestierte. Humphrey forderte, die Tanzkunst müsse »zur Erde«, zu den Dynamiken und Konflikten des menschlichen Lebens zurückkehren, um eine humane Form zu realisieren.

Darin folgte Humphrey der Vision des neuen Kontinents Amerika, der, vom vitalen Lebensgefühl durchdrungen, ein solches Gespür für den eigenen Körper einfordere. Der dergestaltige Aufbruchswille Amerikas berge, so hoffte Humphrey, die Chance, eine sozial ausgewogene und demokratische Gesellschaft zu realisieren. Einmütig mit Graham und doch mit anderen Akzenten proklamierte sie eine amerikanische Tanz-Ästhetik mit den Attributen vital, zivilisiert, demokratisch und technisch innovativ. In dem Aufsatz *What Shall We Dance about?* von 1932 entwirft Humphrey den Tanz zur nationalen Identifikationsfigur Amerikas.[15] Als ursächlich amerikanische Kunst verstanden, folgt Humphrey der humanistischen Idee, den Menschen im Tanz individuell und physisch zu stärken und zu einem verantwortungsvollen Mitglied der Gesellschaft zu machen. Daher wundert es nicht, dass sich Humphreys choreografische Arbeit leidenschaftlich auf Gruppenstücke konzentrierte und ästhetisch wie ideell dem Ensemble-Gedanken folgte. Ein Programmzettel von 1929 veranschaulicht Humphreys Absicht, die sie mit dem Ensembletanz verband und den sie deutlich vom solistischen Tanz absetzte:

The solo dancer is too much herself. Her dancing is too much limited by size, by shape, by the colour of

hair and eyes. It is too characteristic and too limited
to be the great dance of tomorrow. In the ensemble
the audience receives only the true impressions of
movement, design, accent.[16]

Doris Humphrey

Ihre 1928 gegründete Kompanie benannte Doris Humphrey programmatisch als Ensemble und setzte den
demokratischen Gedanken von der Gleichwertigkeit
aller Ensemble-Mitglieder choreografisch um.[17] Die
Stücke besetzten alle Tänzer/innen mit gleichwertigen
Tanzparts und Rollen. Anstatt ausschließlich Solis-
ten/innen herausgehoben aus einem homogenen Corps
de Ballet zu präsentieren, tanzten alle Humphrey-
Tänzer/innen abwechselnd einen Solopart. Die
Gruppenpassagen indessen zeichneten sich durch
Humphreys choreografisches Geschick aus, ein ab-
wechslungsreiches Bewegungsmaterial rhythmisch und
räumlich zu variieren und die Tänzer/innen in ver-
schachtelten Gruppenformationen, motivisch vernetzt,
weitläufig durch den Raum zu führen.

Ihre zusammen mit Charles Weidman gegründete
Kompanie (1928-1944) war mit 16 Tänzern/innen
ungewöhnlich groß und arbeitete in einer durchaus
unüblichen Organisationsweise. Denn beide Choreografen schufen für die Kompanie gemeinsame und auch
eigene Stücke mit ihrer je persönlichen Handschrift.
Charles Weidman galt als hervorragender Pantomime
mit Vorliebe für satirisch-komische Choreografien wie
Minstrels (1928) oder *Scherzo* (1928).[18] Humphrey indessen konzentrierte sich auf formalsprachlich ausgear-
beitete Gruppenchoreografien, die entsprechend ihres
linksliberalen Engagements[19] z.T. sozialkritische Sujets
bearbeiten. Ihre Trilogie *New Dance* (1935–1936) mit
New Dance, *Theatre Piece* und *With My Red Fires* steht,

Doris Humphrey: Square Dance (1938)
Foto: Barbara Morgan

auch wenn sie nie zusammenhängend aufgeführt wurde, hierfür exemplarisch. Inhaltlich setzt sich die Trilogie, wie Doris Humphrey im Jahr der Entstehung, erläuterte, mit der Beziehung unter Menschen auseinander. Der erste Tanz, *New Dance*, »repräsentiert die Welt, wie sie sein sollte, in der jede Person eine klare und harmonische Beziehung zu den anderen unterhält. Das zweite Stück *Theatre Piece* zeigt das Leben, wie es heute ist – ein hartes Geschäft, in dem überlebt, wer sich dem Wettbewerb stellt. Das meiste davon ist Satire. Der dritte Tanz *With my Red Fires* handelt von der Liebe zwischen Mann und Frau und zwischen zwei Frauen.«[20] Die Trilogie gibt in ihrer dramatischen und kompositorischen Anlage die ästhetischen Grundsätze von Humphreys choreografischer Arbeit zu erkennen. Das ästhetische Ziel einer jeden Choreografie markiert eine harmonische Situation und Gesellschaftsordnung, in der herrschende Konflikte als gelöst erscheinen. Wohl zeigen die Choreografien Konfliktsituationen mit ihren wider- und gegenläufigen Prozessen. Deren dynamische Oppositionspaare werden aber am Ende der Stücke harmonisiert und münden in ein Arrangement aus qualitativ ausgeglichenen und kompositorisch geordneten Bewegungen. Die tanzenden Körper präsentieren sich in simultanen Passagen aus weich geführten Körperlinien. Das zuvor heraufzitierte Drama der menschlichen Existenz weicht einem frohen und utopischen Ausgang. Nach Humphreys Überzeugung ist es die gesellschaftspolitische Aufgabe des modernen Tanzes, einen solchen gewissermaßen Läuterungsprozess zu visualisieren: Der Zuschauer müsse angenehm und positiv gestimmt das Theater verlassen und ein Gefühl für die Utopie menschlichen Zusammenseins erfahren, wie sie in der Verständigung von Ich und Du als harmonischer Zusammenklang angelegt ist.[21]

Das Tanzdrama als utopische Figur

Humphrey entlehnte jene Utopie der Frühgeschichte des Tanzes und adaptierte aus ihr die Figur des Tanzdramas.[22] Interpretiert als choreografische Urform sieht sie im Tanzdrama die anthropologische Funktion der Tanzkunst eingelöst, nämlich ein kommunikations- und gemeinschaftsstiftendes Band zwischen den Menschen zu knüpfen.

The contention (...) is that dance, and dance drama, (...) can restore the dignity of the body, which prurience and hypocrisy have damaged, can recall the lost joys of people moving together rhythmically for high purposes, can immeasurably improve the education of the young, can (...) restore vitality to the theatre, can contribute a moral stimulus to the furtherance of more courageous, coordinated, and cultured behavior.[23]

Das Tanzdrama birgt für Humphrey die Utopie amerikanischer Tanzkunst. Seine choreografische Form entspricht dem gesellschaftlichen Naturell des Menschen, denn im Tanzdrama habe die menschliche Natur ihren utopischen Fluchtpunkt, ihr »Nirgendheim« gefunden. Humanität im Tanz zeigt sich nach Humphrey damit nicht in der Gestalt des tanzenden Subjekts und der sich hierin unmittelbar vermittelnden Emotionen. Vielmehr stellt Humanität ein intellektuelles Projekt einer kompositorisch erwirkten und choreografisch sichtbar werdenden Konfliktsituation und ihrer Lösung dar. Hierdurch würden Harmonie und Gleichwertigkeit erlebbar.

Eine Auseinandersetzung mit formalen Kompositionsstrukturen wird für Humphreys choreografische Tätigkeit daher zentral. Insbesondere in ihren groß angelegten Gruppenstücken – z.B. *Water Study* (1928) – finden sich rhythmisch feinfühlige und räumlich komplexe Szenen, die den Themenhorizont der Choreografie formalsprachlich vermitteln und kinästhetisch erarbeiten. In Stille getanzt, verkörpern die 14 Tänzer/innen qualitativ unterschiedlichste Wasserläufe. Ihr nach Kraft, Dynamik, Rhythmik und räumlicher Gestalt fein differenziertes Bewegungsspektrum zeigt verschiedene Bewegungsarten des Wassers, ohne das Thema nachahmend oder mit Hilfe gestischer oder bildnerischer Mittel symbolisch zu behandeln. Weder durch die Musik

noch in den Kostümen, Kulissen oder Bühnenraum-
elementen kommen Bilder, Geräusche oder Landschaften von Wasser zur Darstellung. Ähnlich Grahams materialistischer Phase behandelt Humphrey das Thema als
reines Bewegungssujet. Allein der strömende, plät-
schernde, sprühende oder wellenförmige Gestus der
Bewegungen, die hin- und herschaukelnden Gänge der
Tänzer und ihre schwingende nuancierte Bewegungs-
rhythmik durchziehen den Bühnenraum und zeigen
eben darin *Wasserstudien*. Mit Wiederholungen und
motivischen Variationen arrangiert Humphrey die Bewegungsphrasen zu kontrastiven Einheiten. Die raum-
choreografisch überlappende Anordnung einzelner
Tänzergruppen dynamisiert mit stets sich verteilenden
Formationen das Arrangement. Durchsetzt von einzelnen, aus den Formationen immer wieder heraus-
tretenden Tänzern, die neue Motive einführen, entsteht
ein heterogenes Geflecht. Die an sich gegebenen kin-
ästhetischen Qualitäten des Tanzens formen eine kris-
talline formale Choreografie.

Motivation einer modernen eigenen Technik

Humphrey und Graham erarbeiteten nach ihrer Ausbildungszeit und ihrem Engagement bei *Denishawn* – Graham gehörte 1916-23, Humphrey 1917-27 zur Kompanie – ihre jeweilige Tanzästhetiken auf der Grundlage
individuell entwickelter Tanztechniken. Systematisiert
und gelehrt, bildeten sie die Basis für ein neues modernes Choreografieverständnis. Hierbei spielte die Motivation, mit der Humphrey und Graham *Denishawn*
letztlich verließen, um eine eigene Karriere anzustreben,
eine wichtige Rolle. Die Trennung beider gründete sich
trotz gewaltiger persönlicher Unterschiede auf einer
sehr ähnlichen ästhetischen Einschätzung des bislang
praktizierten Tanzstils: Die Ästhetik von Ruth St. Denis

und Ted Shawn galt Humphrey und Graham einhellig als zu pittoresk und folkloristisch, primär an Entertainment und ökonomischem Erfolg orientiert und ohne an einer aktiven ästhetischen Auseinandersetzung mit zeitgenössischen Sujets, dem eigenen Land oder Körper interessiert zu sein. Unter all dem mystischen Zauber der *Denishawn*-Tänze zeigte sich zunehmend ein entrückter Körper, orientalisches Schmuckwerk. Tatsächlich bezauberten *Denishawn* ihr Publikum in Tanzshows bei den Ziegfield Follies mit pompös geschmückten, heiteren und orientalisch angehauchten Choreografien. Rückblickend reflektierte Humphrey 1956 über ihre Zeit bei *Denishawn*:

> I felt as if I were dancing as everyone but myself, I know something about how the Japanese moved, how the Chinese or Spanish moved, but I didn't know how I moved or what the American heritage should be. (...) This led to a break, of course, and to a completely new start.[24]

Humphreys Kritik entzündete sich neben dem Vorwurf, Kommerzialität vor künstlerische Ambitionen zu stellen, vor allem an der mimetischen Bewegungsästhetik von *Denishawn*, die den Körper mit Liebreiz und mystischem Zauber umgarnte, anstatt seinen existentiellen Kern zu berühren. Der moderne Tanzkörper müsse aber – so forderte Humphrey und auch Graham – zum Medium des modernen Lebensgefühls und zeitgenössischer Realität werden. Für Graham konkretisierte sich dies in einer Bewegungssprache, die von nervösen Energien und spannungsgeladenen Momenten durchzogen ist. »The Modern Dance is couched in the rhythm of our time; it is urban and not pastoral.«[25]

Die Graham-Technik

Der tänzerische Gestus der *Martha Graham Dance Company*, die von 1929 bis 1938 eine reine Frauenkompanie war, lebte aus kraftvollen, erdigen, wirbelnden, kämpferischen und in den Raum hinein greifenden Bewegungen, deren Dynamik den Eindruck von Leichtigkeit oder gar schwebenden Körpern radikal unterbanden. Graham erarbeitete eine Bewegungstechnik, die den Körper als spannungsgeladene Wesenheit vorführt, deren Bewegungen sich weder ihrem *momentum* noch dem freien Fluss ihrer Energien hingeben. Bewegungsästhetisch dominierte ein so genannter gebundener Fluss, der den Körper stets unter Spannung hält (*postural bound flow*). Die Tanzkörper stauen, wie Graham selbst sagt, alles Runde, alles Fließende in sich auf[26] und folgen dabei keinerlei ›natürlichen‹ Impulsen oder unmittelbar emotionalen Regungen. Der Duktus gipfelt in einer gespannt geführten Dynamik, die kinästhetisch niemals ins Unkontrollierbare ausufert oder gar ins Chaotische führt. Stattdessen setzt Graham die Bewegungsphrasen mit scharfen Schnitten ähnlich kinematografischer Sequenzen gegeneinander. Das Körperdesign zeigt zerborstene und bizarre Formen, verdreht in der Haltung und winkelig in der Gestalt, deren Anspannung allen Gliedern und Gelenken eingebrannt zu sein scheint. Die rhythmische Kraft und energetische Schärfe der Bewegungen durchziehen alle Fasern des Körpers. Gleich einer lodernden und erstickten Wut ballen die Tanzkörper ihre Energie in sich zusammen, um aus dem Beckenraum heraus blitzartig in die angespannten Glieder zu fahren. »I wanted significant movement. I did not want it to be beautiful or fluid. I wanted it to be fraught withinner meaning, with excitement and surge.«[27] Die tänzerische Bewegung wird zum ästhetisch autonomen Signifikat.

Die Humphrey-Technik

Die Humphrey-Technik bildet indessen einen Bewegungsstil, der aus dem *momentum* der Bewegung heraus einen fließend, schwebend-dynamischen Duktus trägt. Ein steter und freier Strom versetzt diese Tanzkörper in endlose Bewegungsschleifen, denen Humphrey kompositorisch klare Strukturen gibt. Humphreys Tanztechnik konzentriert sich auf zwei grundlegende, sich physisch entsprechende Bewegungsprinzipien: *fall* (Fall/Labilität) und *recovery* (Halt/Stabilität). Zu komplexen Übungsfolgen zusammengestellt, galten sie Humphrey als physiologische Grundprinzipien menschlicher Bewegung, die zudem anthropologisch seine Position in der Welt bestimmen. *Fall* und *recovery* inkorporieren nicht nur die Lebenskraft des Menschen, sich dank seines Eigengewichts mobilisieren zu können, sondern sie markieren die tragische Dimension seiner Existenz: Am äußersten Balance-Punkt gibt der Körper der Schwerkraft nach – fällt – und gewinnt erst durch Aktivierung muskulärer Gegenkraft eine Stabilität zurück, die allerdings nicht von langer Dauer ist.

Dieser Bewegungsverlauf trägt für Humphrey eine psychologische, archetypische und symbolische Bedeutung dadurch, dass er das »Drama der Bewegung« spiegelt. Alles, so betonte Humphrey, befindet sich im konstanten Wechselspiel aus Fallen und Wiederaufrichten. Jeder Atemzug werde von diesem kinetischen Gesetz beherrscht. Im aufrechten Stand wirke es ebenso wie in allen übrigen Bewegungsabläufen. Sein fluktuierendes Zusammenspiel prägt im Körper das Gefühl für Gleichgewicht und dessen Verlust und verleiht ihm Gespür für seine Endlichkeit. Im Fall erfährt der Körper erregende Gefahr. Sein aufrüttelnder, rauschhafter und beängstigender Moment erhält im *recovery* sein komplementäres Gegenstück. Hier durchströmt den Körper das Gefühl ruhiger Balance. Der Körper bewegt sich demnach stets zwischen lustvoller Gefahr und friedvoller Ruhe und führt dem Menschen in existenzialistischer Weise die Endlichkeit seines Daseins vor Augen: am einen Pol die Gefahr zu erstarren, am anderen, sich zu Tode zu stürzen.[28]

Humphreys choreografisches Augenmerk liegt auf der räumlich distinguierten Ausgestaltung dieses Bewegungsprinzips. Während die Körper bewegungstechnisch lernen, flexibel und durchlässig dem *momentum* ihrer Bewegungen zu folgen, dominiert choreografisch eine Öffnung der Tanzkörper in den Raum. Mit weit geschwungenen Gliedern formen sie auf gebogenen und spiraligen Wegen, leicht in der Achse gedreht, schräg geneigte Körperansichten. Choreografisch bedeutsam werden sie für Humphrey durch ihre Asymmetrie. Humphrey folgte stets der Maxime, nur in der Gegenläufigkeit von Formen, ihrer Asymmetrie, ihrem Kontrast und damit ihrem Konflikt, sinnfällige Formen bilden zu können.[29] Eine gelungene moderne Komposition verkörpere sich durch eine kontrastiv-spannungsvolle Dynamik und nicht durch mechanische, monotone und damit aussageleere Bewegungen, die lediglich in Eintönigkeit versänken. Der Kontrast verlebendige eine Choreografie und zeige eben hierin das Drama der Bewegung.[30]

Biografische Umstände und ihre Bedeutungsweite

Martha Graham und Doris Humphrey verband das unbedingte Engagement für eine zeitgemäße Tanzkunst in ihrem Land und der Mut, ihr künstlerisches und politisches Selbstverständnis eindringlich zu formulieren. Mit Blick auf den amerikanischen Modern Dance und die nachträgliche Bedeutung ihrer tänzerischen und choreografischen Arbeiten bleibt das Unterschiedene zwischen ihnen prägend. Während Martha Graham

96-jährig – gestorben am 1. April 1991 – ein choreografisches Gesamtwerk mit ca. 200 Stücken hinterließ, für das sie mehrmals im Laufe ihrer erfolgreichen Karriere geehrt wurde, schied Doris Humphrey früh aus dem tänzerischen Bühnenleben aus. Eine schwere Hüftarthritis zwang sie, 1944 vom Tanzen abzulassen und ausschließlich zu choreografieren. Humphreys Tanztechnik wurde durch ihren Schüler und den späteren Choreografen José Limón weitergeführt und unter seinem Namen [sic!] in Europa verbreitet.[31] Auch wenn Doris Humphrey bis zu ihrem Tod 1958 viele wichtige Choreografien entwickelte, war sie als Tänzerin und Person wenig präsent. Vielleicht wird der amerikanische Modern Dance auch deswegen primär mit Martha Graham und nicht mit der ernsteren und in gewisser Weise beharrenderen Doris Humphrey identifiziert.

Martha Graham gilt unmissverständlich als die Identifikationsfigur des klassischen Modern Dance. Neben ihren bis heute aufgeführten Choreografien und einer weltweit verbreiteten, unter ihrem Namen geführten modernen Tanztechnik, die in New York City an der *Martha Graham School* weiterhin gelehrt wird, halten regelmäßige Tourneen der *Martha Graham Dance Company* ihre unverkennbare Ästhetik lebendig.

Anmerkungen

[1] »Ich liebe die Vorstellung, wie Leben Menschen durchströmt – Blut und Bewegung.« (Übersetzung der Autorin)

[2] Martha Graham: »Graham 1937«. In: Jean Morrison Brown / Naomi Mindlin / Charles Humphrey Woodford (Hg.): *The Vision of Modern Dance*. New Jersey 1988, S. 50, Ü.d.A. Original: »We are making a transition from 18th to 20th century thinking. A new vitality is possessing us. (...) No art can live and pass untouched through such a vital period as we are now experiencing. Man is discovering himself as a world.«

[3] Martha Graham: »Martha Graham 1936«. In: Merle Armitage (Hg.):

Martha Graham. New York 1966, S. 105. »Zu den amerikanischen Tänzern sage ich ›Erkenne dein Land‹. Wenn sich seine Vitalität, seine Frische, seine Fülle, sein Überreichtum an Jugend und Energie, sein Kontrast zwischen Vollkommenheit und Dürre in den Bewegungen der Bühne manifestieren, dann können wir erkennen, was amerikanischer Tanz ist.« (Ü.d.A.)

[4] Zum so genannten *revolutionary dance* aus New York City zählte die *Workers Dance League* mit Choreografinnen wie Anna Sokolow, Jane Dudley, Edith Segal, Miriam Blecher, Lillian Mehlman, Nadia Chilkovsky und Sophie Maslow. Deren Dachorganisation, die *Workers Dance League*, fasste zudem die *New Dance Group, Theatre Union Dance Group, Jack London Rebel Dancers of Newark, Red Dancers, Nature Friends Dance Group, Modern Negro Dance Group* und die *New Duncan Dancers*. Vgl. Ellen Graf: *Stepping Left. Dance and Politics in New York City, 1928-1942*. Durham, London 1997; Ramsay Burt: *Alien Bodies. Representations of Modernity, ›Race‹ and Nation in Early Modern Dance*. London, New York 1998.

[5] Graham: »Martha Graham 1936«. In: Armitage (1966), S. 105. »Ein amerikanischer Tanz ist keine Serie von Schritten. Er ist letztendlich viel mehr. Seine Charakteristika sind sein Zeittakt (time beat), seine unterschiedliche Geschwindigkeit, sein scharfer, klarer Akzent, sein Staccato.« (Ü.d.A.)

[6] Vgl. Mark Franko: *The Work of Dance. Labor, Movement, and Identity in the 1930s*. Middletown/Connecticut 2002, S. 54ff.

[7] Martha Graham: »Dancers Fokus«. In: Barbara Morgan: *Martha Graham. Sixteen Dances in Photographs*. 1. Auflage 1941. Überarbeitete Ausgabe New York 1980, S. 11. »Tanz ist absolut. Er bedeutet nicht Wissen über etwas, er selbst ist Wissen.« (Ü.d.A.)

[8] Edna Ocko (Meyers) war die führende linksradikale Tanzkritikerin der 1930er und 40er Jahre, u.a. als Herausgeberin von *New Theatre* tätig. Vgl. Stacey Prickett: »Reviewing on the Left: The Dance Criticism of Edna Ocko«. In: *Of, by and for the People: Dancing on the Left in the 1930s*. Hg. v. Lynn Garafola. Studies in Dance History, Vol. 5, No. 1, Madison/Wisconsin 1994, S. 65-103.

[9] Martha Graham: *Blood Memory. An Autobiography*. New York 1991. Dt. *Der Tanz – Mein Leben. Eine Autobiographie*. München 1992. Graham (1992), S. 274.

[10] Trotz ihrer relativ spät begonnenen Tanzausbildung und ihren anfänglich bewegungstechnischen Defiziten galt Grahams Bewegungsduktus schon in den 20er Jahren als ausgesprochen expressiv.

[11] Graham war bei *Denishawn* 1916-23 engagiert und gab nach einer Zeit bei den *Greenwich Village Follies* (1923-26) am 18. April 1926 ihr solistisches Debut. Humphrey indessen tanzte nicht nur bei *Denishawn* (1917-27), sondern unterstützte – tanztechnisch bei weitem besser ausgebildet als Graham zu dieser Zeit – Ruth St. Denis in ihrer

kompositorischen Arbeit, entwickelte eigene Choreografien und lehrte in der Schule von *Denishawn*.

[12] Graham (1992), S. 73.

[13] Selma Jeanne Cohen (Hg.): *Doris Humphrey. An Artist First. An Autobiography*. 1. Auflage 1972. Pennigton / New Jersey 1995, S. 233; Marcia Siegel: *Days on Earth. The Dance of Doris Humphrey*. Durham, London 1993, S. 117.

[14] Graham (1992), S. 73. Während Humphrey ihren Leser in den kompositorischen Kosmos choreografischer Leitgedanken einführt, geleitet Graham den Leser ihrer Autobiografie mit selbstsicherem Tonfall durch die Etappen ihres erfolgreichen Lebens. Durchzogen von allerlei Kämpfen und Auseinandersetzungen präsentiert sich eine Erfolgsgeschichte, die vom Glück einer vielfach bewunderten, sozial anerkannten und von vielen Stars der Kunst-, Film- und Schauspielszene gesuchten Persönlichkeit erzählt. Durchbrochen sind diese Erzählstränge durch kleine dramatische Inseln, die von Schwierigkeiten und Hindernissen zeugen – ohne allerdings in Schwermut oder Groll zu verfallen. Alle Problemlagen kann Graham durch harte Disziplin, beharrliches Arbeiten meistern, Tugenden, die auch in ihrer Tanztechnik im Mittelpunkt stehen.

[15] Humphrey 1932, in Cohen (1995), S. 253.

[16] Humphrey 1929, in Siegel (1993), S. 80. »Die Solotänzerin ist zu sehr sie selbst. Ihr Tanzen ist zu sehr durch ihre Größe, ihre Figur, die Farbe ihres Haars und ihrer Augen bestimmt. Das ist zu charakteristisch und zu eingeschränkt, um der bedeutende Tanz von morgen zu sein. Nur im Ensemble nimmt das Publikum den eigentlichen Eindruck von Bewegung, Gestaltung, Akzentuierung wahr.« (Ü.d.A.)

[17] Vgl. Doris Humphrey: *Die Kunst, Tänze zu machen. Zur Choreographie des Modernen Tanzes*. Wilhelmshaven 1985, S. 127-131.

[18] Charles Weidman (1901-1975) schuf Choreografien wie *Quest* (1936), *Happy Hypocrite* (1931), *Candide* (1933), *And Daddy was a Fireman Too* (1943). Später choreografierte er am Broadway und für die New York City Opera. In den 1960er Jahren gründete er gemeinsam mit dem bildenden Künstler Mikhail Santar in New York das Performance-Zentrum *Expression of Two Arts Theatre*, in dem er bis zuletzt lehrte und auftrat.

[19] Doris Humphrey gehörte 1936 der aus dem *Federal Theatre Project* hervorgegangenen *Dance Association* an.

[20] Humphrey, in Cohen (1995), S. 238f, Ü.d.A. Original: »I have composed a trilogy of which the general theme is the relationship of man to man. There are three long works which would take an evening and a half for presentation. One is in symphonic form and two are in dramatic form. The first, *New Dance*, represents the world as it should be, where each person has a clear and harmonious relationship to his fellow beings. The second, *Theatre Piece*, shows life as it is today – a

grim business of survival by competition. Much of this is done in satire. The third, *With my Red Fires*, deals with love between man and woman and between two women.«

[21] Vgl. Doris Humphrey: »What a Dancer thinks about« (1937). In: Brown / Mindlin / Humphrey Woodford (1988), S. 63.

[22] Humphrey zeichnet eine eigenwillige Historie des Tanzdramas, die von mythologischen Ursprüngen über die Blütezeit in der griechischen Tragödie und das Ballett des 15. bis 19. Jahrhunderts bis hin zu kirchlichen Formen reicht und in dieser Linie das gesellschaftlich bedeutsame Wiedererwecken ihrer Form im 20. Jahrhundert unterstreichen soll. Humphrey stützt sich dabei vor allem auf Friedrich Nietzsche und sein Begriffspaar des Apollinischen und Dionysischen. Vgl. Doris Humphrey: »Dance Drama«. In: Walter Sorell (Hg.): *The Dance Has Many Faces*. Cleveland, New York 1951, S. 20–27.

[23] Humphrey in Sorell (1951), S. 27. »Die Behauptung (...) lautet, dass Tanz – und Tanzdrama – (...) die Würde des Körpers, geschädigt von Lüsternheit und Heuchelei, wiederherstellen kann; dass Tanz/ Tanzdrama verlorene Freuden wiederbringen kann, wenn sich Menschen gemeinsam zu höheren Zwecken bewegen; dass Tanz / Tanzdrama die Erziehung der Jugend in unermesslicher Weise verbessern kann; dass Tanz / Tanzdrama Lebendigkeit zurück ins Theater bringen kann; dass Tanz / Tanzdrama (...) einen moralischen Anstoß geben kann, um ein mutigeres, geordneteres und kultivierteres Verhalten zu fördern.« (Ü.d.A.)

[24] Humphrey in Cohen (1995), S. 266. »Ich fühlte mich, als würde ich wie alle anderen tanzen außer wie ich selbst. Ich wusste etwas darüber, wie sich die Japaner oder die Chinesen oder die Spanier bewegten, aber ich wusste nicht, wie ich selbst mich bewegte oder was das amerikanische Erbe sein sollte. Das führte natürlich zum Bruch und zu einem vollkommenen Neuanfang.« (Ü.d.A.)

[25] Graham (1934) in Armitage (1966), S. 102. »Der Modern Dance ist im Rhythmus unserer Zeit abgefasst; er ist urban, nicht ländlich.« (Ü.d.A.)

[26] Martha Graham: Lecture-Auszug, gehalten in John Martins Vorlesungsreihe über die Kunst des Amerikanischen Tanzes (New School for Social Research; 09.03.1934); abgedruckt in: *Dance Observer*, April 1934, S. 32f.

[27] Martha Graham zitiert nach Margaret Lloyd: *The Borzoi Book of Modern Dance*. New York 1974, S. 49f. »Ich wollte eine bedeutsame Bewegung. Ich wollte nicht, dass sie schön oder fließend ist. Ich wollte, dass sie mit innerer Bedeutung aufgeladen ist, mit Erregung und Wucht.« (Ü.d.A.)

[28] Vgl. Sabine Huschka: *Moderner Tanz. Konzepte – Stile – Utopien*. Reinbek bei Hamburg 2002, S. 198-245.

[29] Vgl. Paul Love / Doris Humphrey: »The Dance of Doris Humphrey«.

Martha Graham/Doris Humphrey

In: Virgina Stewart: *Modern Dance*. New York 1935, S. 110.

[30] Doris Humphrey: »My Approach to the Modern Dance«. In: Frederick Rand Rogers (Hg.): *Dance: A Basic Educational Technique*. New York 1941, S. 189.

[31] Der mexikanische Tänzer und Choreograf José Limón (1908-1972), der 1930 bis 1944 mit Unterbrechungen Tänzer in Humphreys Kompanie war, adaptierte Humphreys Tanztechnik und verfeinerte sie. Er machte die Humphrey-Technik auf den weitläufigen Tourneen seiner Kompanie durch Europa unter seinem Namen bekannt und lehrte sie als Limón-Technik. Vgl. Daniel Lewin: *Illustrierte Tanztechnik von José Limón*. Wilhelmshaven 1990.

Katja Schneider

»Très chère Wallfrau«[1]:
Margarethe Wallmann
(1901/04-1992)

Salzburg 1931. »Nach langen Verhandlungen ist es gelungen, die Leiterin der Berliner *Wigmann-Schule,* Margarete Wallmann, mit ihrer Tanzgruppe, die unlängst in Berlin (...) einen geradezu sensationellen künstlerischen Erfolg errang, für die Salzburger Festspiele zu gewinnen«, meldet im April die *Salzburger Chronik.* Es war ihr Stück *Orpheus Dionysos,* das ein Jahr zuvor beim dritten Deutschen Tänzerkongress in München uraufgeführt worden war und dessen Berliner Premiere noch nicht lange zurück lag. Bejubelt vom Publikum, gefeiert von der Kritik für eine Leistung, die als wegweisend für den modernen Tanz galt, verschaffte ihr dieser Erfolg eine Einladung zu den Festspielen. In Salzburg soll Margarethe Wallmann nun unter der musikalischen Leitung von Bruno Walter und der Regie von Karl Heinz Martin die Tanz- und Bewegungspassagen in *Orpheus und Eurydike* von Christoph Willibald Gluck choreografieren. Und sie wird, was die *Salzburger Chronik* verschweigt, im selben Festspielsommer als Choreografin und Regisseurin für ihr Bewegungsdrama *Das jüngste Gericht* verantwortlich zeichnen.

In diesen beiden Jahren, 1930 und 1931, und mit diesen drei Stücken legte Margarethe Wallmann das Fundament für eine internationale Karriere, die bis in die 1970er Jahre anhielt und sie von einem illustren Haus zum nächsten führte. Immer wieder als Pionierin der

Opernregie bezeichnet, ist sie heute trotzdem so gut wie vergessen, eine Randerscheinung, die meist nicht im selben Atemzug genannt wird mit anderen Wigman-Schülerinnen und Kolleginnen wie Gret Palucca, Hanya Holm, Vera Skoronel oder Berthe Trümpy. Vielleicht, weil ihre Leistung für den Tanz in der Vermittlung und Synthese lag: Pragmatisch schnitt sie ihre Stücke auf den jeweiligen Adressaten zu und führte unterschiedliche Ansätze des Ausdruckstanzes zusammen. Als Erste, noch vor Mary Wigman, war Margarethe Wallmann Ende der 20er Jahre in den USA, um dort den Stil der Meisterin zu promoten und über den »New German Dance« Vorträge zu halten. Sie lud Ted Shawn ein, mit ihr zu tanzen, und choreografierte dem Partner der legendären Ruth St. Denis und Mitbegründer der *Denishawn-Schule* und *-Kompanie* die Hauptrolle in *Orpheus Dionysos* auf den Leib.

1930 war der Ausdruckstanz im Umbruch. Den dritten Tänzerkongress hatten die Vereine *Deutscher Tänzerbund* (geprägt von Rudolf von Laban), *Deutsche Tanzgemeinschaft* (von Mary Wigman als Konkurrenz gegründet) und *Chorische Bühne* organisiert, und er konnte mit 1400 internationalen Besuchern einen quantitativen Erfolg verzeichnen. Ästhetisch und qualitativ hingegen, schreiben Hedwig Müller und Patricia Stöckemann in ihrem Buch »... *jeder Mensch ist ein Tänzer*«, sei er erschreckend und desillusionierend gewesen. Die Jüngeren zeigten wenig Eigenständiges, das als Höhepunkt geplante *Totenmal* von Albert Talhoff und Mary Wigman war nicht fertig geworden und geriet zum Desaster: Der Ausdruckstanz hatte seinen künstlerischen Zenit überschritten.

Da präsentierte Margarethe Wallmann mit 33 Tänzerinnen und Tänzern ihrer Kompanie, der so genannten *Tänzergruppe 1930 Margarete Wallmann*, im Münchner

Margarethe Wallmann und Ted Shawn
in Orpheus Dionysos *(1930)*

Nationaltheater ihr Stück *Orpheus Dionysos*. Die Musik
stammte von Christoph Willibald Gluck, versetzt mit
Geräuschmusik (von der Kritik als Wigman-Reminis-
zenz und »geschmackliche Entgleisung« quittiert), das
Libretto schrieb Felix Emmel, Schriftleiter der Viertel-
jahresschrift *Tanzgemeinschaft* (herausgegeben von

Wigmans *Deutscher Tanzgemeinschaft*) und Lehrer an Wallmanns Schule in Berlin. Emmel sah hier seine Ideen von einer dringend notwendigen »Versachlichung« des expressionistischen Tanzes verwirklicht, umgesetzt in ein geschlossenes Tanzdrama. Die Zeit, schreibt er, sei »endlich reif für den tänzerischen Über-Realismus«.

In vier Bildern läuft bei Wallmann das Drama von Orpheus ab, der auf dem »Berg der Trauer« voller Verzweiflung über den Tod seiner Frau Eurydike die Totenfeier stört. Er beschwört die Erde, sich zu öffnen und ihm seine Frau wiederzugeben. Eurydike erscheint ihm, und er folgt ihr in das Innere der Erde. Im »Berg der Nacht« bekämpft Orpheus erfolgreich die Furien. Eurydike ist unterdessen im »Berg der Helle« angekommen und wird dort von den lichten Schatten in ihren Kreis aufgenommen. Als Orpheus eintrifft, korrespondieren ihre Seelen und suchen einander. »Ein Wall von Gestalten« trennt sie, bis die Schatten sie zusammenführen, unter der bekannten Bedingung, dass Orpheus sich nicht nach Eurydike umdrehen dürfe, bis er das Tageslicht erreicht habe. Der »Berg der Vollendung« zeigt, wie das Paar bei seinem Aufstieg alle Gefahren überwindet, bis Orpheus seinen Fehltritt tut: »Gegen das göttliche Gebot verstoßend, dreht er sich um, umfängt Eurydike, reißt ihren Schleier ab und hält – eine Tote. Die Furien kommen über ihn, zerreißen ihn. Stürzen ihn in Nacht und Vernichtung. Türmen sich – ein lebendiges Grab – über dem entseelten Leib.«

Margarethe Wallmann arrangierte und choreografierte ihren Stoff auf einer Treppenanlage, entwarf ornamentale Bilder, stets in der Spannung von blockweise geführter Gruppe und den Solisten gehalten. Mila Cyril tanzte die Totenpriesterin, Hans Weidt (später Jean Weidt) den Dunklen Führer, Wallmann selbst die

Eurydike, Ted Shawn den Orpheus. Fotografien zeigen streng symmetrisch ausgerichtete Muster, gruppen-architektonisch ausgeklügelte Figurationen, parallele Halbbogen etwa, durchkomponiert bis in die kleinste Einzelgeste. Wo Wigman nur in die Tiefe gehe, heißt es 1931 in dem maßgeblichen Fachblatt *Der Tanz*, galt Wallmanns Bestreben, »die Einzelheiten technisch sauber bis in die entlegenste Bewegung auszuarbeiten, sorgfältig die Symmetrie zu wahren und die malerischen Möglichkeiten der Treppenkonstruktion auszunutzen«. Kurz: Sie erfand hier als Choreografin das Rad nicht neu, aber sie konnte es gleich bei ihrem ersten Stück auf effektsichere und konsequente Weise in Bewegung setzen.

Kritiker sahen sie dabei den Pfad verlassen, »den ein orthodoxer Wigmanismus« ihr weisen müsste. Nicht »von Doktrinen irgendeiner Richtung oder einer Schule« bestimmt, sondern nur von den »Gesetzen der Bühne« geleitet, habe sie »einen sehr produktiven Weg eingeschlagen, der ihre Tänzergruppe weiterbringen kann, als es die Sackgasse der ehemaligen Wigmangruppe vermochte«, schrieb Joseph Lewitan in *Der Tanz*.

Dabei war Wallmann eine glühende Wigmanianerin gewesen. Hatten ihre Eltern sie ins Ballett geschickt, so war die Hinwendung zu Mary Wigman allein ihre Idee. Die kleine Margarethe besuchte zunächst vermutlich die Ballettschule der Berliner Hofoper, dann studierte sie bei Eugenia Eduardowa in Berlin und setzte später ihre Ausbildung bei Heinrich Kröller und Anna Ornelli in München fort. In ihren Erinnerungen, *Les Balcons du ciel*, stilisierte sie die Ausbildung bei Mary Wigman zu einem Akt der persönlichen und künstlerischen Autonomie und der Durchsetzungskraft, gegen den Willen der Eltern, die nicht verstanden, warum sie ihre ange-

Furienszene in Orpheus Dionysos
von Margarethe Wallmann (1930)

hende Karriere als klassische Tänzerin aufgeben wollte,
und gegen den Willen Wigmans selbst, die mit so einer
Ballettmaus nicht viel anfangen konnte und ihr das
auch zu verstehen gab. Wallmann ließ sich davon nicht
beeindrucken.

Sie ging nach Dresden zu Mary Wigman, wurde ihre
Schülerin (teilte mit Yvonne Georgi ein möbliertes Zimmer) und in ihre Tanzgruppe übernommen, erhielt 1926

das Lehrerdiplom und eröffnete kurz darauf die größte aller Wigman-Schulen, die *Mary Wigman Tanzschule Berlin* am Kurfürstendamm 119/120. Vicki Baum und Anita Loos sollen sich hier als Schülerinnen eingeschrieben und für ihre Bücher recherchiert haben.

Mit ihrer Lehrerin und Mentorin teilte Margarethe Wallmann die gleichen Initialen – und übertraf sie noch im Willen zur Selbststilisierung. Karoline Sofie Marie Wiegmann strich ihren Namen auf die anglifizierte Form Mary Wigman zusammen. Margarethe Wallmann hingegen hielt sich nicht mit Kleinigkeiten auf, sie brachte ihre faktische Biografie fast zum Verschwinden. Ihren Vornamen variierte sie: Margarethe, Margarete, Margarita, Margherita nannte und schrieb sie sich. Geboren am 22. Juni 1904 in Berlin oder am 22. Juli 1901 in Wien? Auch der 22. Juli 1904 kursiert als Geburtstag. Ihre Daten sind nicht eindeutig klärbar, schreibt die österreichische Tanzpublizistin Andrea Amort, weil Wallmann in ihren unter dem Namen Margarita Wallmann veröffentlichten Memoiren keine eindeutigen Aussagen macht und biografische Quellen unterschiedliche Angaben verzeichnen. Sie starb, da ist sich die Literatur einig, am 2. Mai 1992 in Monte Carlo.

Genaue Daten, schreibt Wallmann in ihrer Autobiografie, seien unwichtig in einem Leben, das sich nicht am Kalender orientiere, sondern an der *Aida* in Verona oder der *Norma* in Athen.

Wer waren ihre Eltern? Sie berichtet von frühen Eindrücken in Wien, dem Blick auf das Donauufer vom Schoß des Vaters aus, von einer zwei Jahre jüngeren Schwester und der schönen Mutter. Mehr Raum in ihrem diskreten Buch, gleich ein ganzes Kapitel, ist Joséphine Mac Leod gewidmet, genannt Tantine, die großen Einfluss auf sie gehabt haben muss und wohl auch die treibende Kraft war, als sie die Berliner Schule zum 1. April 1932 schloss, um nur noch künstlerisch zu arbeiten.

Salzburg rief. Hierhin war der Ausdruckstanz bislang nur als (meist solistischer) Podiumstanz gelangt, und Wallmanns bewegungschorische Inszenierung galt als kühn und neu, ein sensationeller Erfolg. Für *Orpheus und Eurydike* platzierte sie die Akteure auf einer Treppenpyramide, die bis zum Bühnenhimmel anstieg, und positionierte den Chor statisch an beiden Seiten. Die Produktion stand auch in den Folgejahren auf dem Spielplan, und bereits 1932 zeichnete Wallmann für den ›verhinderten‹ Regisseur Karl Heinz Martin verantwortlich.

Für ihre Stücke kombinierte Margarethe Wallmann Präzision und Ornamentik des klassischen mit den Formen und Ausprägungen des modernen Tanzes, auch wenn sie in einem Aufsatz in der Zeitschrift *Die schaffende Frau* (1929/30) das Ballett als nicht mehr zeitgemäß abqualifiziert, da die Schritte ebenso wie die pantomimischen Handlungen und Gesten entindividualisiert und in ihrer abbildenden Funktion zu realitätsnah seien. Wallmann schwebte stattdessen eine »wirklichkeitsferne Gebärdensprache« vor, gleichwohl scheint sie im Arrangement der Gruppen (bewusst oder unbewusst) auf das Handwerkszeug des Ballettchoreografen zurückzugreifen, als Fonds gewissermaßen für ein eklektizistisches, aber effektsicheres Sampling der Stilmittel des modernen Tanzes. Sie pflegt das Credo des Ausdruckstanzes – »die Anlagen des Tänzers, seine Fantasie, sein innerer Reichtum sind die einzige Quelle, aus der ihm die Bewegungsformen seines Tanzes zufließen«. Die Grundlage sieht sie in der rhythmischen Gymnastik, stellt die Technik der An- und Abspannung des Körpers als notwendiges Gestaltungsmittel innerer Vorgänge ins

Zentrum des zeitgemäßen künstlerischen Tanzes und erkennt – »eine Forderung des neuen Tanzes« – à la Wigman das entscheidende Moment im »Erlebnis des tänzerischen Raumes«. Und resümiert: »Alle unsere Bewegungen vollziehen sich in einem realen oder ideellen Raum. Unwillkürlich werden sie weit und frei in einem großen, eng und bedrückt in einem kleinen Raum. Der Raum ist also der Gegenspieler der Bewegung, und nur wenn diese beiden miteinander verbunden sind, kann man von wahrhafter Vollendung der Tanzbewegung sprechen.«

Auch für Wallmanns Bewegungsdrama in fünf Bildern, *Das jüngste Gericht*, das kurz nach der Premiere von *Orpheus und Eurydike* im August 1931 bei den Festspielen herauskam, schuf Librettist und Bühnenbildner Felix Emmel eine Treppenkonstruktion, auf der die zum Jüngsten Gericht ziehenden Toten in einer linearen Diagonale von rechts oben nach links unten schreiten. Vorangegangen war ein Fest der Reichen, bei dem Gog, der Gewalttätige, die Armen vertreibt und misshandelt. Er achtet nicht auf das Warnen der dunklen Prophetin, stellt der jungen Anna nach, schlägt den reichen Enoch, der ihr beistehen will, und vereinigt sich im bereits aus den Fugen geratenden Weltende mit der Urbösen Lilith. Alle müssen sich dem himmlischen Gericht stellen, es unterscheidet zwischen den Erlösten, die in den Himmel aufsteigen, und den Verdammten. Auch Enoch erleidet den Höllensturz, doch Anna dringt in das Labyrinth der Gefangenen ein und kauft Enoch frei. Um seine Kleider raufen sich die Verdammten, Gog und Lilith gehen zugrunde. Anna und Enoch werden vom Engel der Gnade beschirmt.

Die Premierenkritik lobt das Werk mit Margarethe Wallmann in der Rolle der Anna, sieht es als »Versuch«

zu etwas Neuem, würdigt die »große, einfache Linie dieser Handlung«, rühmt die »grandiosen Bühnenbilder« und die »Gliederung der Bühne«. Das Premierenprogramm stellt die Frage: »Kann man unserer Zeit noch mit einem Drama vom *Jüngsten Gericht* kommen? Nun, vielleicht braucht diese fast zerbrechende Zeit wieder den Glauben, dass es – trotz aller Nöte der Umwelt – die Menschen selber sind, die sich ihre eigene Verdammnis und Erlösung bereiten. Und dass man durch die Hölle gehen muss, um in höchster tätiger Kraft – ein Stück des Himmels erschaffen zu können.«

Ein Jahr später hat sich die Bruchstelle vergrößert. Das Programm der Wiederaufnahme 1932 kürzt diesen ausführlichen Text und bringt nur noch eine kurze programmatische Notiz, die darauf hinweist, dass hier seit dem Mittelalter erstmals wieder der Stoff des Antichristen thematisiert werde und die Musik Georg Friedrich Händels vor allem deshalb gewählt worden sei, weil er »wie kaum ein anderer die große Einfachheit und auch die Pranke des Löwen für solchen Stoff« habe. »Erstaunlich, wie unmystisch er ist, welche klaren, geformten Bewegungsenergien dieser himmlischen Dramatik Händel's entströmen.« Doch die Zeiten haben sich geändert. Die Sachlichkeit, das Nüchterne trifft nicht mehr den richtigen Ton: »Ja, unmystisch ist dieses ganze Tanzdrama. Aber sind nicht der Tod, die Auferstehung, die Verdammnis, die Erlösung von Mystik umwittert? So frägt die deutsche Seele« in den *Wiener Neuesten Nachrichten* im August 1932. »Sie wendet sich aus diesem allzu Realen, allzu Klaren nach dem Dämmer mystischen Schauens.«

Rationale handwerkliche Kritik gibt es im Fachblatt *Der Tanz*. Sie setzt sich detailliert mit Veränderungen gegenüber dem Original auseinander und fragt: »Warum gab sie die herrliche Anfangsstellung der mit goldenen Pokalen im Mittelteil des Treppengerüsts schräg Rücken an Rücken postierten Männer mit miteinander verflochtenen Armen auf?« Auch die Tänzer mussten herbe Kritik einstecken: »Die ganze Tänzergruppe gehört in die Anfängerklasse einer richtigen Tanzschule«, schreibt Joseph Lewitan.

Bis 1937 war Margarethe Wallmann an jedem Salzburger Festspielsommer beteiligt. Sie verkehrte in den illustren Künstlerkreisen, die sich alljährlich hier versammelten; mit Stefan Zweig war sie eng befreundet, und er wurde ihr Trauzeuge, als sie im Sommer 1934 im Salzburger Dom Hugo Burghauser, Fagottist und Vorstand der Wiener Philharmoniker, heiratete.[2] Wallmann übernahm unter anderem 1933 die Tanz- und Bewegungsgestaltung für die *Faust*-Inszenierung von Max Reinhardt, und im selben Jahr führte sie unter der musikalischen Leitung von Bruno Walter ihre erste eigenständige Opernregie: *Orpheus und Eurydike.* Zur gleichen Zeit wurde sie zunächst Hauschoreografin, dann Ballettleiterin der Wiener Staatsoper. Eine ihrer beschwingt-überzuckerten Choreografien des österreichtümelnden Repertoires mit Stücken wie *Fanny Elßler*, *Der liebe Augustin* oder *Österreichische Bauernhochzeit* gefiel Louis B. Meyer aus Hollywood so sehr, dass er Margarethe Wallmann beauftragte, die Tanzszenen in dem Film *Anna Karenina* mit Greta Garbo zu gestalten. Sie nahm den Auftrag an, ebenso wie die Einladung, 1937 am Teatro Colón in Buenos Aires zu choreografieren. Hollywood gefiel ihr nicht, aber Argentinien! Wiederholt reiste sie nach Lateinamerika. Während einer Überfahrt erreichte sie die Nachricht vom »Anschluss« Österreichs. Margarethe Wallmann blieb in Argentinien, ihr Mann galt als »politisch unzuverlässig« und emigrierte in die USA. Wallmanns geplante und auf dem

Margarethe Wallmann

bereits produzierten Vorprogramm vermerkte Beteiligung an den Festspielen 1938 wurde gestrichen.

In Buenos Aires traf sie auf andere Emigranten, Renate Schottelius etwa war schon da, Clotilde von Derp und Alexander Sacharoff traten auf, die *Ballets Jooss* waren zu Gast. Margarethe Wallmann übernahm die Ballettleitung am Teatro Colón, sie gründete eine Kammertanzgruppe für kleinere experimentellere Stücke. Nach 16 Jahren kehrte sie zurück nach Europa, inszenierte mit großem Erfolg Opern an der Mailänder Scala (in einer ihrer Choreografien tanzten Margot Fonteyn und Robert Helpmann). Sie arbeitete erneut für die Salzburger Festspiele und führte Regie an international renommierten Opernhäusern. Ihre *Tosca*, die sie 1958 mit Herbert von Karajan an der Wiener Staatsoper zur Premiere brachte, stand Jahrzehnte auf dem Spielplan. Privat verband sie sich mit dem Ricordi-Verleger Guido Valcarenghi.

Mit dem Tanz konnte Margarethe Wallmann in Österreich kaum mehr Erfolge verbuchen. Für ihren Ballettabend in der Felsenreitschule, bei den Festspielen 1954, an dem sie neben einem *Salzburger Divertimento* zu Musik von Wolfgang Amadeus Mozart und *La Giara* (Alfredo Casella) als Herzstück *La Danse des morts* zu einer Komposition von Arthur Honegger brachte, erreichte »der Beifall nur gequält das für eine Festspielpremiere übliche Ausmaß«. Margarethe Wallmann erging es nicht anders als anderen Protagonisten des Ausdruckstanzes, die nicht wieder an ihre choreografischen Erfolge der 20er und 30er Jahre anknüpfen konnten. Das Sachliche wirkte holzschnittartig schwerfällig, der visualisierte »innere Reichtum« sentimental und pathetisch, die aufs große Ganze zielenden Themen moralinsauer. Ausflüge ins leichte Genre verfehlten ebenfalls ihre Wirkung. »Bewegungschorische Exekutionen mit eingestreuten Ballett-Evolutionen«, befand das *Salzburger Volksblatt* 1954. Was vor dem Zweiten Weltkrieg noch als »galante Unterhaltungskunst« goutiert werden konnte, ist nun zu dürftig, zu sehr Operette, nicht mehr zeitgemäß. Eine der Zeit entsprechende Tanzsprache hat Wallmann nicht mehr gefunden.

Dafür konnte sie ihr Gespür und ihr Wissen um Raumwirkungen, um Spielerführung, um theatrale Effekte in der Nachbarsparte äußerst gewinnbringend einsetzen und ging damit heutigen Grenzgängerinnen zwischen Tanz und Oper (wie etwa Reinhild Hoffmann oder Birgitta Trommler) erfolgreich voran. Ab 1967 konzentrierte sie sich nur noch auf die Opernregie. Die sie zeitlebens quälenden Folgen eines Bühnenunfalls Anfang der 30er Jahre in Wien, als sie sich bei einem Sturz beide Hüften brach, schränkten sie inzwischen so stark ein, dass sie den Tänzern nichts mehr vortanzen konnte. Nun reiste sie von einem Opernhaus zum nächsten und inszenierte. Ein nomadisches Leben, das sich nicht nur der freien Wahl verdankte, sondern einem ihr stets bewussten Defizit, das sie als Fazit in ihren Memoiren zieht: »Les ailes d'une liberté expressionelle, je les avais personnellement trouvées seulement dans la danse qui, en dématérialisation le physique, en niant la pesanteur, me projetait dans un espace-langage sans limites: j'étais heureuse. L'accident a tout changé ... La route a été longue, et dure.«[3]

Anmerkungen

[1] Der Salzburger Theaterdirektor Erwin Kerber, erinnert sich Margarethe Wallmann in *Les Balcons du ciel*, nannte sie »La Wallfrau«: »Il se refusait à me nommer Wallmann, me trouvant beaucoup trop féminine pour avoir un ›mann‹ dans mon patronyme!« (»Er weigerte sich, mich Wallmann zu nennen, weil er fand, ich sei viel zu feminin für ein ›mann‹ in meinem Familiennamen.« Übersetzung der Autorin)

[2] Hugo Burghauser schreibt in seinen Memoiren *Philharmonische Begegnungen. Erinnerungen eines Wiener Philharmonikers* (Zürich, Freiburg/Breisgau 1979), dass Margarethe Wallmann christlichen Glaubens gewesen sei. In der Literatur wird meist angenommen, dass sie Jüdin gewesen sei und deswegen emigrieren musste. Burghauser beschreibt im Zusammenhang mit der Suche nach einem Zufluchtsort für sich selbst: »Ein Versuch, dem von Huberman in Palästina gegründeten Philharmonischen Orchester beizutreten, war, wie man mich wissen ließ, an meiner ›rassischen Fremdheit‹ gescheitert; es sei denn, ich käme als Gatte einer Jüdin ins Land, aber dazu war meine dem Christentum angehörige Gattin, die in Argentinien choreografierte, ungeeignet.« (Ebd., 124)

[3] »Die vollkommene Freiheit des Ausdrucks habe ich nur im Tanz gefunden. Er dematerialisiert den Körper, indem er die Schwerkraft negiert, und eröffnete mir einen grenzenlosen Raum für meine Sprache: ich war glücklich. Der Unfall hat alles geändert ... Der Weg war lang und hart.« (Ü.d.A.)

Garnet Schuldt-Hiddemann

Ganz oder gar nicht: Dore Hoyer
(1911–1967)

Was Dore Hoyer macht, macht sie ganz oder gar nicht. In der Silvesternacht 1967/68 gewinnt das Gar nicht die Oberhand. Dore Hoyer rechnet mit sich ab. Sie spürt ihren malträtierten Körper, der es nicht mehr schafft, den extremen Anforderungen ihrer Tanzkunst gerecht zu werden. Sie weiß um die Tanzszene, aus der sie herausragt wie ein schroffer Felsen aus dem Meer. Sie greift zu dem Gift, das sie schon vor Jahren von einer ihrer Südamerikatourneen mitgebracht hat, und hört endlich auf zu kämpfen.

Dore Hoyer war so frei, die endgültigste Entscheidung im Leben zu treffen. Aber die war wohl bereits getroffen, als ihr klar wurde, dass sie eine Tänzerin ist, was in ihrem Fall bedeutet: Tänzerin und sonst nichts. Die Radikalität, mit der sie ihr Tänzertum gelebt hat, war für Hoyer einzig mögliche Daseinsform und Lebenselixier. Doch ihr grenzenloses Tanzen hat sie so gefordert und überfordert, dass offensichtlich der Körper, bei genauerem Hinsehen aber auch die Seele und die Lebenskraft, nicht reichten, um ihren eigenen, sehr hohen Erwartungen zu genügen.

Hoyer war also eine, die nicht ›Maß halten‹ konnte. Oft ist so etwas peinlich, manchmal aber kann es zu Höchstleistungen führen. So bei Dore Hoyer, und zwar nicht in ein oder zwei Choreografien, sondern in einem umfangreichen Gesamtwerk von ca. 30 Tanzzyklen mit bis zu zehn Tanzstücken und etwa 50 Einzeltänzen. Hinzu kamen ihre – eher seltenen – Auftritte als Tänzerin in Werken von Mary Wigman, Harald Kreutzberg,

Tatjana Gsovsky und anderen, ihre Arbeiten für verschiedene Opern- und Theaterinszenierungen und ihre Gruppenchoreografien, die oft an Lehrtätigkeiten geknüpft waren. Besondere Weiterbildungsveranstaltungen für Tänzer nutzte Hoyer als Gastdozentin, um den modernen Tanz zu pflegen und zu fördern. In diesen vielfältigen Aufgaben, hin und wieder auch in Veröffentlichungen, war Dore Hoyer eine Streiterin für den modernen deutschen Tanz. Diesen Kampf hat sie nie aufgegeben – bis zum letzten.

Hoyer ist gut. Folgerichtig wird sie zweimal mit dem Berliner Kritikerpreis ausgezeichnet: 1951 und 1967. Kollegen und Fachpresse lassen es sie immer wieder spüren: Sie ist etwas Besonderes mit ihrer oft herben, kompromisslosen Gestaltung von Tänzen. Ihr Spektrum ist breit, ihr Stil bleibt immer Hoyer: Literatur, Philosophie, Malerei, reale und fiktive Gestalten können ebenso Ausgangspunkt für ihre Choreografien sein wie die Musik. In den frühen Jahren sind es oft noch themenorientierte Bereiche, die sie zu ihrer Kunst anregen: die Tänze für Käthe Kollwitz oder die biblischen Frauengestalten etwa, die sie als »argumentale« Tänze bezeichnet. Später löst sie die Tänze immer weiter von thematischen Bezugsfeldern. Die Intensität der Stücke bleibt. Hoyer lässt die Gestaltung stärker als solche wirken, reduziert den inhaltlichen Bezugrahmen und macht den Tanz somit immer eigenständiger und klarer, präsentiert ihn unverstellt und pur. Sie entwickelt die Stücke mehr in Richtung des – wie sie es nennt – »absoluten« Tanzes.

Mit ihrer Art von Choreografie und Tanz erfüllt Dore Hoyer, was Mary Wigman einst diagnostiziert hatte. Wigman sah in Hoyer die einzige, die den modernen deutschen Tanz auf höchstem Niveau weiterführen könnte. Das hat Hoyer geschafft. Ihre Basis bilden zwei starke Säulen: die eine ist das Erbe des Ausdruckstanzes, die andere ist Hoyers grenzenlose Neugier auf Bewegung und ihr hemmungsloser Gestaltungswille von bisher unbekannten Bewegungskombinationen. Hierin liegt das innovative Element ihrer Arbeit, denn ihre unbegrenzte Offenheit für ein Ausloten der Ausdrucksmöglichkeiten des menschlichen Körpers geht deutlich über den Bereich hinaus, der den Körper in Harmonie mit seinen naturgegebenen Möglichkeiten zeigt, was noch ein Ideal früherer Ausdruckstänzer war.[1]

Was ihre Arbeit zudem einmalig gemacht hat, ist: Strenge der Komposition, detaillierte Durchformung aller Bühnenelemente, Konzentration, Schroffheit, Ekstase, Radikalität und extreme Akzentuierung. Natürlich hat sie andere Tanzstile, Tänzer und Tänzerinnen schärfstens beobachtet und sich dadurch gebildet. Aber ihre Kunst wirkt frei von Einflüssen. Hoyer ist eine absolute Einzelerscheinung: Sie war sofort ganz und gar Hoyer und hat das immer weiter verfeinert.[2]

Ein Markenzeichen ihrer Arbeit ist es, Gegensätze zu kombinieren. Dore Hoyer liebt es, scheinbar einander sich widersetzende Elemente zusammenzubringen, besonders dann, wenn Höhepunkte anstehen, wenn sie Spannung erzeugen will. Die Art, wie sie diese Gegenpole in ihren Körper einschreibt, bewirkt, dass man Hoyers Tanz als so extrem empfindet. Es geht nicht darum, dass Hoyer stärker streckt als andere. Welche Streckung eines klassischen Tänzers wäre nicht extrem? Aber Hoyer steigert das, indem sie ein innerkörperliches Gegengewicht schafft, das die Streckung um so krasser erscheinen lässt: Der Sprung in *Hass* aus dem Zyklus *Affectos Humanos* (1962) geht mit äußerster Kraft nach oben, aber: Hoyer reißt den Kopf gen Erde. Diese Bewe-

Dore Hoyer: Hass
aus dem Zyklus Affectos Humanos *(1962)*
Foto: Siegfried Enkelmann

gung gegen die Sprungrichtung und ihre extrem gespreizten Finger verursachen die besondere Wirkung auf den Betrachter: Man kann sich den polaren Kräften, die Hoyer ihren Körper nahezu auseinanderreißen lassen, nicht entziehen. Auch die anderen Tänze der *Affectos Humanos* – *Ehre/Eitelkeit, Begierde, Angst, Liebe* – sind reich an Beispielen für diesen Kompositionsstil.

Manche Bewegungssequenzen zeugen zugleich von überbordender Kraft und höchster Kontrolle: Der Zuschauer erlebt, wie Dore Hoyer sich scheinbar ungezügelt verausgabt, um dann eines Besseren belehrt zu werden. Stärker noch als der energetische Fluss ist der kontrollierende, formgebende Anteil in ihren Tänzen. Der Betrachter wird in ihren Bann gezogen, weil er den Kampf dieser Kräfte miterlebt, weil er sieht, wie Dore Hoyer das mächtige Wirken der Kraftpole Energie und Kontrolle vollendet beherrscht.

Zudem hat Hoyer ein feines Gespür für die Präsentation dieser Dynamiken. Musik, Kostüm und Bühne sind ideal eingebunden, um ihre Choreografien zur optimalen Wirkung zu bringen. Ihre Kleidung in *Ostinato* aus dem Zyklus *Auf schwarzem Grund* (1956) zeigt stilsicher, worauf es Hoyer ankommt. Eine Art geringelter Lendenschurz über schwarzem Ganzkörpertrikot wirkt für sich sparsam und reduziert. In entscheidenden Phasen der Choreografie leistet er aber genau das, was die speziellen Bewegungen nochmals unterstreicht: der Schurz fällt so, dass auch der letzte Zuschauer den ›Knoten‹ sieht, den Hoyer ihre Beine knüpfen lassen kann. Im *Volksblatt* erscheint dazu am 22.11.1956 folgende Kritik: »Im *Ostinato* tanzt Dore Hoyer mit beklemmender Suggestionskraft den Aufruhr der bösen Mächte schlechthin, die mit Polypenarmen alles an sich klammern und in nackter Brutalität zerstören. Die Gewalt, das fratzenhafte Gesicht, das sich hier offen-

Dore Hoyer: Ostinato
aus dem Zyklus Auf schwarzem Grund *(1956)*
Foto: Alejandro Castro

barte, drängte uns den Vergleich mit Picassos Guer-
nicabild auf.« W. A. Molan erläutert nach einer Vorstellung von *Auf schwarzem Grund* im *Hamburger An-
zeiger* vom 8. Mai 1956 Hoyers Stellenwert in der
damaligen Tanz- und Kunstwelt: »Das ist nicht nur von

einer Pawlowa, einem Dijaghilew und einem Nijinski weltenweit entfernt. Das hat auch schon mit einer Mary Wigman nicht mehr viel zu tun, der großen Meisterin eines selbst im Tragischen geschlossenen Lebensgefühls. Das ist Kafka näher und Beckett, Calder und Moore: der gültige Ausdruck einer Generation.«

Hoyer bleibt zeit ihres Lebens rigoros und unbarmherzig (mit sich selbst). Das Ergebnis ist faszinierend. Ihre Bewegungen gehen über das Normale hinaus in den Bereich des Extremen. Organische Grenzen reizen sie dazu, sie zu überschreiten. Wenn die Möglichkeiten des Körpers ›eigentlich‹ nichts mehr hergeben, wird Hoyer erst recht erfinderisch, wirklich kreativ und innovativ – oder, in der Rückschau gesehen, auch destruktiv. Ihre Experimentierfreude ist schon früh so groß, dass sie Sprünge nicht mit den Füßen abfängt, sondern den Effekt testet, den ein Sprung auf die Knie bringt. Dafür zahlt sie einen hohen Preis, denn irgendwann verweigert ihr Körper den Dienst. Genügt ihr am Anfang noch das Glas Honig, das sie vor jedem Auftritt trinkt, sind bei ihren letzten Vorstellungen die Spritzen kaum ausreichend, die ihr der Arzt gegen die Schmerzen des verletzten Knies setzt.

Dore Hoyer ist nicht nur radikal in der Bewegungsfindung, sondern sie ist auch eine extreme Tänzerin, die Idealbesetzung ihrer Stücke. Wenn Hoyer tanzt, hat das nicht nur mit technischer Perfektion zu tun, sondern auch mit Ekstase und Versunkenheit. Absolut verschmolzen mit der Choreografie tanzt sie ihre so individuell durchgeformten Stücke oft derart hingebungsvoll, dass eine Verschlossenheit von ihnen ausstrahlt. Ihr Tanz ist zugleich hoch artifiziell und archaisch. Hoyer geht in die Tiefe, sie häutet sich und stellt sich bloß, sie gibt einfach alles.

Was bekommt sie für diese Schinderei? Was für ein Mensch steckt hinter diesem Extrem? In ihrem Abschiedsbrief vom 30.12.1967 schreibt Dore Hoyer:

Ich erinnere mich, seit meiner frühesten Kindheit ist in mir das Gefühl großer Verlassenheit. (...) Ich bin Außenseiterin. Und doch liebte ich den einzelnen Menschen, ja ich suchte seine Freundschaft. (...) Viel Liebe und echte Freundschaft begegnete mir. Aber es bedeutete nicht das Höchste für mich. Das Höchste und Heiligste war mir mein Schaffen. Der Tanz nahm mich mit Leib und Seele in Besitz. Nur in ihm konnte ich mich den anderen, der Gemeinschaft mitteilen, nur im Tanz fühlte ich mich verbunden mit der Welt und mit dem Leben. Tanz wird mir vor Menschen zur Sprache. Und wenn ich nicht auf der Bühne stand, so bereitete ich tanzend diesen Höhepunkt des gemeinsamen Erlebens vom Podium zum Zuschauerraum monatelang und jahrelang vor – – – allein in 4 Wänden.

Es war mir nicht beschieden, oft die Bühne zu benutzen in meinem langen solistischen Tanzleben. Meinen ersten Solo-Abend gab ich am 1. März 1933, als Hitler die Macht antrat, die auch ich unliebsam zu spüren bekam bis 1945. Meinen letzten Soloabend bekam ich am 18. Dezember 1967 mit einem nun erwiesen restlos verbrauchten Knie. Damit bin ich am Ende angelangt. Damit fühle ich mich ausgestoßen aus der Gemeinschaft als dienendes Glied. Ich kann nicht anders als selbst den Schlussstrich zu ziehen.

Es ist ein bisschen wie im Märchen von den Roten Schuhen, die ihren Träger tanzbesessen machen, ihn zu herrlichstem Tanz führen, ihn aber auch keine Ruhe mehr finden lassen. Mit dem Besuch einer Gymnastikschule passiert es: Dore Hoyer erlebt ihren Körper als Ausdrucksmittel, und damit sind die Weichen für ihren weiteren Werdegang gestellt.

Am 12. Dezember 1911 ist sie als Schwester von drei älteren Brüdern in Dresden auf die Welt gekommen. Der Begrenztheit des häuslichen Lebens – ihr Vater ist Maurer – und dem Elend, das die kriegsgebeutelten Menschen belastet, entflieht sie in die Welt der Bewegung. Mit ihrem Können und dem Tänzerinnenexamen der *Palucca Schule Dresden* findet Dore Hoyer erste Engagements in kleineren Städten: zunächst als Tänzerin, dann auch als Ballettmeisterin. Viel verdient sie nicht, und diese Aufgaben behindern ihre Arbeit an den eigenen Tanzstücken, die für sie absolute Priorität haben. Anregungen bekommt sie von Freunden, die sie zu Beginn der 1930er Jahre in der Dresdner Szene gefunden hat; oft sind es Künstler, viele davon links-politisch engagiert. Einer der Freunde ist anders als die anderen: Der Komponist Peter Cieslak wird Dore Hoyers große Liebe. Die beiden leben und arbeiten zusammen und (über-) treffen sich in ihrem unbändigen Suchen nach künstlerisch ehrlichem und adäquatem Ausdruck. Beide neigen sie zur vollständigen Verausgabung für ihre Kunst und setzen sich bewusst den dazugehörigen Spannungen aus. Cieslaks Freitod im April 1935 muss ein unglaublicher Schlag für Dore Hoyer gewesen sein, und sie sucht ihr Heil in der Arbeit. Ab jetzt muss sie arbeiten, arbeiten, arbeiten – tanzen, tanzen, tanzen, um zu überleben. In den harten Kriegszeiten schafft sie es, trotz erschwerter Auftrittsbedingungen hin und wieder eine Tanzvorstellung zu organisieren oder als Solistin bei einem Kollegen in Graz unterzukriechen. Nach dem Krieg übernimmt sie die ehemalige *Wigman-Schule* in Dresden und 1949 die Leitung des Balletts der Hamburgischen Staatsoper, ehe sie sich – enttäuscht über ein ihr nicht ausreichendes Interesse am Modernen Tanz – wieder auf ihre solistische Arbeit konzentriert.

1936 findet sie wenigstens für ihre Arbeit noch einmal einen adäquaten Partner: Dimitri Wiatowitsch wird ihr musikalischer Begleiter und komponiert Stücke, die ideal zu Hoyers Bewegungswelt passen. 1952 erleben die beiden auf einer ersten Südamerikatournee spektakuläre Erfolge. Die 2500 Zuschauer des ausverkauften Teatro Colón in Buenos Aires bejubeln Dore Hoyer mit stehenden Ovationen. Endlich erlebt sie Liebe, Begeisterung und Anerkennung für ihren Tanz. In einer Kritik vom 30.10.1960 heißt es, ihr Auftreten »war eine Offenbarung, (...) Dore Hoyer ist der Gipfel und zugleich die Überwindung der Technik, die Trance, die Ekstase (...) Es ist sehr schwer, die einzigartige, außerhalb jeder Mode stehende und existenzialistische Kunst Dore Hoyers einzugruppieren. Nichts an ihr könnte überraschen, und dennoch besitzt jede ihrer Schöpfungen, die sich jeglicher Literarisicrung enthalten, eine Tiefe der Suggestionskraft, die bei keiner anderen Tänzerin vorhanden ist.« Trotz vieler technischer und organisatorischer Schwierigkeiten unternimmt Hoyer insgesamt sechs erfolgreiche Tourneen nach Südamerika und schafft es, zumindest dort ihre Vorstellung vom Modernen Tanz zu etablieren. Schon seit dem ersten Besuch ist sie begeistert von Land und Leuten, die sie zum Tanzzyklus *Südamerikanische Reise* inspirieren.[3]

Nicht nur in Südamerika sind viele Menschen von Dore Hoyer fasziniert – von Hoyer als Tänzerin, aber auch von ihr privat. Immer stehen Freunde und Partner an ihrer Seite, die die unruhige Tänzerin in Phasen ihres Lebens und Arbeitens begleiten. Aber Dore Hoyers Herz ist verstellt, mit ihrer oft ungestümen Art stößt sie viele, die ihr nahe stehen, vor den Kopf und ist dankbar, wenn die Freunde ihr trotzdem treu bleiben. Diese Freunde braucht sie auch, denn Hoyer hat die Macht dessen unterschätzt, was man heute mit ›Zeitgeist‹ formulieren könnte oder einfacher mit dem angesagten Trend. Dore Hoyer passt nicht in ihre Zeit. Sie ist für die 50er und frühen 60er Jahre zu modern und zu unbequem. Wenn sie zwischen ihren Südamerika-Erfolgen Vorstellungen in Deutschland gibt, sind die Säle schlecht besucht, weil das deutsche Publikum nach den beschränkten Jahren während des nationalsozialistischen Regimes und der kargen Nachkriegszeit seine Weltoffenheit und seine Liebe zum Ballett entdeckt. Die Leute laben sich an großzügigen Aufführungen mit dem gesamten Tanzensemble und viele scheuen die Auseinandersetzung mit Vorstellungen, die zu einer anderen Haltung drängen. Aber genau das bewirken Hoyers Tänze: Die »widerspenstige Formung« ist ihr Markenzeichen, macht die Choreografien manchmal aggressiv und rührt die Zuschauer auf. Wer sich zurücklehnen will und einen netten Abend erwartet, wird vielleicht enttäuscht sein.

Erst in den 80er Jahren gibt es eine wesentliche Änderung in der Rezeption von Dore Hoyer. Renommierte Tänzerinnen wie Susanne Linke oder Arila Siegert begeben sich auf Spurensuche. Sie erkennen und schätzen den Wert von Hoyers Tänzen so sehr, dass sie das Material körperlich neu beleben und ihrem eigenen Publikum eröffnen. Seither reizt Hoyers Werk Künstler/innen immer wieder zu Rekonstruktionen, Arbeiten und Choreografien, die in direktem Bezug zu Tänzen von Dore Hoyer stehen. Dreh- und Angelpunkt dieser Auseinandersetzung sind die *Affectos Humanos* von 1962. Der Grund für die Auswahl dieses Zyklus' liegt einfach in der Materiallage: nur die *Affectos* sind auf Film erhalten. Das reicht und ist zugleich viel zu wenig. Es reicht, weil man sofort Hoyers Stil begreift: die Radikalität, die Strenge, die Ekstase, die Formvollendung und das Merkwürdige, das man zunächst nicht zu beschreiben vermag. Es ist viel zu wenig, weil diese Tänze süchtig machen können: Wie groß die Enttäuschung, dass man ansonsten kaum Filmschnipselchen findet, auf denen man Hoyer in Bewegung sehen kann. Hier helfen die Fotos: Oft qualitativ hochwertig, sind sie Trost, Vergnügen und wichtiges Indiz zur Annäherung an Hoyers Tanz.

Das gilt auch für die Aufnahmen von Hoyers letztem Ensemble: Im Jahr vor ihrem Tod riskiert sie es, mit einer freien Gruppe zu arbeiten, denn Widerstände der »Ballettfraktionen«, organisatorische Probleme und Geldmangel, in Südamerika auch politische Querelen, haben immer wieder ein dauerhaftes und finanziell abgesichertes Arbeiten mit einer festen Gruppe verhindert.

Als sie ihr erstes Ensemble aufgeben muss, stürzt sie sich trotz grundlegender Zweifel in die eigene choreografische Arbeit. Dem befreundeten Fotografen Siegfried Enkelmann und seiner Frau schreibt sie in einem Brief vom 7. August 1947:

Diese Stille um mich tut wohl – noch bin ich nicht ganz fertig damit, dass ich wieder ganz allein dastehe – ohne Gruppe. Jetzt packe ich wieder alles in mich hinein. Kein Tag beginnt mehr mit der gern eingelösten Pflicht des täglichen Unterrichtgebens. Der ehrliche Beifall nach Beendigung einer gelungenen Stunde war schönster Lohn. Und doch ist es richtig, dass ich erst einmal wieder allein bin, wichtig, dass ich neue Tänze schaffe. Wichtig? Für wen?! – Wohl nur für meine innere Entwicklung. Denn ob ich mich nun auf die Bühne stelle oder nicht, das Rad rollt auch ohne mich weiter. Früher habe ich einmal geglaubt, es könne ohne mich nicht rollen. Nennt man das jugendlichen Elan?! Es ist schlimm, wenn man den Glauben an eine Notwendigkeit zu verlieren beginnt – und gefährlich. Man läuft immer Gefahr abzustürzen. Oder wird zum Amokläufer.

Es ist erstaunlich, wie klar und wie früh Dore Hoyer ihr eigenes Dilemma analysieren und formulieren konnte und wie lange sie trotz größter Widerstände durchgehalten hat. Geholfen hat ihr all das nicht. Sie bleibt ein Monolith der Tanzgeschichte, hin und wieder stärker in die Aufmerksamkeit der Öffentlichkeit gezogen. Meist ist es eine kleine Öffentlichkeit, per se schon interessiert an Ausnahmepersönlichkeiten der Kunst. Hier wird Dore Hoyer gebührend geschätzt – ganz und gar.

Anmerkungen

[1] Hoyers Arbeitsansatz erinnert in manchem an das Wirken von William Forsythe. Zwar hat Forsythe den Bereich des klassischen Tanzes zur Grundlage seiner Demontagen und Neukombinationen gemacht, aber die Herangehensweise und die unbändige Lust an der Neuentdeckung und Variabilität alter und neuer Bewegungen teilen er und Hoyer ebenso wie den hohen Anspruch an die perfekte Ausführung der neu entdeckten Bewegungen.

[2] Hoyers Individualismus war stets so präsent, dass die SED trotz Dore Hoyers vorbildlicher antifaschistischer Vergangenheit und ihres hohen künstlerischen Niveaus nichts mit ihr anfangen konnte, weil Hoyer eben Hoyer tanzte und keine sozialistischen Ideale.

[3] Auch ihre übrigen großen Reisen haben Dore Hoyer tief beeindruckt: 1957 zeigt sie in New York mit Erfolg den Zyklus *Der große Gesang* und ist fasziniert von der Etabliertheit des modernen Tanzes in Nordamerika.

Die Eindrücke ihrer Asien-Tournee von 1966 verarbeitet sie im darauffolgenden Frühjahr zur *Asien-Suite* und zu fünf Einzeltänzen.

Bildnachweise

S. 31: Nationalarchiv der Richard-Wagner-Stiftung, Bayreuth

S. 43: Deutsches Tanzarchiv Köln

S. 52-55: Privatbesitz

S. 64-67: Mary Wigman-Bestand, Stiftung Akademie der Künste, Berlin; © VG Bild-Kunst, Bonn 2004

S. 84: Palucca Schule Dresden – Hochschule für Tanz; © VG Bild-Kunst, Bonn 2004

S. 95, 99: Lothar Fischer, Berlin

S. 110: ullstein bild

S. 113: Privatbesitz

S. 114, 117: Staatliche Museen zu Berlin, Kunstbibliothek

S. 119: Theaterwissenschaftliche Sammlung, Universität zu Köln; © VG Bild-Kunst, Bonn 2004

S. 126, 127: Theaterwissenschaftliche Sammlung, Universität zu Köln

S. 130: Staatliche Museen zu Berlin, Kunstbibliothek

S. 141, 147, 156, 157: Deutsches Tanzarchiv Köln

S. 174-177: Schweizerische Theatersammlung, Bern

S. 186: Deutsches Tanzarchiv Köln; © VG Bild-Kunst, Bonn 2004

S. 189, 207: Deutsches Tanzarchiv Köln

S. 222, 225: Theaterwissenschaftliche Sammlung, Universität zu Köln

S. 237: Deutsches Tanzarchiv Köln; © VG Bild-Kunst, Bonn 2004

S. 239: Deutsches Tanzarchiv Köln

Trotz gewissenhafter Recherchen ist es uns leider nicht in allen Fällen gelungen, die Rechtsinhaberschaft zu klären. Etwaige Rechtsinhaber werden gebeten, sich mit dem Verlag in Verbindung zu setzen.

Literaturverzeichnis
einschließlich Filme und anderer Dokumente

Allgemein (Vorwort)

Amort, Andrea/Wunderer-Gosch, Mimi (Hg.): *Österreich tanzt. Geschichte und Gegenwart*. Wien, Köln, Weimar 2001.

Ankum, Katharina von (Hg.): *Frauen in der Großstadt. Herausforderung der Moderne?* Dortmund 1999.

Ariadne – Almanach des Archivs der deutschen Frauenbewegung: Tanzleidenschaft. Zwischen Ausdruck und Standard, H. 26, November 1994.

Baxmann, Inge: *Mythos: Gemeinschaft. Körper- und Tanzkulturen in der Moderne*. München 2000.

Bie, Oscar: *Der Tanz*. Berlin 1919 (2. Auflage).

Blass, Ernst: *Das Wesen der neuen Tanzkunst*. Weimar 1921.

Bock, Petra/Katja Koblitz: *Neue Frauen zwischen den Zeiten*. Berlin 1995.

Böhme, Fritz: *Tanzkunst*. Dessau 1926 (2. Auflage).

Böhme, Fritz: *Der Tanz der Zukunft*. München 1926.

Brandenburg, Hans: *Der moderne Tanz*. München 1913 (2. Auflage 1917, 3. Auflage 1921).

Brandstetter, Gabriele: *Tanz-Lektüren. Körperfiguren und Raumfiguren der Avantgarde*. Frankfurt/Main 1995.

Buchholz, Kai / Rita Latocha / Hilke Peckmann / Klaus Wolbert (Hg.): *Die Lebensreform. Entwürfe zur Neugestaltung von Leben und Kunst um 1900*. 2 Bde. Darmstadt 2001.

Burt, Ramsay: *Alien Bodies. Representations of Modernity, ›Race‹ and Nation in Early Modern Dance*. London, New York 1998.

Der Scheinwerfer: »Tanz«, Sonderheft, 1. Jg., H. 11/12, März 1928.

Frank, Rudolf: *Das moderne Theater.* Berlin 1927.

Günther, Ernst: *Geschichte des Varietés.* Berlin 1978.

Haustedt, Birgit: *Die wilden Jahre in Berlin. Eine Klatsch- und Kulturgeschichte der Frauen.* Dortmund 1999.

Hildenbrandt, Fred: »Die Situation des modernen Tanzes«. In: *Der Scheinwerfer,* 1. Jg., H. 4, November 1927, S. 3-7.

Hildenbrandt, Fred: »Woran erkennt man sie?« In: *Musik und Theater – Schallkiste,* 3. Jg., Dezember 1928, S. 2.

Hildenbrandt, Fred: *Tänzerinnen der Gegenwart.* Zürich, Leipzig 1931.

Hirschbach, Denny (Hg.): *Zwischen Aufbruch und Verfolgung. Künstlerinnen der zwanziger und dreißiger Jahre.* Bremen 1993.

Hoffmann, Christine: »Deutschsprachige Ausdruckstänzerinnen und ihre Emigration«. In: *Jahrbuch Tanzforschung.* Bd. 4. Hg. Gesellschaft für Tanzforschung e.V. Wilhelmshaven 1993, S. 43-59.

Howe, Dianne Shelden: *Individuality and Expression. The Aesthetics of the New German Dance, 1908-1936.* New York u.a. 1996.

Huschka, Sabine: *Moderner Tanz. Konzepte – Stile – Utopien.* Reinbek bei Hamburg 2002.

Jansen, Wolfgang: *Das Varieté. Die glanzvolle Geschichte einer unterhaltenden Kunst.* Berlin 1990.

Jaques-Dalcroze, Émile: *Die Schule für angewandten Rhythmus Hellerau.* Hellerau 1916.

Jung, Helene: »Zur Soziologie des Tanzpublikums«. In: *Die Frau,* 40. Jg., H. 5, 1932/33, S. 296.

Kant, Marion: »Annäherung und Kollaboration. Tanz und Weltanschauung im ›Dritten Reich‹«. In: *tanzjournal,* Nr. 3, 2003, S. 12-23.

Karina, Lilian/Marion Kant: *Tanz unterm Hakenkreuz.*

Eine Dokumentation. Berlin 1996.

Klein, Gabriele: *FrauenKörperTanz. Eine Zivilisations-
geschichte des Tanzes.* München 1992.

Kuhlmann, Christiane: *Bewegter Körper – Mechanischer
Apparat. Zur medialen Verschränkung von Tanz und
Fotografie in den 1920er Jahren.* Frankfurt / Main
2003.

Laban, Rudolf von: *Die Welt des Tänzers.* Stuttgart
1920.

Laban, Rudolf von: *Choreographie.* Jena 1926.

Laban, Rudolf von: *Ein Leben für den Tanz.* Dresden
1935.

Laban, Rudolf von/Mary Wigman (Hg.): *Die tänzerische
Situation unserer Zeit. Ein Querschnitt.* Dresden
1936.

Lämmel, Rudolf: *Der moderne Tanz. Eine allgemeinver-
ständliche Einführung in das Gebiet der Rhythmischen Gymnastik und des Neuen Tanzes.* Berlin 1929.

Müller, Hedwig/Patricia Stöckemann: »*... jeder Mensch
ist ein Tänzer«. Ausdruckstanz in Deutschland zwischen 1900 und 1945.* Gießen 1993.

Müller, Hedwig: »Der Aufbruch zum Körper. Frauen und
Ausdruckstanz«. In: *Ariadne – Almanach des Archivs
der deutschen Frauenbewegung: Tanzleidenschaft.
Zwischen Ausdruck und Standard*, H. 26, November
1994, S. 24-32.

Müller, Hedwig: »Von der äußeren zur inneren Bewe-
gung. Klassische Ballerina – moderne Tänzerin«. In:
Die Schauspielerin – Eine Kulturgeschichte. Hg.
Renate Möhrmann. Frankfurt/Main, Leipzig 2000,
S. 321-341.

Müller, Hedwig/Ralf Stabel/Patricia Stöckemann: *Krokodil im Schwanensee. Tanz in Deutschland seit
1945.* Hg. Akademie der Künste. Frankfurt/Main,
Berlin 2003.

Neu, Joschi: *Wenn Achill tanzt ... Männlicher Bühnentanz vom Mythos zum Markenzeichen.* Stuttgart 2002.

Nikolaus, Paul: *Tänzerinnen.* München 1919.

Oberzaucher-Schüller, Gunhild (Hg. in Zusammenarbeit mit Alfred Oberzaucher/Thomas Steiert): *Ausdruckstanz. Eine mitteleuropäische Bewegung der ersten Hälfte des 20. Jahrhunderts.* Wilhelmshaven 1992 (2. Auflage 2004).

Ochaim, Brygida/Claudia Balk: *Varieté-Tänzerinnen um 1900. Vom Sinnenrausch zur Tanzmoderne.* Frankfurt/Main, Basel 1998.

Odenthal, Johannes: »Von Isadora bis Pina. Die Erneuerung des Menschenbildes im Tanz. Ein Gespräch mit Jochen Schmidt«. In: *ballett international/tanz aktuell*, Mai 1994, S. 34-36.

Peter, Frank-Manuel (Hg.): *Der Tänzer Harald Kreutzberg.* Berlin 1987.

Scheub, Ute: *Verrückt nach Leben: Berliner Szenen in den zwanziger Jahren.* Reinbek bei Hamburg 2000.

Schikowski, John: *Der neue Tanz.* Berlin 1924.

Schikowski, John: *Geschichte des Tanzes.* Berlin 1926.

Schleusner, Thea: »Tänzerische Frauenpersönlichkeiten der Gegenwart«. In: *Die Schöne Frau*, 4. Jg., H. 5, 1928/29, S. 11-14; abgedruckt in: *Ariadne – Almanach des Archivs der deutschen Frauenbewegung: Tanzleidenschaft. Zwischen Ausdruck und Standard*, H. 26, November 1994, S. 38-41.

Schmidt, Jochen: *Tanzgeschichte des 20. Jahrhunderts in einem Band. Mit 101 Choreographenporträts.* Berlin 2002.

Schulze, Janine: *Dancing Bodies Dancing Gender. Tanz im 20. Jahrhundert aus der Perspektive der Gender Theorie.* Dortmund 1999.

Schur, Ernst: *Der moderne Tanz.* München 1910.

Sorell, Walter: *Der Tanz als Spiegel der Zeit. Eine Kulturgeschichte des Tanzes.* Wilhelmshaven 1985.

Stefan, Paul: *Tanz in dieser Zeit.* Wien, New York o.J. (1926/27).

Stöckemann, Patricia: *Etwas ganz Neues muss nun entstehen. Kurt Jooss und das Tanztheater.* Hg. Deutsches Tanzarchiv Köln/SK Stiftung Kultur. München 2001.

Suhr, Werner: *Der künstlerische Tanz.* Leipzig 1922.

Suhr, Werner: *Das Gesicht des Tanzes.* Egestorf 1927.

Suhr, Werner: *Der nackte Tanz.* Egestorf 1927.

TanzGespräche. Zeitgenössischer Tanz im Dialog. Hg. Deutsches Tanzarchiv Köln/SK Stiftung Kultur. Köln 2000.

Tanztheater heute. Dreißig Jahre deutsche Tanzgeschichte. Hg. Goethe-Institute. Seelze 1997.

Thiess, Frank: *Der Tanz als Kunstwerk.* München 1923.

Wolfradt, Willi: »Tanz. 1. Ansage«. In: *Freie Deutsche Bühne*, 1. Jg., H. 9, Oktober 1919, S. 215-218.

Zivier, Georg: *Berlin und der Tanz.* Berlin 1968.

Josephine Baker

Baker, Joséphine/Marcel Sauvage: *Les Mémoires de Joséphine Baker.* Paris 1927.

Baker, Joséphine/Marcel Sauvage): *Voyages et aventures de Joséphine Baker.* Paris 1931.

Baker, Joséphine/André Rivollet: *Une Vie de toutes les couleurs.* Grenoble 1935.

Baker, Joséphine/Marcel Sauvage: *Les Mémoires de Joséphine Baker.* Paris 1949.

Baker, Joséphine/Jo Bouillon: *Joséphine.* Paris 1976.

Baker, Josephine/Jo Bouillon: *Ausgerechnet Bananen!* A. d. Franz. v. Simon Saint-Honoré. Bern u.a. 1976.

Burt, Ramsay: *Alien Bodies. Representations of Modernity, ›Race‹ and Nation in Early Modern Dance.*

London, New York 1998.

Hammond, Brian/Patrick O'Connor: *Josephine Baker. Die schwarze Venus.* A. d. Engl. v. Annekatrin Gudat. München 1992.

Kessler, Harry Graf: *Tagebücher 1918-1937.* Hg. Wolfgang Pfeiffer-Belli. Frankfurt 1996.

Kühn, Dieter: *Josephine. Aus der öffentlichen Biographie der Josephine Baker.* Frankfurt/Main 1976.

Nenno, Nancy: »Weiblichkeit – Primitivität – Metropole: Josephine Baker in Berlin«. In: *Frauen in der Großstadt. Herausforderung der Moderne?* Hg. v. Katharina von Ankum. Dortmund 1999, S. 136-158.

Rose, Phyllis: *Josephine Baker oder Wie eine Frau die Welt erobert.* A. d. Engl. v. Liselotte Julius. München 1994.

That's Jazz. Der Sound des 20. Jahrhunderts. Katalog Darmstadt 1988.

Todd, Oliver/Mick Csáky: *Tanz auf dem Regenbogen. Das Leben der Josephine Baker.* 80 Min. Channel Four/NDR 1988.

Wood, Ean: *La Folie Joséphine Baker.* A. d. Engl. v. Joëlle Touati. Paris 2001.

Tatjana Barbakoff

Tatjana Barbakoff. 1899 Libau – 1944 Auschwitz. Ausstellungskatalog. Hg. Stadtmuseum Düsseldorf. Düsseldorf 1991.

»Tatjana Barbakoff«. In: *tanzdrama*, Nr. 25, 1994, S. 20-23.

Tatjana Barbakoff. Tänzerin und Muse. Ausstellungs-Katalog. Hg. Verein August Macke Haus e.V. Bonn 2002.

Anita Berber

»Anita Berber und ihre Tänzer«. In: *Die Bühne*, 2. Jg., Nr. 21, 1925, S.16.

Berber, Anita/Sebastian Droste: *Die Tänze des Lasters, des Grauens und der Ekstase*. Wien 1922.

Feld, Hans: »Die Repräsentantin einer Generation«. In: *Film-Kurier*, Nr. 271 vom 13.11.1928.

Fischer, Lothar: *Tanz zwischen Rausch und Tod. Anita Berber 1918–1928 in Berlin*. Berlin 1984.

Jarrett, Lucinda: *Striptease. Die Geschichte der erotischen Entkleidung*. Berlin 1999.

Jencik, Joe: »Kokain. Versuch einer Analyse des Tanzes von Anita Berber«. In: *Schrifttanz*, 4. Jg., H. 1, 1931, S.10.

Kaul, Walter: »Nachruf auf Anita Berber«. In: *Reichsfilmblatt*, Nr. 46, 1928.

Lania, Leo: *Der Tanz ins Dunkel. Anita Berber. Ein biographischer Roman*. Berlin 1929.

Mann, Klaus: »Erinnerungen an Anita Berber«. In: *Die Bühne*, 7. Jg., Nr. 275, 1930, S. 43f.

Meyerinck, Hubert von: *Meine berühmten Freundinnen*. Düsseldorf 1967.

Schnog, Karl: »Berber-Barberei«. In: *Das Stachelschwein*, 2. Jg., H. 2, 1925, S. 46.

Solder, Erwin: »Anita Berber oder Der Fluch der Schönheit«. In: *Kölnische Zeitung* vom 03.02.1936.

Rosalia Chladek

Alexander, Gerda/Hans Groll: *Tänzerin. Choreographin. Pädagogin. Rosalia Chladek*. Wien 1965, 4. erweiterte Auflage 1995.

Artus, Hans-Gerd/Maud Paulissen-Kaspar: *Tänzerische Körperbildung. Lehrweise Rosalia Chladek*. Wilhelmshaven 1999.

Buschbeck, Axel C.: *Rosalia Chladek. Eine Mono-*

graphie. Dissertation. Wien 1973.

Klingenbeck, Fritz: *Die Tänzerin Rosalia Chladek*. Amsterdam, Wien 1936.

Martin, John: »The Dance: In Austria. A Ballet of Design Which Combines Old and New Classicism Effectively«. In: *The New York Times*, 25.09.1932.

Oberzaucher-Schüller, Gunhild/Ingrid Giel: *Rosalia Chladek. Klassikerin des bewegten Ausdrucks*. München 2002.

Radrizzani, René (Hg.): *Rosalia Chladek Schriften – Interviews*. Wilhelmshaven 2003.

Isadora Duncan

Blair, Fredrika: *Isadora. Portrait of the Artist as a Woman*. New York 1986.

Brandenburg, Hans: *Der moderne Tanz*. München 1913.

Brandstetter, Gabriele: *Tanz-Lektüren. Körperbilder und Raumfiguren der Avantgarde*. Frankfurt/Main 1995.

Cossart, Axel von: *Isadora Duncan*. Köln 1986.

Daly, Ann: *Done into Dance. Isadora Duncan in America*. Bloomington/Indianapolis 1995.

Daly, Ann: »Dancing History and Feminist Theory: Reconsidering Isadora Duncan and the Male Gaze«. In: Laurence Senelick (Hg.): *Gender in Performance. The Presentation of Difference in the Performing Arts*. Hanover/New England, London 1992, S. 239-259.

Desti, Mary: *Isadora Duncan's End*. London 1929.

Duncan, Dorée/Carol Pratl/Cynthia Splatt (Hg.): *Life into Art. Isadora Duncan and Her World*. New York, London 1993.

Duncan, Irma: *Duncan Dancer. An Autobiography*. Middletown/Conneticut 1965.

Duncan, Irma: *The Technique of Isadora Duncan*. New York 1970.

Duncan, Irma/Allan Ross Macdougall: *Isadora Duncan's Russian Days*. London 1929.

Duncan, Isadora: *Der Tanz der Zukunft*. Leipzig 1904.

Duncan, Isadora: *Memoiren*. Leipzig 1928.

Duncan, Isadora: »The Dance of the Future« (»Der Tanz der Zukunft«). In: Sheldon Cheney (Hg.): *The Art of the Dance. Isadora Duncan*. 3. Auflage. New York 1977, S. 54-63.

Iverson, Margaret: »Monuments, Maidens and Memory – Der Fall der Freiheitsstatue«. In: Sigrid Schade/ Monika Wagner/Sigrid Weigel (Hg.): *Allegorien und Geschlechterdifferenz*. 3. Band der Reihe *Literatur-Kultur-Geschlecht*. Köln, Weimar, Wien 1994, S. 125-135.

Jeschke, Claudia: »Isadora Duncan in ihrer Zeit«. In: *tanz aktuell*, Oktober 1990, S. 26-35.

Jowitt, Deborah: »Images of Isadora: The Search for Motion«. In: *Dance Research Journal*, Vol. 17, No. 2/ Vol. 18, No. 1, Fall 1985/Spring 1986, S. 21-29.

Kozody, Ruth: *Isadora Duncan*. New York/New Haven/ Philadelphia 1988.

Levien, Julia: *Duncan Dance. A Guide for Young People Ages Six to Sixteen*. New Jersey 1996.

Loewenthal, Lillian: *The Search for Isadora. The Legend and Legacy of Isadora Duncan*. Pennington 1993.

Magriel, Paul (Hg.): *Isadora Duncan*. London 1948.

Magriel, Paul (Hg.): *Nijinsky, Pavlova, Duncan. Three Lives in Dance*. New York 1977.

McVay, Gordon: *Isadora and Esenin*. Dexter/Michigan 1980.

Odenthal, Johannes: »Von Isadora bis Pina. Die Erneuerung des Menschenbildes im Tanz. Ein Gespräch mit Jochen Schmidt«. In: *ballett international/tanz aktuell*, Mai 1994, S. 34-36.

Peter, Frank-Manuel (Hg.): *Isadora und Elizabeth*

Duncan in Deutschland. Köln 2000.

Rosemont, Franklin (Hg.): *Isadora Speaks.* San Francisco 1981.

Schade, Sigrid/Monika Wagner/Sigrid Weigel (Hg.): *Allegorien und Geschlechterdifferenz.* 3. Band der Reihe *Literatur-Kultur-Geschlecht.* Köln, Weimar, Wien 1994.

Schneider, Ilya Ilyich: *Isadora Duncan. The Russian Years.* New York 1968.

Schulze, Janine: *Dancing Bodies Dancing Gender. Tanz im 20. Jahrhundert aus der Perspektive der Gender Theorie.* Dortmund 1999.

Seroff, Victor: *The Real Isadora.* London 1971.

Steegmuller, Francis (Hg.): *»Your Isadora«. The Love Story of Isadora Duncan and Gordon Craig.* New York 1974.

Stern, Carola: *Isadora Duncan und Sergej Jessenin.* Reinbek bei Hamburg 1996.

Stokes, Sewell: *Isadora. An Intimate Portrait.* Erstpublikation England 1928. Reproduktion London 1969.

Terry, Walter: *Isadora Duncan.* New York 1963.

Warner, Marina: *In weiblicher Gestalt. Die Verkörperung des Wahren, Guten und Schönen.* Reinbek bei Hamburg 1989.

Wenk, Silke: *Versteinerte Weiblichkeit. Allegorien in der Skulptur der Moderne.* 5. Band der Reihe *Literatur-Kultur-Geschlecht.* Köln, Weimar, Wien 1996.

Loïe Fuller

Bahr, Hermann: *Rezensionen. Wiener Theater 1901 bis 1903.* Berlin 1903.

Balk, Claudia. »Vom Sinnenrausch zur Tanzmoderne«. In: Brygida Ochaim/Claudia Balk: *Varieté-Tänzerinnen um 1900. Vom Sinnenrausch zur Tanzmoderne.* Frankfurt/Main, Basel 1998, S. 7-68.

Birnie Danzker, Jo-Anne (Hg.): *Loïe Fuller. Getanzter Jugendstil*. Anlässlich der Ausstellung im Museum Villa Stuck, München, vom 19.10.1995 bis 14.01. 1996. München, New York 1995.

Brandstetter, Gabriele: »»La Destruction fut ma Béatrice‹ – Zwischen Moderne und Postmoderne: Der Tanz Loïe Fullers und seine Wirkung auf Theater und Literatur«. In: Erika Fischer-Lichte / Klaus Schwind (Hg.): *Avantgarde und Postmoderne*. Tübingen 1991, S. 191–208.

Brandstetter, Gabriele/Brygida Ochaim: *Loïe Fuller. Tanz Licht-Spiel Art Nouveau*. Freiburg 1989.

Coffman, Elizabeth: »Woman in Motion: Loïe Fuller and the ›Interpretation‹ of Art and Science«. In: *Camera Obscura 49*, Vol. 17, No. 1, 2002, S. 73–105.

Current, Richard Nelson: »Die legendäre Loïe«. In: Jo-Anne Birnie Danzker (Hg.): *Loïe Fuller, Getanzter Jugendstil*. München, New York 1995, S. 115–122.

Current, Richard Nelson/Marcia Ewing Current: *Loie Fuller, Goddess of Light*. Boston 1997.

Gunning, Tom: »Loïe Fuller and the Art of Motion«. In: Richard Allen/Malcom Turvey /Hg.): *Camera Obscura, Camera Lucida. Essays in Honor of Annette Michelson*. Amsterdam 2003, S. 75–90.

Le Coz, Françoise: »Erstarrte Pose? Photographie des Tanzes«. In: Jo-Anne Birnie Danzker (Hg.): *Loïe Fuller. Getanzter Jugendstil*. München, New York 1995, S. 39–44.

Kermode, Frank: »Poet and Dancer Before Diaghilev«. In: *Partisan Review*, Jan-Feb 1961, S. 48–75.

Mallarmé, Stéphane: »Ein weiteres Tanzstück«; abgedruckt in: Gabriele Brandstetter/Brygida Ochaim: *Loïe Fuller. Tanz Licht-Spiel Art Nouveau*. Freiburg 1989, S. 214–218.

Ochaim, Brygida/Claudia Balk: *Varieté-Tänzerinnen um*

1900. *Vom Sinnenrausch zur Tanzmoderne.* Frankfurt/Main, Basel 1998.

Pinet, Hélène: »Freundschaft mit Rodin«. In: Jo-Anne Birnie Danzker (Hg.): *Loïe Fuller. Getanzter Jugendstil.* München, New York 1995, S. 91-96.

Rodenbach, Georges: »Tänzerinnen«; abgedruckt in: Gabriele Brandstetter/Brygida Ochaim: *Loïe Fuller. Tanz Licht-Spiel Art Nouveau.* Freiburg 1989, S. 194-201.

Rotzler, Willy: »Das schönste Gewand wären Flügel. Loïe Fuller – Idol der Jahrhundertwende«. In: *du. Die Kunstzeitschrift,* Nr. 3, 1981, S. 38-41, 138.

Sommer, Sally: »Loie Fuller«. In: *The Drama Review,* Vol. 19, No. 1, March 1975, S. 53-67.

Sommer, Sally: »Von der Wildwestshow zur Pariser Avantgarde«. In: Jo-Anne Birnie Danzker (Hg.): *Loïe Fuller, Getanzter Jugendstil.* München, New York 1995, S. 123-130.

Valeska Gert

Brentano, Bernard von: »Getanzte Grotesken«. In: Ders.: *Wo in Europa ist Berlin? Bilder aus den zwanziger Jahren.* Frankfurt/Main 1981.

Eisenstein, Sergei: »Im Weltmaß-Stab über Valeska Gert«; zitiert nach Frank-Manuel Peter: *Valeska Gert. Tänzerin, Schauspielerin, Kabarettistin.* Berlin 1987, S. 121.

Foellmer, Susanne: »Verschobene Körper – groteske Körper. Die Avantgardistin Valeska Gert«. In: *tanzdrama,* Nr. 62, 2002, S. 7-12.

Gert, Valeska: *Mein Weg.* Leipzig 1931.

Gert, Valeska: *Die Bettlerbar von New York.* Berlin 1950.

Gert, Valeska: *Ich bin eine Hexe. Kaleidoskop meines Lebens.* Reinbek bei Hamburg 1968.

Gert, Valeska: *Katze von Kampen.* Percha 1973.

Gert, Valeska: »Mary Wigman und Valeska Gert«. In: *Der Querschnitt*, 6. Jg., H. 5, 1926, S. 361-363; abgedruckt in: *tanzdrama*, Nr. 19, 1992, S. 21-23.

Hildenbrandt, Fred: *Die Tänzerin Valeska Gert*. Stuttgart 1928.

De Keersmaeker, Anne Teresa: »Valeska Gert«. In: *The Drama Review*, Vol. 25, H. 3, Herbst 1981, S. 55-66.

Meyer, Alfred Richard: »Valeska Gert«. In: *Der Querschnitt*, 2. Jg., 1922, Weihnachtsheft, S. 219f.

Peter, Frank-Manuel: *Valeska Gert. Tänzerin, Schauspielerin, Kabarettistin. Eine dokumentarische Biographie*. Berlin 1987.

Schlöndorff, Volker: »Von den ›Alten‹ war sie uns die Nächste«. In: *Süddeutsche Zeitung*, 15.04.1978, Gedenkrede bei der Beerdigung von Valeska Gert 1978 in Berlin; zitiert nach Sabine Renken (Hg.): *Chanteusen. Stimmen der Großstadt*. Mannheim 1997.

Schlöndorff, Volker: *Nur zum Spaß, nur zum Spiel – Kaleisdoskop Valeska Gert*. Dokumentarfilm 60 Min. 1977.

Tucholsky, Kurt: »Valeska Gert«. In: *Gesammelte Werke*. Hg. Mary Gerold-Tucholsky/Fritz J. Raddatz, Bd. 1, 1907-1924, Reinbek bei Hamburg 1960, S. 791-793.

Martha Graham / Doris Humphrey

Burt, Ramsay: *Alien Bodies. Representations of Modernity, ›Race‹ and Nation in Early Modern Dance*. London, New York 1998.

Cohen, Selma Jeanne (Hg.): *Doris Humphrey. An Artist First. An Autobiography*. 1. Auflage 1972. Pennigton/New Jersey 1995.

Franko, Mark: *Dancing Modernism/Performing Politics*. Bloomington/Indianapolis 1995.

Franko, Mark: »History/Theory – Criticism/Practice«. In:

Susan Leigh Foster (Hg.): *Corporealities. Dancing Knowlegde, Culture and Power*. London, New York 1996, S. 25-52.

Franko, Mark: *The Work of Dance. Labor, Movement, and Identity in the 1930s*. Middletown/Connecticut 2002.

Graf, Ellen: *Stepping Left. Dance and Politics in New York City, 1928-1942*. Durham, London 1997.

Graham, Martha: »Martha Graham 1934« sowie »Martha Graham 1936«. In: Merle Armitage (Hg.): *Martha Graham*. New York 1966 (Erstausgabe Los Angeles 1937, Privatdruck mit 1000 Kopien).

Graham, Martha: »Graham 1937«. In: Jean Morrison Brown/Naomi Mindlin/Charles Humphrey Woodford (Hg.): *The Vision of Modern Dance*. New Jersey 1988, S. 49-53.

Graham, Martha: »A Modern Dancer's Primer for Action« (New York 1941). In: Selma Jeanne Cohen (Hg.): *Dance as a Theatre Art. Source Readings in Dance History from 1581 to the Present*. Princeton/ New Jersey 1992, S. 135-143.

Graham, Martha: »Dancers Fokus«. In: Barbara Morgan: *Martha Graham. Sixteen Dances in Photographs*. 1. Auflage 1941. Überarbeitete Ausgabe New York 1980.

Graham, Martha: Lecture-Auszug, gehalten in John Martins Vorlesungsreihe über die Kunst des Amerikanischen Tanzes (New School for Social Research; 09.03.1934); abgedruckt in: *Dance Observer*, April 1934, S. 32f.

Graham, Martha: zitiert nach Margaret Lloyd: *The Borzoi Book of Modern Dance*. New York 1974, S. 49f.

Graham, Martha: *Blood Memory. An Autobiography*. New York 1991. Dt. *Der Tanz – Mein Leben. Eine Autobiographie*. München 1992.

Humphrey, Doris: »What a Dancer Thinks about« (1937). In: Jean Morrison Brown/Naomi Mindlin/Charles Humphrey Woodford (Hg.): *The Vision of Modern Dance*. New Jersey 1988, S. 55-64.

Humphrey, Doris: »My Approach to the Modern Dance«. In: Frederick Rand Rogers (Hg.): *Dance: A Basic Educational Technique*. New York 1941, S. 188-192.

Humphrey, Doris: »Dance Drama«. In: Walter Sorell (Hg.): *The Dance Has Many Faces*. Cleveland, New York 1951, S. 20-27.

Humphrey, Doris: *The Art of Making Dances*. 1. Auflage 1952. New York 1959.

Humphrey, Doris: *Die Kunst, Tänze zu machen. Zur Choreographie des Modernen Tanzes*. Wilhelmshaven 1985.

Huschka, Sabine: *Moderner Tanz. Konzepte – Stile – Utopien*. Reinbek bei Hamburg 2002.

Kroll, Nathan: *Martha Graham. An American Original in Performance*. Drei Filme, produziert von Nathan Kroll zwischen 1957 und 1960: *A Dancer's World* (1957), *Night Journey* (1960) und *Appalachian Spring* (1959). Videokassette: Home Video Exclusives/Series: The Library of Master Performers. 93 Min. o.J. (1980er).

Love, Paul/Doris Humphrey: »The Dance of Doris Humphrey«. In: Virgina Stewart: *Modern Dance*. New York 1935, 110ff.

Pollack, Barbara/Charles Humphrey Woodford: *Dance is a Moment. A Portrait of José Limón in Words and Pictures*. Princeton 1993.

Prickett, Stacey: »Reviewing on the Left: The Dance Criticism of Edna Ocko«. In: *Of, by and for the People: Dancing on the Left in the 1930s*. Hg. von Lynn Garafola. Studies in Dance History, Vol. 5, No. 1, Madison/Wisconsin 1994, S. 65-103.

Siegel, Marcia: *Days on Earth. The Dance of Doris Humphrey*. Durham, London 1993.

Stodell, Ernestine: *Doris Humphrey und ihre Tanztechnik. Ein Arbeitsbuch*. Frankfurt/Main 1986.

Dore Hoyer

»Dore Hoyer«. In: *tanzdrama*, Sonderheft, Nr. 17, 1991.

Müller, Hedwig: »Zu jung für ein Begräbnis. Dore Hoyers Tanzkunst«. In: *tanzdrama*, Nr. 1, 1987, S. 6-9.

Müller, Hedwig/Frank-Manuel Peter/Garnet Schuldt: *Dore Hoyer. Tänzerin*. Hg. Deutsches Tanzarchiv Köln. Berlin 1992.

Jo Mihaly

Betz, Thomas: »Das Brot der Freiheit. Die Schriftstellerin Jo Mihaly«. In: *tanzdrama*, Nr. 64, 2002, S. 19-23.

Böhme, Fritz: »Jo Mihaly Tanzabend«. In: *Deutsche Allgemeine Zeitung*, 30.03.1931.

Grabe, Karl Gustav: »Jo Mihaly. Tänze im Schwechten-Saal«. In: *Der Jungdeutsche*. Berlin 01.04.1931.

Hardt, Yvonne: »Vom Krieg, der Pantomime und der Hoffnung. Die Ausdruckstänzerin Jo Mihaly«. In: *tanzdrama*, Nr. 64, 2002, S. 16-18.

Hardt, Yvonne: *Politische Körper: Ausdruckstanz, Choreographie des Protests und die Arbeiterkulturbewegung in der Weimarer Republik*. Münster u.a. 2004. Zu Jo Mihaly: S. 77-104.

Hoffmann, Christine: »Deutschsprachige Ausdruckstänzerinnen und ihre Emigration«. In: *Jahrbuch Tanzforschung*. Bd. 4. Hg. Gesellschaft für Tanzforschung e.V. Wilhelmshaven 1993, S. 43-59.

Mihaly, Jo: *... da gibt's ein Wiedersehn! Kriegstagebuch eines Mädchens 1914-1918*. Freiburg 1982.

Mihaly, Jo: *Michael Arpad und sein Kind. Ein Kinderschicksal auf der Landstraße*. Köln 1949.

Mihaly, Jo: *Gesucht Stepan Varesku*. Berlin, Weimar 1979.

Zollinger, Albin: »Tanzabend Jo Mihaly«. In: *Die Zeit*, 3. Jg., H. 1, Zürich 1935, S. 14-17.

Palucca

Erdmann-Rajski, Katja: *Gret Palucca. Tanz und Zeiterfahrung in Deutschland im 20. Jahrhundert: Weimarer Republik, Nationalsozialismus, Deutsche Demokratische Republik.* Hg. Deutsches Tanzarchiv Köln. Hildesheim, Zürich, New York 2000.

Müller, Hedwig: *Mary Wigman. Leben und Werk der großen Tänzerin.* Weinheim, Berlin 1986.

Palucca: »Gedanken und Erfahrungen«. In: Rudolf von Laban/Mary Wigman u.a.: *Die tänzerische Situation unserer Zeit. Ein Querschnitt.* Dresden 1936, S. 10-13.

Palucca. Zum Fünfundachtzigsten. Glückwünsche, Selbstzeugnisse, Äußerungen. Hg. Akademie der Künste der DDR, Redaktion Regine Herrmann. Berlin 1987.

Stabel, Ralf: *Tanz, Palucca! Die Verkörperung einer Leidenschaft.* Berlin 2001.

Stabel, Ralf: *Vorwärts, Rückwärts, Seitwärts. Mit und ohne Frontveränderung. Zur Geschichte der Palucca Schule Dresden.* 2. Band der Reihe *Beiträge zur Tanzkultur.* Wilhelmshaven 2001a).

Tanz Palucca. Bilder, Besprechungen, Auszüge aus Kritiken von Solo- und Gruppentanzaufführungen 1926/27. Werbeprospekt IV 1926/27.

Trudi Schoop

Cabaret Cornichon. Erinnerungen an ein Cabaret. Hg. Elsie Attenhofer. 2. Auflage. Bern 1994.

Kaiser, César: *Herrliche Zeiten. 1916-1976. 60 Jahre*

Cabaret in der Schweiz. Bern 1976.

Moscovici, Hadassa K.: *Vor Freude tanzen, vor Jammer in Stücke gehen. Pionierinnen der Körpertherapie.* Frankfurt/Main 1989. Darin: »Tanztherapie Trudi Schoop«, S.157-187.

Schoop, Trudi: »Tanz als Pantomime«. In: *du. Die Kunstzeitschrift,* Mai 1950.

Schoop, Trudi: *Won't You Join the Dance?* Kalifornien 1974. Dt.: ... *komm und tanz mit mir!* Zürich 1981.

Sorell, Walter: »Trudi Schoop«. In: *Turicum,* Winter 1977.

Willke, Claudia: »Tief ins Leben hinein. Interview mit Trudi Schoop. Lebenslauf«. In: *tanzdrama,* Nr. 6, 1989.

Willke, Claudia: *Komm und tanz mit mir.* Film über die therapeutische Arbeit. 80 Min. 1990.

Willke, Claudia: *Die Eroberung der Leere. Begegnung mit Trudi Schoop.* Film über Biografisches. 46 Min. 1992.

Willke, Mona: »Trudi Schoops Leben und ihr tänzerisches und therapeutisches Werk«. In: *Deutsche Gesellschaft für Tanztherapie Info,* Nr. 37/38, Frühjahr/Herbst 1999, S. 25-97.

Materialien (Programme, Zeitungsartikel, Kritiken) aus dem Archiv des Schweizerischen Berufsverbands für Tanz und Gymnastik (SBTG). Interviews über Trudi Schoop mit Herta Bamert und Elsie Attenhofer.

Margarethe Wallmann

Amort, Andrea: »Margarethe Wallmann, *Das jüngste Gericht*«. In: *Pipers Enzyklopädie des Musiktheaters.* Hg. v. Carl Dahlhaus und dem Forschungsinstitut für Musiktheater der Universität Bayreuth unter Leitung von Sieghart Döhring. Bd. 6. München 1997, S. 639-641.

Amort, Andrea / Mimi Wunder-Gosch (Hg.): *Österreich tanzt. Geschichte und Gegenwart.* Wien, Köln, Weimar 2001.

Burghauser, Hugo: *Philharmonische Begegnungen. Erinnerungen eines Wiener Philharmonikers.* Zürich, Freiburg/Breisgau 1979.

Emmel, Felix: »Neue Sachlichkeit im Tanz«. In: *Tanzgemeinschaft*, 2. Jg., Nr. 3, o.J. (1930), S. 3f.; abgedruckt in: *tanzdrama*, Nr. 3, 1988, S. 18.

Fuhrich, Edda/Gisela Prossnitz (Hg.): *Die Salzburger Festspiele. Ihre Geschichte in Daten, Zeitzeugnissen und Bildern.* Bd. 1. Salzburg, Wien 1990.

Rode-Breymann, Susanne: *Die Wiener Staatsoper in den Zwischenkriegsjahren. Ihr Beitrag zum zeitgenössischen Musiktheater.* Tutzing 1994, S. 244-252.

Shawn, Ted: *One Thousand and One Night Stands.* New York 1979.

»Margarete Wallmann. Zum Tode der Choreographin und Regisseurin«. In: *tanzdrama*, Nr. 19, 1992, S. 8-11.

Wallmann, Margarita: *Les Balcons du ciel.* Paris 1976.

Wallmann, Margarete: »Der neue künstlerische Tanz«. In: *Die schaffende Frau*, 1. Jg., 1929/30, S. 414; abgedruckt in: *Ariadne – Almanach des Archivs der deutschen Frauenbewegung: Tanzleidenschaft. Zwischen Ausdruck und Standard*, H. 26, November 1994, S. 43.

Grete Wiesenthal

Die neue Körpersprache – Grete Wiesenthal und ihr Tanz. Ausstellungskatalog. Hg. Historisches Museum der Stadt Wien. Wien 1985.

Fiedler, Leonhard M./Martin Lang (Hg.): *Grete Wiesenthal – Die Schönheit der Sprache des Körpers im*

Tanz. Salzburg, Wien 1985.

Wiesenthal, Grete: *Der Aufstieg. Aus dem Leben einer Tänzerin.* Berlin 1919 (Neuauflage unter dem Titel *Die ersten Schritte.* Wien 1947).

Wiesenthal, Grete: *Iffi. Roman einer Tänzerin.* Wien 1951.

Mary Wigman

Bach, Rudolf: *Das Mary Wigman-Werk.* Dresden 1933.

Fritsch-Vivié, Gabriele: *Mary Wigman.* Reinbek bei Hamburg 1999.

Gottschild, Hellmut: »Das Außen und das Innen im Flux«. In: *tanzjournal,* Nr. 5, 2003, S.14-16.

Kant, Marion: »Annäherung und Kollaboration. Tanz und Weltanschauung im ›Dritten Reich‹«. In: *tanzjournal,* Nr. 3, 2003, S. 12-23.

Karina, Lilian/Marion Kant: *Tanz unterm Hakenkreuz.* Berlin 1996.

Müller, Hedwig: *Mary Wigman. Leben und Werk der großen Tänzerin.* Weinheim, Berlin 1986.

Sieben, Irene: »Sturz vom Spitzenschuh. Sylvie Guillem tanzt Mary Wigman«. In: *tanzdrama,* Nr. 41, 1998, S. 34.

Sieben, Irene: »Die Liebe der Gärtnerin«. In: *tanzjournal,* Nr. 5, 2003, S. 6-13.

Wigman, Mary: *Die Sprache des Tanzes.* Stuttgart 1963.

Autorinnen und Autoren

Gabriele Fritsch-Vivié

Nach Studium und Promotion im Fach Theaterwissenschaft praktische Theaterarbeit als Regieassistentin und Dramaturgin, Theater mit Kindern und Jugendlichen. Schriftstellerische Tätigkeit, Veröffentlichungen in Anthologien, freie Mitarbeit an Zeitungen als Rezensentin. Würzburger Literaturpreis, Monografie über Nelly Sachs, dazu aus Texten der Nelly Sachs eine Collage für eine Schauspielerin. Monografie über Mary Wigman (1999). Theaterstück zum Thema Gentechnologie, Premiere Februar 2003.

Sabine Gottgetreu

Studium der Theater-, Film- und Fernsehwissenschaft, Germanistik und Anglistik. 1996 bis 2002 wissenschaftliche Mitarbeiterin am Institut für Theater-, Film- und Fernsehwissenschaft der Universität zu Köln. Veröffentlichung der Dissertation unter dem Titel *Der Arztfilm. Untersuchung eines filmischen Genres* (2001). Texte zur Filmtheorie und Filmgeschichte – und zu den American Beauties der 1980er und 90er Jahre (in *Die Schauspielerin – Eine Kulturgeschichte,* 2000). Lehrtätigkeit an den Universitäten Bochum, Köln und der HFF Hochschule für Fernsehen und Film München.

Yvonne Hardt

Studium der Theaterwissenschaft und Geschichte in Berlin und Montreal. Veröffentlichung ihrer Dissertation unter dem Titel *Politische Körper: Ausdruckstanz, Choreographien des Protests und die Arbeiterkulturbewegung in der Weimarer Republik* (2004). Zurzeit wissenschaftliche Mitarbeiterin am Institut für Theaterwissenschaft der FU Berlin. Darüber hinaus freischaffende Tänzerin, Choreografin und künstlerische Leiterin der Tanztheaterkompanie *BodyAttacksWord*.

Anja Hellhammer

Studium der Theater-, Film- und Fernsehwissenschaft, Kunstgeschichte und Germanistik in Köln. Freie Autorin und Kuratorin. Seit 2000 wissenschaftliche Mitarbeiterin in der Theaterwissenschaftlichen Sammlung der Universität zu Köln. Zurzeit Promotion über das fotografische Œuvre von Nini und Carry Hess. Veröffentlichungen über Fotografie und Kunst des 20. Jahrhunderts, Schwerpunkt: Fotografie der 20er und 30er Jahre, Interdependenz von Malerei, Fotografie, Theater, Tanz und Film.

Sabine Huschka

Promovierte Kulturwissenschaftlerin, Tanzpädagogin und -kritikerin, lebt und arbeitet in Berlin. Ausbildung in *Integrative Tanz-Pädagogik*. Umfangreiche Forschungen zur Kulturgeschichte des Tanzes, Tanzästhetik und zum modernen Bühnentanz, u.a. *Merce Cunningham* (2000), *Moderner Tanz. Konzepte – Stile – Utopien* (2002). Dramaturgin am TAT/Frankfurt und beim Ballett Frankfurt/William Forsythe. Zurzeit Lehre am Kulturwissenschaftlichen Institut der HU Berlin und am DIT (Deutsches Institut für Tanzpädagogik). Habilitationsprojekt *Tanz und Wissen. Eine kulturhistorische Studie zu den Epistemen choreografierter Körper.*

Britta Jürgs

Geboren 1965 in Frankfurt am Main. Studium der Germanistik, Kunstgeschichte und Romanistik in Frankfurt, Paris und an der FU Berlin. Gründete 1997 den AvivA Verlag und ist Herausgeberin diverser Porträtbände über

Künstlerinnen und Schriftstellerinnen des 20. Jahrhunderts, über Designerinnen und Kunstsammlerinnen.

Silvia Kargl

Geboren in Wels/Oberösterreich. Studium der Anglistik, Geschichte und Theaterwissenschaft an der Universität Wien und in Hamburg, Promotion zum Doktor der Philosophie mit einer Arbeit über den Choreografen John Neumeier. Freie Mitarbeiterin als Kulturjournalistin u.a. für *Salzburger Nachrichten, Dance View, Bolschoi Magazin* (Moskau). Für das Österreichische Theatermuseum Katalogisierung der Bühnenbildmodelle sowie Aufarbeitung des Nachlasses von Marcel Luipart, diverse Publikationen über Tanz, Mitglied beim Tanzbeirat des Bundeskanzleramts. Hauptberufliche Tätigkeit im Historischen Archiv der Wiener Philharmoniker sowie Geschäftsführerin des Alexander Zemlinsky Fonds.

Gunhild Oberzaucher-Schüller

In Wien geboren, Studium der Theaterwissenschaft und Kunstgeschichte an der Universität Wien mit anschließender Promotion. Lehrte Tanzgeschichte an den Universitäten Wien, Bayreuth und Salzburg und am Konservatorium der Stadt Wien. 1982-2002 Mitglied des Forschungsinstituts für Musiktheater der Universität Bayreuth; verantwortlich für den Balletteil von *Pipers Enzyklopädie des Musiktheaters*. Zahlreiche Veröffentlichungen zum Tanz des 19. und 20. Jahrhunderts. Seit 2003 Leiterin der Derra de Moroda Dance Archives an der Abteilung für Musik- und Tanzwissenschaft der Universität Salzburg.

Ursula Pellaton

Geboren 1946 in Zürich. Studium der Germanistik und Russistik an der Universität Zürich, Promotion mit einer

Dissertation über *Goethes Singspiele*. Ballettkritikerin seit 1978 und Veröffentlichung tanzhistorischer Recherchen seit 1988. Mitarbeit am Projekt Schweizer Theaterlexikon. Vorstandsmitglied der Stiftung Schweizer Tanzarchiv in Lausanne. Dozentin für Tanzgeschichte am Departement Tanz der Hochschule für Musik und Theater (ehemalige Ballettberufsschule), an der Zürcher Tanztheater Schule und bei Kursen und Fortbildungen.

Angela Rannow

Geboren in Berlin, Studium der Anglistik und Arabistik in Leipzig. Forschungsstudium an der Hochschule für Musik und Theater »Felix Mendelssohn Bartholdy« Leipzig. Wissenschaftliche und journalistische Tätigkeit im Bereich Tanz sowie Tanzmanagement. Wissenschaftliche Mitarbeiterin der *Palucca Schule Dresden* – Hochschule für Tanz. Zahlreiche Tanzkritiken, Pressemitteilungen. Herausgeberin u.a. von *Mary Wigman in Leipzig. Eine Annäherung an ihr Wirken für den Tanz in Leipzig in den Jahren 1942 bis 1949* (1994). Weitere Informationen unter www.rannow.de.

Katja Schneider

Geboren 1963 in München. Studium der Neueren Deutschen Literatur, Theaterwissenschaft und Philosophie, Promotion 1995. Lebt in München und arbeitet als Journalistin und Autorin mit dem Schwerpunkt Tanz, u.a. für die *Süddeutsche Zeitung* und den Deutschlandfunk. Verantwortliche Redakteurin der Zeitschrift *tanzjournal*. Zuletzt veröffentlichte sie (zusammen mit Klaus Kieser) *Reclams Ballettführer* (Stuttgart 2002).

Garnet Schuldt-Hiddemann

Geboren 1963. M.A. der Germanistik, Theater-, Film-
und Fernsehwissenschaft und Philosophie. Betreuung
eines Forschungsprojekts zu Dore Hoyer. Zusammen
mit Hedwig Müller und Frank-Manuel Peter Veröffentlichung *Dore Hoyer. Tänzerin* (1992). Wissenschaftliche
Mitarbeiterin im Deutschen Tanzarchiv Köln. Drei Kinder, lebt bei Bonn.

Janine Schulze

Geboren 1969 in Bielefeld. Studium der Angewandten
Theaterwissenschaft an der Justus-Liebig-Universität
Gießen, 1998 Promotion. Veröffentlichungen u.a. *Dan-
cing Bodies Dancing Gender – Tanz im 20. Jh. aus der
Perspektive der Gender Theorie* (1999) und *Moving
Thougts - Tanzen ist denken* (2002). Tanzwissenschaft-
liche Lehraufträge u.a. Freie Universität Berlin, Univer-
sität Leipzig, Johannes-Gutenberg Universität Mainz,
Palucca Schule Dresden Außenstelle Leipzig, Univer-
sität Bern. Daneben eigene choreografische Arbeiten.
Seit April 2000 Geschäftsführende Leiterin Tanzarchiv
Leipzig e.V.

Amelie Soyka

Geboren 1971 in Heidelberg. Studium in Köln und London. M.A. der Theater- und Filmwissenschaft, Germanistik und Kunstgeschichte. 1998 Volontariat beim Verlag Antje Kunstmann, München. 2000-2001 Presse-
und Öffentlichkeitsarbeit inklusive Ausstellungsorgani-
sation für den M7 Verlag Köln. Veröffentlichung *Raum
und Geschlecht. Frauen im Road Movie der 90er Jahre*
(2002). Freie Autorin und freie Verlags- und Redak-
tionstätigkeit. Promoviert über Valeska Gert, arbeitet
Teilzeit bei Rheinklang Tonstudios und lebt in Köln.

Jürgen Trimborn
Geboren 1971 in Köln. Studium der Theater-, Film- und Fernsehwissenschaft, Kunstgeschichte, Germanistik, Geschichte und Philosophie an der Universität zu Köln. 1997 Promotion. 1995 bis 2000 wissenschaftlicher Mitarbeiter und Dozent für Medienwissenschaft an der Universität zu Köln. Nominierung seines 2002 erschienenen Buchs *Riefenstahl. Eine deutsche Karriere* für den Deutschen Bücherpreis. 2003 Johannes-Heesters-Biografie *Der Herr im Frack*. Zurzeit Arbeit an seinem ersten Roman und der Biografie *Hildegard Knef. Das Glück kennt nur Minuten*, Erscheinungsdatum 2005. Lebt als freier Schriftsteller in Berlin und in den belgischen Ardennen.

Register

Aufgenommen wurden die Namen von historischen und zeitgenössischen Personen, Tanzgruppen und Tanzschulen sowie von im Literaturverzeichnis aufgeführten Autoren/innen, sofern sie im Text zitiert oder erwähnt werden. Ferner sind die Tänzer/innen unter ihrem bürgerlichen Namen und ihrem Künstlernamen mit entsprechenden Querverweisen verzeichnet.

Debussy, Claude 79
Denishawn-Company / *Denishawn-Schule* 202f, 210f, 216f, 221
Derp, Clotilde von 106, 231
Deutsche Tanzgemeinschaft 221, 223
Deutscher Berufsverband für Tanzpädagogik 88
Deutscher Tänzerbund 221
Diaghilew, Sergei 35, 240
Dietrich, Marlene 98
Diez-Dührkoop, Minya 109
Dior, Christian 122
Dix, Otto 102, 149
Douglas, Louis 154f
Droste, Sebastian 98f, 253
Druet, Eugène 47
Dudley, Jane 216
Dudley Reagan, Caroline 153
Duncan, Irma 32
Duncan, Isadora 13, 21-34, 41f, 46, 51, 57, 92, 148, 167, 255-257
Duncan, Raymond 118
Duran, Michel 163
Edelberg, Cilly siehe Barbakoff, Tatjana
Edschmidt, Kasimir 137
Eduardowa, Eugenia 224
Eggers, Lou 139
Eichendorff, Joseph von 50
Eisenstein, Sergei 121, 137
Elkan, Benno 121
Ellis, Harry C. 47
Elvira, Hof-Atelier 31
Emmel, Felix 222f, 228
Enkelmann, Siegfried 84, 186, 237, 245
Ey, Johanna 105
Fassbinder, Rainer Werner 103, 137
Fellini, Federico 135, 137
Fischer, Lothar 103
Fischer, Samuel 159, 165
Fonteyn, Margot 50, 231
Forrest, Maud de 154
Forsythe, William 246, 269
Frank, Rudolf 136f

Register

Register

In der AvivA-Künstlerinnen-Reihe
sind ebenfalls erschienen:

Ingeborg Gleichauf: *Was für ein Schauspiel! Deutschsprachige Dramatikerinnen des 20. Jahrhunderts und der Gegenwart.* Gebunden, 213 S., 19,50 €. ISBN 3-932338-17-0

Theaterautorinnen von Else Lasker-Schüler bis Gesine Danckwart.

Ursula Keller / Natalja Sharandak: *Abende nicht von dieser Welt. St. Petersburger Salondamen und Künstlerinnen des Silbernen Zeitalters.* Gebunden, 300 S., 21,50 €. ISBN 3-932338-18-9.

Malerinnen, Schriftstellerinnen und Tänzerinnen von Anna Achmatowa bis Ida Rubinstein und die Salons von St. Petersburg

Britta Jürgs (Hg.): *Wie eine Nilbraut, die man in die Wellen wirft. Portraits expressionistischer Künstlerinnen und Schriftstellerinnen.* Geb., 316 S., 21,50 €. ISBN 3-932338-04-9.

Fünfzehn Porträts – von Paula Modersohn-Becker über Marianne Werefkin bis Claire Goll

Britta Jürgs (Hg.): *Denn da ist nichts mehr wie es die Natur gewollt. Portraits von Künstlerinnen und Schriftstellerinnen um 1900.* Geb., 319 S., 21,50 €. ISBN 3-932338-13-8.

Käthe Kollwitz, Lou Andreas-Salomé, Franziska zu Reventlow und ihre Zeitgenossinnen

In der Reihe Wiederentdeckte Autorinnen sind erschienen:

Ruth Landshoff-Yorck: *Roman einer Tänzerin*. Erstausgabe aus dem Nachlass. Hg. u. m. einem Nachwort v. Walter Fähnders. Gebunden, 157 S., 16,50 €. ISBN 3-932338-15-4.

Ruth Landshoff-Yorck: *Die Schatzsucher von Venedig*. Erstausgabe aus dem Nachlass. Hg. u. m. einem Nachwort v. Walter Fähnders. Mit Stadtplan und 28 Abb. Gebunden, 166 S., 16,50 €. ISBN 3-932338-23-5.

Ruth Landshoff-Yorck: *Die Vielen und der Eine*. Hg. u. m. einem Nachwort v. Walter Fähnders. Gebunden, 190 S., 16,50 €. ISBN 3-932338-14-6.

Alice Berend: *Dore Brandt. Ein Berliner Theaterroman*. Mit einem Nachwort v. Britta Jürgs. Gebunden, 141 S., 16,50 €. ISBN 3-932338-11-1.

Alice Berend: *Die Bräutigame der Babette Bomberling*. Mit einem Nachwort v. Britta Jürgs. Gebunden, 149 S., 16,50 €. ISBN 3-932338-03-0.

Alice Berend: *Der Herr Direktor*. Mit einem Nachwort v. Britta Jürgs. Gebunden, 187 S., 17,50 €. ISBN 3-932338-07-3.

Mehr Informationen über unser Programm
finden Sie unter www.aviva-verlag.de

Wir schicken Ihnen gerne unser Verlagsprogramm zu.

Umschlagfoto:
Grete Wiesenthal (1907) / Martin Lang

Druck: Fuldaer Verlagsanstalt

© 2004 AvivA Verlag
AvivA Britta Jürgs GmbH
Emdener Str. 33, 10551 Berlin
Dorfstr. 56, 17375 Grambin
fon (0 30) 39 73 13 72; fax (0 30) 39 73 13 71
e-mail: aviva@txt.de
www.aviva-verlag.de